사냥꾼의 고기는 썩지 않는다

사냥꾼의 고기는 썩지 않는다

고이즈미 다케오 지음 | 박현석 옮김

사과나무

옮긴이 _ 박현석

대학에서 국문학을 공부하고 일본에 유학하여 도쿄일본어학교를 졸업했다. 도쿄 요미우리 이공전문학교에서 수학한 후, 일본 기업에서 직장생활을 했다. 현재는 출판기획, 전문번역가로 활동 중이다. 주요 번역서로 〈수학적 사고법〉 〈학력의 경제학〉 〈맛없어?〉 〈식탁 위의 심리학〉 〈절망의 재판소〉 〈법정에 들어서는 자, 모든 희망을 버려라〉 등이 있다.

사냥꾼의 고기는 썩지 않는다

초판 1쇄 발행 2017년 8월 3일

지은이 고이즈미 다케오
옮긴이 박현석
펴낸곳 도서출판 사과나무
펴낸이 권정자
등록번호 1996년 9월 30일(제11-123)
주소 경기도 고양시 덕양구 충장로 123번길 26, 301-1208

전화 (031) 978-3436
팩스 (031) 978-2835
이메일 bookpd@hanmail.net
트위터 @saganamubook

값 14,000원

ISBN 978-89-6726-024-8 03900

* 잘못 만들어진 책은 바꾸어드립니다.

이 도서의 국립중앙도서관 출판예정도서목록(CIP)은 서지정보유통지원시스템 홈페이지(http://seoji.nl.go.kr)와 국가자료공동목록시스템(http://www.nl.go.kr/kolisnet)에서 이용하실 수 있습니다.(CIP제어번호: CIP2017016317)

| 아마존 재팬에 쏟아진 독자들의 열혈 반응 |

이렇게 재미있는 책을 만나기도 어렵다. 페이지가 점점 줄어드는 것이 안타까웠다. 사람과 사람과의 관계, 자연 속에서 살아가는 지혜, 마음 따뜻해지는 이야기로 가득하다.(★★★★★)

배고플 때 읽으면 술이 마시고 싶어지고 찌개가 먹고 싶어진다. 가스토리 소주를 벌컥벌컥 마시며… 음… 맛있겠다! (★★★★★)

모든 생명에 대한 찬가! 살아 있는 모든 생명이 사랑스럽게 느껴졌다.(★★★★★)

아저씨들의 여름방학(부록-겨울방학)! 사냥꾼의 생활이 생생하게 묘사되어 있다. 책 속에서 산속의 청정한 공기가 피어오르는 듯하다. (★★★★★)

자연을 벗 삼으면 이렇게 풍성한 삶이… 자연을 벗 삼아 살아가는 욧샹의 삶이 부럽다. (★★★★★)

살아가기 위해서 먹을 수 있는 것은 전부 먹는 것. 이것이 삶의 원천임을 재인식했다.(★★★★☆)

현대인의 판타지! 주인공 사냥꾼의 생활이 더없이 매력적이다. 이런 이야기가 아직도 있다니 마음 따뜻해지는 기록이다.(★★★★)

옮긴이의 말

남자들의 로망, 사냥꾼 본능

고이즈미 선생의 책을 처음 번역한 것은 〈맛없어?〉였다. 세상에 맛있는 음식을 다룬 책은 많지만 맛없는 음식을 다룬 책이라니? 의아함 반, 호기심 반으로 원서를 읽기 시작했고, 맛에 관한 한 저자의 거침없는 입담에 빠져들었다. 그 리얼한 표현이 오감으로 느껴질 정도였다. 가령 맛없는 음식 1위로 꼽은 수르스트뢰밍(생선 통조림)에 대한 맛 평가는 이런 식이다. "그 냄새는 은행알을 밟아 짓뭉갰을 때의 냄새에다 말린 고등어 즙을 뿌리고 똥냄새를 더한다. 또한 거기에 강렬한 생선젓갈을 뒤섞은 것 같은 냄새다."

〈맛없어?〉에는 특이한 인물이 한 명 등장하는데 야미조의 산속에 사는 사냥꾼 욧샹, 일명 '야미조의 타잔'이다. 그는 미각 탐험가인 친구(저자)를 위해서 나무껍질에 빼꼭히 들어 있는 노린재

유충을 핀셋으로 한 마리 한 마리 끄집어내어 모은 것을 보내주는데, 질냄비에 볶아서 마무리로 간장 한 방울 떨어뜨리라는 손편지도 잊지 않았다.

두 번째로 번역하는 이 책에서 그 '욧샹'을 다시 만났을 때 반가움과 묘한 설렘 같은 것을 느꼈다. '미각인 비행물체'인 저자와 '고독한 사냥꾼' 욧샹, 두 남자의 우정으로 버무려낼 이야기가 기대되었다.

강의와 원고, 연구 등으로 지친 나날을 보내던 저자는 어느 날 사냥꾼 친구가 보내준 땅두릅의 향기에 홀린 듯 무작정 그를 찾아가는데, 그것은 놀랍고 흥미진진한 야생 생활의 서막이었다.

살기 위해 먹을 것을 구해야 하고, 그것이 삶의 원천임을 깨닫고, '내 목숨도 하나, 선생님의 목숨도 하나, 멧돼지의 생명도 하나'라는 사냥꾼 친구의 역설적인 말을 통해 생명이 있는 모든 것에 대한 경외감, 인연, 생사관(生死觀)을 생각한다.

바쁜 현대인들이 저자처럼 일상 탈출을 감행한다는 것은 절대 불가능할지도 모른다. 하지만 직접 실천하진 못해도 책 속에서 대리만족은 해볼 수 있지 않을까? 남자들의 로망, 자유를 찾아 떠나는 것!

지금도 욧샹은 야미조 산속에서 '곰'과 함께 그곳에 살고 있을까. 궁금하다.

옮긴이

1부

야미조의 여름

2부

야미조의 겨울

2년 후

1부

야미조의 여름

맛의 기억

어렸을 적 기억은 대부분 흐릿한 잔상이지만 내게는 그 어린 시절에 먹었던 '미가키 니신 미소'(말린 청어와 된장_옮긴이)에 대한 기억이 선명하게 남아 있다. 그 이전의 일은 하나도 떠오르지 않으니 아마도 내 인생에서의 첫 번째 기억인 듯하다. 선명하게 기억하고 있는 데는 이유가 있다. 사실은 중학생쯤 돼서 나의 어린 시절을 알고 있는 사람들에게서 들은 이야기인데 그게 참으로 굉장하다.

당시 나는 적어도 낮 동안에는 단 몇 초도 가만히 있지 못했을 정도로 활발하게 돌아다니는 아이로, 잠시라도 눈을 떼면 어디서 무슨 짓을 저지를지 알 수 없는 골칫덩이였다. 정신없이 뛰어다니고 넘어져 기둥에 머리를 부딪치고, 장지문의 종이를 찢어 먹고,

사발과 접시를 깨버리고, 주위에 떨어져 있는 건 아무 것이나 주워 입에 넣는 등 도무지 종잡을 수가 없어서 상처가 아물 날이 없는 아이였다고 한다.

이 어려운 문제의 해결을 위한 묘안을 낸 것이 할머니였다. 한시도 가만히 있지 못하고 돌아다니며 장난을 쳐대는 아이였지만 아침, 점심, 저녁 세 번의 식사 때만은 조용해져서 오로지 먹을 것에만 집중한 채 걸신들린 사람처럼 먹는다는 사실을 놓치지 않은 것.

할머니는 '이 아이는 먹을 것만 주면 조용해지는구나. 그렇다면 좋은 방법이 있지'라고 생각하셨던 듯하다. 할머니는 허리끈 2개를 연결해 한쪽 끝을 내 몸에 묶고 다른 한쪽 끝은 기둥에 묶었다. 끈의 길이만큼만 움직일 수 있게 해놓고 왼손에는 된장을 오른손에는 말린 청어를 쥐어주었다.

아니나 다를까. 말린 청어가 오른손에 쥐에 있는 동안에는 조용히 그것을 빨며 얌전히 있었다고 한다. 말린 청어는 딱딱해서 어린아이가 쉽게 먹을 수 있는 것이 아니었기에 시간도 벌 수 있었으리라. 빨아먹던 말린 청어에 된장을 발라 다시 빨아먹기를 거듭하던 즐거움이 지금까지 나의 뇌리에 선명하게 입력되어 있는 듯하다.

그리고 지금, 미각에 대한 감각이 형성된 것도 그 어린 시절의 '말린 청어와 된장, 허리끈과 할머니의 발상'이라는 기묘한 조합에서 비롯된 것이리라.

어린 시절의 그런 체험으로 인해 맛에 대한 감각이 늘 내 등 뒤에 따라다니며 사사건건 조언을 해주었으니, 이미 그때 내 인생이 결정되어버린 듯하다. 그랬기에 중학생 때는 남자임에도 가정 과목을 좋아했으며, 고등학교에 들어가서는 시건방지게도 '먹을 것의 본질은 전부 생명체에 깃들어 있다'는 생명관을 갖게 되었다. 어느 날 식사를 하다 문득 깨달은 것이 계기가 되었는데, 그것은 인간이 먹는 음식은 물과 소금을 제외하면 전부 생명체라는 사실이었다. 곡식은 물론 고기와 생선, 달걀, 채소, 과일, 해조류 등 전부, 사람은 살아 있는 것을 가져다 그 생명을 식재료로 삼고 있다는 사실, 다시 말해서 먹히는 생명체와 그것을 먹는 인간의 얽히고설킨 인과관계에 흥미를 품게 된 것이다. 따라서 대학 진학을 결정할 때도 망설임 없이 이러한 것들을 포괄적으로 배울 수 있는 농학부에 가기로 했다.

대학에서 농학 전반에 관한 대략적인 내용을 배웠을 뿐만 아니라, 특히 배우고 싶었던 식문화도 열심히 공부했다. 그런데 이 식문화에 관한 학문은 연구 영역이 넓어서 식재료를 얻는 방법과 그 역사, 요리법과 먹는 법, 지역이나 민족에 따른 식풍습의 차이, 식사와 종교에 관한 것, 먹거리와 건강, 먹거리 산업 등 짧은 공부 기간으로는 도저히 그 일부조차 파악할 수 없다는 사실을 알게 되었다.

졸업한 뒤에도 대학에 남아 연구를 계속하던 나는 다행스럽게도 대학으로부터 교원 채용 통지를 받았고 이번에는 내가 그때까지 배워온 지식을 학생들에게 가르치기 시작했다.

그 뒤부터 봄방학, 여름방학, 겨울방학과 같은 대학의 방학기간 중에는 일본 고대사의 권위자인 선생님 아래서 고대인의 식문화에 대해 배웠으며, 또 사료편찬소의 교수로부터는 고문서를 통해서 헤이안 시대(794~1192)의 술과 식문화에 대한 가르침을 얻었다. 그리고 민족학박물관의 교수로부터는 '민족의 술과 음식'에 대한 공동 연구원으로 부름을 받아 여러 가지 조사, 연구에 정열을 불태웠다.

그와 같은 경험을 거쳐서 나는 지금 식문화와 발효학을 연구하는 농학자로서 전국 곳곳의 대학을 객원교수로 분주히 돌아다니며 강의를 하고, 일반인을 대상으로 강연을 하고 있다.

이상이 내가 지금까지 걸어온 학문적 발자취의 대략이다. 이와 같은 내용을 책의 첫머리에 쓰는 이유는, 지금부터 이야기할 한 사내와 산속에서 겪은 체험이 지금까지 내가 배우고 연구해온 학문 영역과 관계되는 점이 많아 그것을 독자들께 전달하는 데 있어서 미리 나의 입장을 밝혀두면 더욱 쉽게 이야기를 파악할 수 있으리라 생각했기 때문이다.

어쨌든 그 사내와 산속에서 본 것, 들은 것, 체험한 것 전부가 지금은 사라져버린 귀중한 것들뿐이기에 나 혼자만의 지식으로 간직하기에는 아쉬운 점이 있고, 또 아깝다는 생각이 들어 지금부터 그 이야기를 시작하기로 하겠다.

도쿄를 떠나며

지금으로부터 15년 전. 번화한 도쿄 시부야(渋谷)의 한 뒷골목에 있는 조그만 술집에서 나는 이가리 요시마사(猪狩義政)라는 재미있는 사내를 만났다. 그는 후쿠시마(福島)현, 이바라키(茨城)현, 도치기(栃木)현 3개 현에 걸쳐 있는 야미조(八溝) 산골 출신으로 중학교를 졸업하자마자 도쿄로 나와 여러 직업을 전전한 끝에 그 손바닥만한 술집의 월급쟁이 점주가 된 사내였다. 내가 처음 그 가게에 들어섰을 때 사내는 대폿술을 마시며 "어서 옵쇼. 맛있는 안주가 있으니 천천히 마시다 가셔유~"라고 사투리를 섞어 내게 인사했다. 아무리 월급을 받는 몸이라지만 손님 앞에서 술을 벌컥벌컥 마시다니 기묘한 녀석이다.

그 후로 1년 동안 나는 그 술집에 가서 그 사내로부터 시간 가는 줄 모를 정도로 재미있는 이야기를 듣는 것이 하나의 즐거움이 되었다. 언제부턴가 나는 그를 '욧상'이라고 부르게 되었고, 욧상은 나를 '선생'이라고 부르는 사이가 되었다. 그는 말을 할 때면 언제나 '~그렇쥬?'라거나 '있슈'라는 등의 독특한 사투리를 썼는데 그 말투가 야미조와 아부쿠마(阿武隈)의 사투리가 뒤섞인 것이라는 사실을 안 뒤부터는 '야미조 · 아부쿠마 짬뽕어'라고 이름 붙이고 매우 마음에 들어 했다.

그런데 그 술집에 다니기 시작한 지 1년쯤 지난 어느 날 가게에 갔는데 욧상이 없었다. 어찌된 일인지 물어보니 새로 온 여자 점주가 "아아, 이가리 씨요? 그 사람 가게의 술을 너무 많이 마신 것이 들통 나서 잘렸어요"라고 했다. 참으로 욧상다운 최후라는 생각이 들어 내심 미소를 지었다. 그런데 욧상과 나 사이에는 영적 인연이 있었던 것인지 그 후에도 교토의 거리 한가운데서 딱 마주치기도 하고, 그리스 알렉산드로폴리 항구에서 갑자기 내 앞에 나타나기도 했다. 그때는 후쿠오카에 있는 해산물 수입회사의 일로 그리스까지 새우를 사들이기 위해 왔다고 했다. 우리는 거기서 알코올 도수 40도가 넘는 우조(ouzo)라는 술을 진탕 마신 뒤 "또 만나세!", "그려쥬~"라며 헤어졌다.

이후 욧상에 대해서는 까맣게 잊은 채 5년 정도가 흐른 5월 초 어느 날, 시부야의 우리 집으로 낡은 종이박스 하나가 소포로 배달되어 왔다. 보낸 사람은 '후쿠시마 현 히가시시라가와(東白川) 군 야마쓰리(矢祭)읍 고타카바야시 다키노구치, 이가리 요시마사'

라고 적혀 있었다. 욧상이 고향인 야미조 산으로 돌아가 있었던 것이다. 서둘러 박스를 열어보니 뿌리에 흙이 묻어 있는 근사한 자연산 땅두릅 몇 개가 들어 있었다. 그리고 동봉된 작은 메모지에 적혀 있는 것은 딱 한 줄.

'산에서 딴 땅두릅 한창 맛있어서 보내니 드셔보세요.'

평소의 욧상처럼 다른 말은 한 마디도 적혀 있지 않았으나, 내심 마음이 놓이고 반가움에 울컥했다.

무엇보다 욧상이 무사히 일본으로 돌아왔다는 사실, 거처를 알게 되었다는 사실, 그리고 나를 잊지 않았다는 사실 때문이었다. 그리고 그동안 무신경하게 잊고 지내던 나 자신을 깨닫고 진심으로 미안한 생각이 들었다.

그날 밤 나는 바로 땅두릅을 시식했다. 흐르는 물에 살살 흙을 씻어낼 때부터 벌써 야생 땅두릅의 상큼한 냄새가 강렬하게 코를 자극했다. 시장에서 파는 땅두릅보다 길이는 짧았지만 단단하고 굵고 탱탱했다. 게다가 뿌리 부근은 재배한 두릅이 도저히 따라올 수 없을 정도로 아름다운 자줏빛을 띠고 있었는데 그 선명한 빛깔에 눈이 부실 정도였다. 자연의 아름다운 빛이란 바로 이런 것을 두고 하는 말이리라. 인간의 지혜를 전부 모아도 결코 그와 같은 빛은 재현할 수 없으며, 인간의 노력을 비웃기라도 하는 듯한 고상함이 있다.

상큼한 야생의 향긋함을 맡으며 바쇼(芭蕉)의 하이쿠를 떠올렸다.

눈 사이로 연한 자줏빛 싹
땅두릅이로구나

더 이상 참을 수 없어 흙을 씻어낸 땅두릅을 대충 물기만 닦고 된장에 찍어 한 입 베어 물었다. 아사삭하는 소리에 이어 약초를 떠올리게 하는 향긋한 냄새가 코끝을 스치고 지나갔다. 입 안에서는 아삭아삭 소리가 들리고 세련된 야생의 달콤함과 옅은 알싸함이 자르르 솟아올랐다. 거기에 잘 숙성된 된장의 깊은 감칠맛이 더해져 내 대뇌의 미각 수용기는 곧 환희로 가득찼다. 두릅 잎은 잘게 썰어 된장국을 끓였는데 향수를 자극하는 된장국의 냄새와 땅두릅의 싱그러운 냄새가 어우러져 야생의 맛 가득한 묘미를 느낄 수 있었다.

그로부터 3일 동안 우리 집 식탁은 땅두릅 샐러드, 초된장에 무친 땅두릅, 땅두릅 된장국, 땅두릅 튀김 등 야미조의 봄의 맛과 향기로 가득했다.

박스에 적혀 있던 주소로 욧상에게 감사 편지를 보냈다. 그러자 일주일쯤 지난 토요일 정오 무렵에 전화가 걸려왔다. 수화기 너머로 욧상 특유의 야미조 · 아부쿠마 짬뽕 사투리가 튀어나왔다.

"선생님, 땅두릅 맛있게 드셨슈? 에게 해 어디였더라, 그 도시에서 선생님과 우조를 마신 뒤에 바로 저는 일본으로 돌아왔어요. 어쨌든 저는 야미조에서 잘 지내고 있으니 한번 놀러오셔요. 기다리고 있을게유."

갑자기 '딸깍' 소리가 들리더니 '뚜— 뚜— 뚜—' 하는 차가운 신호음. 장을 보러 나온 것일까? 아무튼 볼일이 있어서 산에서 내려온 욧상이 거리의 공중전화에서 전화를 걸어온 것이리라. 다시 벨이 울릴 것 같아 기다려보았으나 전화는 끝내 울리지 않았다. 욧상다움은 여전하군, 하는 생각에 마음이 놓였다.

다시 2개월쯤 지났다.

그 무렵 취재가 겹치고 원고에 쫓기기도 하고 강단에도 서야 하는 등 바쁜 스케줄로 나는 거의 녹초가 되어버렸다. 그러다 문득 야미조의 산속에서 홀로 유유자적 살아가고 있을 욧상이 몹시 보고 싶었다. 터프한 매력을 가진 그가 어떤 생활을 하고 있는지 궁금하기도 했지만, 바쁜 일상에 지친 내 몸과 영혼을 일시적으로 도피시키고 싶었던 것이 솔직한 심정이었다. 어쨌든 2,3일 정도 일에서 완전히 떠나 야미조의 산속에서 욧상과 술잔을 기울이며 자연에 녹아들고 싶었다.

글쟁이란 이러한 때를 위한 자유업이라고 스스로를 설득하고, 또 인생 뭐 있는가, 일만이 능사가 아니다, 내일 죽으면 아무것도 할 수가 없다며 온갖 핑계를 만들어내어 마감이 임박한 에세이 세 편을 밤을 새워 끝낸 뒤, 결심한 지 3일 만에 야미조의 산을 향해 시부야의 자택을 출발했다.

장마도 끝나갈 무렵이라 이른 아침의 하늘이 유난히도 파랗다.

배낭 안에는 욧상이 좋아하는 것으로 옛날을 추억하게 하는 가스토리 소주(粕取焼酎, 지게미로 만든 소주_옮긴이) 2되와 날치로 만든 구사야(소금에 절여 말린 생선_옮긴이) 세 마리가 들어 있었다. 가스토리 소주는 후쿠시마의 고향집에서 빚은 것인데, 커다란 통 속에 지게미를 넣어 밟고 거기서 몇 개월을 숙성시킨 다음, 왕겨를 넣고 전통 방식의 증류기로 증류해서 한 방울씩 똑똑 떨어진 술을 받아 3년 동안 저장하여 숙성시킨 정통 소주였다.

제2차 세계대전 직후였던 1940년대 후반~1950년대 초반까지 이 가스토리 소주가 어원이 되어 '가스토리'라는 말이 유행한 적이 있었다. 원래는 누룩으로 빚은 소주를 말하지만 당시의 가스토리 소주는 암시장에서 거래되는 조악한 밀주(密酒)라고 잘못 인식되었기에 그것을 몰래 만드는 곳을 '가스토리 마을', 마른 오징어를 안주 삼아 그것을 마시며 열을 올리는 인텔리를 '가스토리겐차', 조악한 술이기 때문에 한두 홉까지는 그럭저럭 마실 수 있지만 3홉을 마시면 엉망으로 취해서 쓰러진다는 것에 빗대어, 화선지에 인쇄했던 선정적인 잡지도 3호째에는 망한다며 '가스토리 잡지'라고 불렀다.

당시 '가스토리'라 불렸던 술은 정체불명의 원료로 만든 밀주를 지칭했으나 귀중한 누룩을 증류해서 만든 진짜 가스토리 소주는 당시에도 아주 맛있는 귀한 술로 대접받았다. 시부야 술집의 월급쟁이 점주로 있을 때 욧상은 이 가스토리 소주를 특히 좋아해서 늘 떨어지지 않도록 구해놓고 있었다. 그리고 이 가스토리 소주에 가장 잘 어울리는 것이 구사야라고 굳게 믿고 있었기에 이것 역시 떨어질 날이 없었다.

구사야란 에도시대부터 이즈(伊豆) 지역의 니지마(新島) 섬, 오시마(大島) 섬, 하치조지마(八丈島) 섬, 미야케지마(三宅島) 섬 등에서 만들어온 발효 식품이다. 예로부터 인근 바다에서 많이 잡히던 갈고등어를 손질한 뒤 통에 넣어 바닷물에 담갔다가 햇빛에 말려 염분의 농도를 높였는데 통 속의 바닷물에 갈고등어의 감칠맛이 점점 배어나와 맛이 진한 국물이 되었다. 그러는 동안 국물이 자연발효를 일으켜 말로 표현할 수 없는 독특한 풍미를 띠게 되었다. 거기에 갈고등어나 상어, 날치를 절여 에도(지금의 도쿄_옮긴이)에 출하했더니 그것이 호사가들의 입맛을 사로잡아 에도 거리에 정착하게 되었다.

그런데 냄새가 너무 지독해서 '구사이야(지독해!)'가 그대로 '구사야'라는 이름이 되었다. 갈고등어가 주원료지만 봄에 잡힌 날치, 즉 '봄날치 구사야'는 갈고등어와는 또 다른 맛을 지닌 일품으로 욧상이 매우 좋아하는 음식이었다. 야미조로 출발하기 전날, 나는 쓰키지의 수산시장에서 봄날치 구사야를 샀다. 선물로 가져가는 가스토리 소주와 구사야를 보면 욧상은 뛸 듯이 기뻐하리라.

출발 당일 우에노 역에서 조반센(常磐線, 도쿄와 미야기 현을 잇는 철도_옮긴이) 특급인 '히타치 호'에 올랐다. 열차는 우에노 역 승강장을 벗어나자마자 곧 속도를 올려 미카와시마, 미나미센주, 마쓰도, 아비코 등의 역을 차례로 뒤로하고 달려갔다. 흘러가는 차창 밖 풍경을 바라보며 도쿄의 번잡함 속에서 하루하루 무겁게 짓누르고 있던 중압감이 차례차례 마음속에서 씻겨지는 듯해서 상쾌한 해방감마저 느꼈다.

미토(水戸) 역에서 특급열차를 하차, 이번에는 스이군선(水郡線)으로 갈아타고 야마쓰리야마(矢祭山)라는 역으로 향했다. 오전 11시 30분에 미토 역을 출발한 2량짜리 디젤열차로 30분쯤 달리자 어느새 산악철도처럼 가파른 경사를 천천히 오르기 시작하더니 물 맑은 구지(久慈) 강을 따라 점점 고도를 높여갔다. 열차는 쉬지 않고 천천히 달려 후쿠시마 현 야마쓰리야마 역까지 도착한 데는 대략 2시간 반이나 걸렸다.

작은 역사 밖으로 나가보니 역 앞에 기념품 가게들이 많았다. 그 부근은 오쿠쿠지(奥久慈) 현립 자연공원으로 지정될 만큼 경치가 수려한 관광지로, 동서를 아부쿠마 산지가 둘러싸고 있고 그 중앙에 야미조 산지가 있으며 그 사이로 물 맑은 구지 강이 남쪽으로 흐르고 있다. 역 주변을 한 바퀴 둘러보니 시야에 들어오는 360도 전부가 온통 숲으로 뒤덮인 산이었다. 도쿄를 떠나 오랜만에 도착한 산간지방의 풍경이 잡다함과 번잡함으로 찌든 나의 마음을 구석구석까지 씻어주기에 충분했다.

역사 앞에 딱 한 대의 택시가 손님을 기다리고 있었는데 문에는 '야마쓰리야마 관광 택시'라고 써 있었다. 마침 다행이다 싶어 택시에 올라타서 메모해온 주소를 운전수에게 건네주었다.

"이곳에 가고 싶은데 아시나요? 저는 처음 가는 데라."

운전수가 잠시 메모를 들여다보더니 "엣?"하고 약간 놀란 얼굴로 나를 돌아보았다.

"타잔의 집이잖아요, 이거. 이 부근에서는 그 사람을 타잔이라고 부르고 있구먼요."

그리고 덧붙이기를,

"가자면 가겠지만 도중까지 가서 나머지는 손님 혼자 산길을 걸어가야 합니다. 워낙 산골이라 멧돼지나 오소리가 나오는 곳이라서…."

라며 참으로 걱정스러운 말을 했다.

"어쨌든 갈 수 있는 데까지 가주세요. 나머지는 걸어갈 테니."

택시가 출발해서 5분쯤 지나자 민가는 안 보이고, 좌우로 논으로 둘러싸인 지방도로를 한동안 달리다가 왼쪽으로 방향을 틀었다. 거기서부터는 비포장 도로였다. 길은 더욱 좁아져 차 한 대가 간신히 지날 수 있을 정도의 폭이 되었고 택시는 어느 틈엔가 오르막을 오르고 있었다. 울퉁불퉁한 길을 쉴 새 없이 오르자 길 양옆으로 삼나무 숲이 나오면서 순간 주위가 어두워졌다. 맞은편에서 차가 오면 어떻게 하나 내심 걱정 될 정도였다.

오르막길은 더욱 가팔라졌고 택시기사는 핸들을 오른쪽으로 왼쪽으로 힘껏 꺾었다. 낮인데도 어두컴컴한 길을 500미터쯤 가서야 숲에서 벗어날 수 있었는데, 갑자기 주위가 밝아졌다. 그런데 차 밖을 바라보던 나는 가슴이 덜컥 내려앉았다. 오른쪽 창 아래를 보니 깊은 계곡이 입을 떡 벌리고 있는 게 아닌가. 조금만 핸들을 잘못 꺾으면 차는 천길 낭떠러지로 굴러떨어질 것이 분명했다. 상당히 높은 곳까지 올라왔다는 실감이 났다.

차는 상하좌우로 더욱 흔들리고 엉덩이로 진동이 끊임없이 전해져 귓속까지 먹먹한 느낌이 들었다. 저 멀리로 야미조의 산줄기와 아부쿠마 고지의 산들이 구름에 휩싸인 듯 보였고 산 아래로 고압전류를 보내는 철탑이 점점이 조그맣게 보였다.

마침내 간신히 방향을 바꿀 수 있을 만한 좁은 곳에 이르자 차가 멈춰 섰다. 앞쪽은 완전히 막힌 막다른 길이었다.

"여기서 끝입니다. 나머지는 걸어서 가야 합니다. 타잔의 집은 이 길을 죽 따라가면 통나무 다리가 나오는데, 그걸 건너서 다시 한참 가면 넓은 땅이 나와요. 거기에 집 한 채가 있는데 그게 타잔의 집이에요. 조심해서 가세요."

차에서 내려 정중하게 인사를 하고 택시요금에 약간의 팁을 얹어 건네주었다.

막상 내렸지만 내심 이거 엄청난 곳에 왔구나 싶어 불안한 생각이 엄습했다. 택시는 그 좁은 곳에서 간신히 U턴 해서 엔진소리를 남긴 채 산 아래로 내려갔다. 작아져가는 택시를 바라보고 서 있는데 산새들의 경쾌한 지저귐과 부웅~하는 날벌레의 날갯짓 소리가 귀를 스쳤다.

퍼뜩 정신을 차리고 오르막길을 걷기 시작했다. 길 양옆뿐만 아니라 머리 위까지 울창한 교목으로 둘러싸여 나무숲 터널을 이루고 있었다. 길을 오르다가는 잠깐 내려가고, 다시 크게 올라가야 할 정도로 기복이 심한 나무숲 터널이었다. 발 아래로는 가을에 떨어진 낙엽이 켜켜이 쌓여 있어 두툼한 카펫 위를 사뿐사뿐 걷는 듯한 기분 좋은 느낌이었다. 발 아래서 갑자기 송장개구리가 팔짝 뛰어 어디론가 달아났다. 단번에 2미터쯤은 뛰는 듯했다. 산에서 서식하는 이 송장개구리는 온몸이 용수철로 만들어진 것 같은 생물로, 근육질의 균형 잡힌 방추형 몸을 가지고 있다. 예전에 송장개구리를 몇 번 먹어본 적이 있는데 그 맛은 토종닭과 비슷해서 욧샹도 틀림없이 이놈을 잡아다 귀중한 단백질원으로 삼고 있으리라.

그런 생각을 하며 길을 재촉하는데 선물로 가져온 가스토리 소주 2되와 날치 구사야 3마리, 그리고 기본적인 생필품 등을 넣은 배낭이 묵직하게 어깨를 짓누르기 시작했다. 쉬다가는 걷고, 걷다가는 다시 쉬기를 반복하며 올라가는데 어느 순간 갑자기 사방이 환해졌다. 교목으로 뒤덮여 어둑했던 오르막길에서 마침내 벗어난 것이다. 파란 하늘이 넓게 펼쳐져 있는 평지 저 멀리로 조그만 오두막집이 보였다. 우여곡절 끝에 도착한 욧샹의 집이었다!

시계를 보니 오후 4시가 다 되었다. 아침 일찍 도쿄의 집을 나섰는데도 시간이 꽤나 걸렸다.

오두막집에서 푸른빛 연기가 피어오르는 것으로 보아 집 안에 욧샹이 있음이 분명했다. 오는 동안에도 만약 그가 집에 없으면 어떻게 하나 불안한 마음이었는데 어쨌든 마음이 놓였다. 지금까지 신출귀몰하는 비행물체처럼 여기저기 떠돌아다니던 '야미조의 타잔' 욧상이 지금은 알래스카의 페어뱅크스에도, 아오모리 현 시모키타 반도에도, 파타고니아에도 가지 않고 눈앞에 있는 것이다.

발걸음을 재촉해 오두막집 바로 앞까지 이르자 집 안에 있는 욧상이 눈치 채지 못하게 숨을 죽이고 오두막을 관찰했다.

대략 20평 정도의 1층짜리 집으로 지붕은 이엉으로 엮었으며 벽은 전부 판자를 대서 집이라기보다는 마치 산속의 움막 같았다. 이후로 나는 이 집을 '욧상의 움막'이라고 부르기로 했다. 어디에도 전선을 끌어온 흔적은 보이지 않아 전기도 들어오지 않을 테고, 움막 입구 세면장에는 산에서 샘물을 끌어오는 용도로 설치해 놓은 대나무 관을 통해 끊임없이 물이 흘러 떨어지고 있었다. 그런데 무엇보다 놀라운 것은 움막 전체를 둘러싸듯 3단으로 가지런히 많은 양의 장작이 쌓여 있다는 사실이었다. 이 땔감은 산속 생활을 하는 욧상에게는 생명줄과도 같은 것이리라. 주위를 다시 한 번 찬찬히 둘러보니 역시 욧상은 보통내기가 아니었다. 처마 아래 가운데쯤에는 알 굵은 마늘을 빽빽하게 매달아 말리고 있었고, 또 처마 밑 왼쪽에는 새빨간 고추가, 오른쪽에는 삼백초와 용담과의 월년초 등의 약초가 다발로 묶여 대량으로 매달려 있었다.

나는 두근거리는 가슴을 억누르며 움막을 향해 큰 목소리로 외쳤다.

"요시안냐, 있슈?"

일부러 야미조 · 아부쿠마 짬뽕 사투리로 불러보았다. 그러자 마치 내 목소리를 기다리고 있었다는 듯 안에서 낮고 거칠고 커다란 목소리가 화답했다.

"있쥬!"

누가 욧샹 아니랄까봐 천연덕스럽게 대답했다. 곧이어 입구의 문이 덜커덕 열리더니 한 사내가 모습을 드러냈다. 틀림없는 야미조의 욧샹이다. 언제나처럼 수건을 비틀어 머리띠를 했으며, 짧은 몸뻬 바지에 작업화, 귀에 담배를 꽂아 예전과 조금도 다를 바 없는 차림이었다.

"선생님, 오랜만입니다. 조만간 오실 거라고 생각하기는 했는데, 역시 오셨군요. 여기까지 올라오시느라 힘드셨쥬? 얼른 들어와서 좀 쉬세요."

"요시안냐, 갑자기 찾아와서 미안해. 연락을 하고 올까도 싶었지만 안냐의 집에는 전화가 없어서 어떻게 할까 고민했어. 뭐, 어떻게든 되겠지 싶어 가벼운 마음으로 온 거야."

나는 욧샹을 평소처럼 '요시안냐'라고 친밀함을 담아 불렀다.

"연락 같은 건 필요 없쥬. 그래도 잘 오셨어요. 어쨌든 얼릉 안으로 들어오세요."

갑작스러운 방문에도 욧샹은 그리 놀라는 기색 없이 평소와 별반 다를 바가 없었다. 그를 따라 움막으로 들어가 보니 안은 상당히 어두웠다. 들어서자마자 바로 2평 정도의 토방이 있고 그 너머로 한 단 높게 마루를 깔았는데 꽤나 넓어서 안쪽까지 따지면 15평은 족히 될 듯했다. 마룻바닥에는 이로리(난방 및 취사용으로 바닥을 사각형으로 파내 불을 피우는 장치_옮긴이)를 파놓았고 그 위에는 천장에서부터 늘어뜨린 고풍스런 기다란 갈고리가 있었다. 갈고리에는 커다란 쇠주전자가 매달려 있고 장작불에 달구어진 주전자에서는 달그락달그락 뚜껑을 울리며 김을 내뿜고 있었다. 점차 어둠에 눈이 익숙해지자 움막 안의 모습을 알아볼 수 있게 되었다. 토방 끝에는 취사장이 있고, 그곳에도 대나무 관을 통해 산에서 끌어온 샘물이 끊임없이 흘러 들어오고 있었다.

내가 이로리 옆에 앉자 욧샹이 동물 모피로 만든 방석을 하나 건네주었다. 방석 표면의 털은 약간 붉은빛을 띤 황갈색으로 촉감이 아주 좋았다.

"이건 무슨 가죽으로 만든 거지?"

"여우예요. 이곳에는 여우가 아주 많아요. 덫으로 잡기도 하고 총으로 잡기도 해서 가죽을 벗기고 무두질한 다음 몇 장을 겹쳐서 꿰매지요. 그건 방석이지만 여우 가죽으로는 옷도 만들어요."

욧샹은 자세히 설명해주었다.

"집 안이 어둡죠? 금방 환하게 할게요."

욧샹은 천장에 매달린 램프에 성냥으로 불을 붙였다. 요즘 시대에 아직도 사용되고 있는 구식 램프를 이때 처음 보았다. 불꽃이 점점 강하게 타올라 심지 전체에까지 도달하자 주위가 훨씬 밝아졌다. 욧샹의 구레나룻 털까지 잘 보일 정도였다. 움막 안을 둘러보던 나는 깜짝 놀랐다. 이로리 위로 매달려 있는 갈고리 위쪽의 볏단 뭉치에는 대나무 꼬챙이에 꽂은 생선과 조류, 뱀, 개구리가 싸여 있었다. 꼬챙이에 꽂힌 육류들이 말라서 표면이 거무스름하게 육포처럼 변한 것은, 이로리에서 올라온 연기로 인해 훈제한 것처럼 되었기 때문이리라. 육류를 보존하는 가장 지혜로운 방법이다. 꼬치를 흥미롭게 올려다보고 있자니 욧상이 싱긋 웃으며 설명해준다.

"곤들매기가 많지만 송어도 있고 피라미도 있지요. 개구리는 송장개구리, 뱀은 살무사랑 산무애뱀이 많아요. 날개를 뜯어서 아래쪽에 꽂아놓은 새는 개똥지빠귀랑 산비둘기랑 찌르레기예요. 메추라기도 있어요."

"어떻게 잡았어?"

"물고기는 낚시하구 그물로 잡아요. 뱀이랑 개구리는 손으로 잡구요. 새는 대개 그물하구 총으로 잡지만 덫으로도 잡아요. 암튼 내일 물고기 잡으러 데려갈 테니 따라와 보셔유."

내일 낚시에 데려가겠다니 즐거운 일이다.

"그럼 밥 지을 준비 해볼까."

자리에서 일어나며 욧상이 한 마디 덧붙였다.

"오늘은 오랜만에 마음껏 마셔보자구요."

그는 바로 토방으로 내려가 술잔치 준비를 시작했다. 취사장은 매우 간소했지만 도마와 식칼도 갖춰져 있고 자연에서 끌어온 물이 대나무 관에서 끊임없이 흘러나와 나름대로 기능적이었다. 그 옆에는 바깥으로 굴뚝을 낸 아궁이가 있었는데 솥과 냄비가 걸려 있고, 또 손이 닿는 곳에 장작이 쌓여 있었다.

“오늘은 특별 메뉴예요. 배 터지게 드세요.”

욧상의 목소리가 들떠 있었다.

“저는 고기를 가져올 테니 선생님은 쌀을 씻어주세요.”

그는 아궁이에서 솥을 내리고 쌀 있는 곳을 가르쳐준 뒤 밖으로 뛰어나갔다. 고기를 가져오겠다니, 대체 무슨 소린가? 지금부터 총을 메고 뒷산으로 멧돼지를 잡으러 갈 리도 없고, 송장개구리를 잡으러 간 것도 아닌 듯했기에 쌀을 씻으며 고개를 갸웃거리고 있는데 욧상이 돌아왔다. 손에는 약간 거무스름한 덩어리가 들려 있었다.

“이건 멧돼지고기인데 맛이 좋아요. 금방 먹게 해드릴게요.”

전기도 들어오지 않는 이 산골에서 대체 어떻게 보존하고 있는 걸까, 호기심이 발동했다. 욧상은 멧돼지고기를 내려놓고 쌀을 넣은 솥에 물을 부으며 말했다.

“이 멧돼지고기는 뒤쪽 창고에 매달려 있던 거예요. 아직 많이 있어요.”

“오호, 놀라운데. 어떻게 해서 썩지 않는 거지?”

“간단해요. 썩지 않게 해둔 거죠. 해체한 고기에 소금을 뿌리고 그걸 줄에 단단히 묶어서 이로리 위의 천장에 매달아두면 돼요. 그럼 연기에 그을려져요. 한 3개월쯤 매달아두면 다음부터는 문제없시유.”

“아하하하. 그렇군, 훈제를 해둔 거로군.”

욧상은 아궁이에 장작을 지피고 밥을 짓기 시작했다. 그리고 발 아래 나무상자 속에서 감자와 당근을 꺼내 껍질을 벗겼다. 그리고는 멧돼지고기 덩어리를 얇게 썰기 시작했다. 무엇 하나 불필요한 동작은 없고 막힘없이 척척 요리를 해나가는 모습에 감탄을 하지 않을 수 없었다. 나는 고기를 썰고 있는 욧샹에게 물었다.

"그 멧돼지, 언제 잡은 거지?"

"이거요? 작년 말쯤 설에 먹으려고 잡은 게 아직 남은 거예요."

그가 썰고 있는 고깃덩어리는 보기에는 딱딱해 보였으나 표면의 거뭇한 색과는 달리 안은 붉고 촉촉해서 참으로 먹음직스러워 보였다. 그때 깜빡 잊고 있던 것이 생각났다. 욧샹이 미친 듯이 기뻐할 것이라 여기며 가져온 선물을 아직 건네지 않았던 것이다. 움막에 도착한 뒤 볼 것들, 해야 할 일이 너무 많았고 또 욧샹을 만났다는 기쁨에 들떠 배낭을 풀지도 않고 있었다.

"요시안냐, 근사한 선물 가져왔어. 안냐가 제일 좋아하는 가스토리 소주하고 날치로 만든 구사야야."

자랑스럽다는 투로 의미심장하게 말했다. 그러자 욧샹은 순간 흠칫 몸이 굳어지더지 고기 썰던 손을 멈추고 내 쪽을 돌아보았다. 그리고 커다란 눈을 둥그렇게 뜨고 말까지 더듬으며 소리를 높였다.

"가, 가, 가스토리? 구, 구사야아? 그걸 정말 가져오셨슈? 정말이쥬? 우와아! 가스토리랑 구사야… 우와아! 그거 정말 최고지요. 오늘 밤에는 그걸 마실래요, 그걸 마실 거구먼유우우!!"

어린아이처럼 환호성을 올리며 기뻐하는 욧샹의 모습을 보자

무거운 배낭을 지고 오기를 잘했다고 생각했다.

나는 욧샹을 도와 구사야를 굽기도 하고 그가 썬 멧돼지고기 훈제를 접시에 담아 이로리 옆으로 옮기기도 했다. 아궁이에서 밥을 짓는 동안 욧샹은 큰 냄비를 가져와 씻기 시작했다.

"조림도 있어요."

그렇게 큰 냄비에 조림을 하면 둘이서는 절대로 다 먹지 못할 것이라고 내심 생각했으나 그런 염려는 곧 사라져버리고 말았다.

"냄비가 엄청 크쥬? 개가 먹을 거랑 같이 만들 거예요. 이름은 구마('곰'이란 뜻_옮긴이)예요. 그놈이 엄청나게 먹거든요."

"오, 개도 있단 말인가? 근데 개 이름이 곰이란 말이지? 아하하하."

"그야 당연하죠. 사냥꾼 집에 개가 없으면 일이 안되쥬. 아키타 견종이랑 고야스 견종의 잡종인데, 아키타 견은 싸움을 잘하고, 고야스 견은 머리가 좋고 몸이 날렵해요. 그 두 종의 피를 물려받은 사냥개라 멧돼지 사냥에 안성맞춤이어서 일을 아주 잘해요."

"짖는 소리가 안 들리는데 어디에 있는 거지?"

"구마요? 좀 떨어진 곳에 개집이 있는데, 거기에 있어요. 웬만해서는 짖지 않도록 훈련을 시켰지요."

"한 마리만 키우나?"

"일을 아주 잘해서 구마 한 마리로도 충분해요."

욧샹은 커다란 냄비에 뜨거운 물을 붓고 감자와 당근, 썰어서 말려두었던 무, 말린 곤들매기, 방금 막 썬 훈제 멧돼지고기와 뼈

등을 차례로 던져 넣었다. 옆에서 보기에는 참으로 거친 요리법이지만, 산속에서 개와 함께 생활하고 있는 그만의 모둠 조림이리라. 온갖 재료들을 냄비에 넣고 한동안 끓이다가 마지막으로 집에서 담근 된장을 넣어 완성시켰다.

말린 곤들매기를 항상 넣느냐고 물었더니, 그렇지는 않고 말린 물고기는 국물을 내기 위해 넣는데 요즘은 날마다 물고기와 새가 잡히기 때문에 그날 잡은 것을 그대로 먹기도 하고 냄비 조림에 넣기도 한다는 것이다. 된장은 물론 갖가지 절임도 자신이 직접 만들었다니 참으로 감탄스러웠다.

모든 준비가 끝났다. 욧상과 나는 이로리 옆에 앉아 램프 불빛 아래서 오랜만에 술잔을 나누었다. 욧상은 이로리 옆의 상석에 손님인 나를 앉혔고 자신은 아랫자리에 앉았다. 이로리 가운데에 걸린 큰 냄비 안에서는 모둠 조림이 보글보글 끓기 시작했고, 향긋한 된장 냄새가 피어올라 움막 안으로 퍼지자 안도감이 몰려왔다. 평소 밝은 전등 불빛 아래서 살아온 터라 처음에는 어두침침한 램프의 빛에 약간 당황했으나, 점차 눈이 익자 부드러운 빛이 오히려 편안하게 느껴졌다.

안주는 일류 요릿집 못지 않았다. 훈제 멧돼지고기, 오이, 둥글게 썬 토마토, 욧상이 이틀 전에 만들었다는 달달하게 찐 곤들매기, 작년 가을에 잡은 메뚜기 조림, 그리고 내가 선물로 가져온 날치 구사야….

이렇게 호화로운 안주는 도쿄의 술자리에서도 흔히 맛볼 수 있는 것이 아니었다. 하나같이 야생의 향기 가득한 것으로 오랜만에 술잔을 나누는 사내들의 안주로는 더할 나위 없는 것들이다. 내가 가스토리 소주가 담긴 됫병을 한손에 들고,

"자, 요시안냐, 재회를 축하하기 위해 술잔을 기울여볼까."

라고 말하자,

"네, 마셔요. 선생님이 오늘 갑자기 찾아오셔서 놀랐지만 사실은 많이 기뻤시유~."

욧상이 빈 술잔을 내밀었다. 우리는 가스토리 소주를 가득 따른 잔을 높이 치켜들고 쨍그랑 부딪치며 '건배!'하고 힘껏 외친 뒤 서로의 얼굴을 바라보고 순간 씨익 웃으며 단숨에 가스토리를 목 너머로 흘려 넣었다. 한 줄기 뜨거운 것이 식도에서 위장까지 내려가다 그 부근에서 딱 멈추더니 단번에 그 주위를 후끈하게 만들었다.

"이야! 오랜만에 먹는 가스토리는 정말 맛있네요. 확 올라오는데요? 기분 좋네요."

욧상이 빈 잔을 든 채 천진난만하게 눈을 반짝였다. 그 첫 잔은 산골에서 혼자 사는 욧상에게 꿈과 같은 도취감을 느끼게 해주었으리라.

얼마 전까지만 해도 도시의 번화가는 물론 세계 곳곳을 돌아다니던 욧상이, 지금은 이렇게 상상조차 할 수도 없을 정도의 산골에서 고독한 생활을 보내고 있는 것이다. 그래서였을까? 조금 전의 기뻐하는 얼굴 뒤로 어딘가 쓸쓸한 빛이 스치는 듯했다. 하

지만 오늘 밤에는 그런 쓸데없는 동정 따위 필요 없다. 모든 것을 잊고 지금부터 마음껏 마셔보자고 생각했다.

"이렇게 둘이서 마시는 가스토리는 정말 맛있네. 오늘 밤에는 나도 잔뜩 마실 테니 요시안냐도 실컷 마셔유~."

나는 야미조 · 아부쿠마 짬뽕 사투리를 흉내내어 말하고 가스토리 술병을 들어 욧샹의 술잔에 콸콸 부었다.

"아앗! 감사혀유. 이렇게 따라주셔서."

가스토리를 무척 좋아하는 욧샹은 술잔을 그대로 함박 벌린 입술로 가져갔다.

"이렇게 마시는 것도 에게 해에서 마시고 처음이지? 그 알렉산드로폴리에서 바다를 바라보며 우조를 마신 것도 벌써 3년 전이야. 쪽빛 푸른 바다에서 단번에 야미조 산의 깊은 산속이라. 그건 그렇고 그때는 정말 깜짝 놀랐어. 에게 해의 낯선 항구에서 밥을 먹고 있는데 요시안냐가 갑자기 눈앞에 나타나서 다짜고짜 '함께 우조 마셔요'라고 했으니 말야. 그날 꽤나 마셔서 호텔까지 어떻게 돌아갔는지 모를 정도로 취했고, 다음날 아침 정신을 차리고 보니 요시안냐는 쪽빛 속으로 사라지고 없었지."

"맞아요, 그때는 저도 너무 많이 마셔서요, 곧장 배로 가서 잔 거 같기는 한데… 아침에 정신을 차리고 보니 벌써 바다 위에서 새우를 사고 있더라고요. 하핫."

"그런데 그렇게 멀리까지 새우를 사러 가서, 장사가 되기는 했나?"

"망했슈. 처음에는 괜찮았는데 시간이 조금 지나자 그곳 어부 놈들, 우리한테만 매달려서 새우를 점점 비싸게 팔기 시작했어요. 돌아버리는 줄 알았시유. 그때는 후쿠오카에 있는 새우 전문 수입 회사의 사장님 부탁으로 거기까지 갔던 거예요. 도중에 마닐라와 말레시아의 페낭에서 인부를 뽑아서 갔는데, 결국은 새우잡이 어부들한테 속아 비싸게 사들여서요, 돌아오니까 사장 놈이 때려치우라고 소리를 지르지 뭐예요. 새우 사러 갔다가 돌아왔더니 잘리고 말았시유."

"아하하하! 덕분에 이렇게 둘이서 마실 수 있게 됐으니 잘됐지 뭐. 사람의 일이란 마지막이 중요해. 결과는 오케이야."

"맞아유."

나는 냄비 안의 모둠 조림을 사발에 덜어 맛을 보았다. 먼저 국물을 마셔보니 멧돼지고기의 진한 감칠맛이 입 안에 퍼지고 뒤이어 멧돼지고기와 곤들매기에서 배어나온 지방질의 고소한 맛, 감자의 부드럽고 달달한 맛 등이 입 안을 간질이기도 하고 감싸기도 했는데, 강렬한 야생의 감칠맛이 빚어내는 환상적인 조화에 깜짝 놀랄 정도였다. 욧상은 왼손에는 가스토리 술잔을 오른손에는 뜯어낸 날치 구사야를 들고 오물오물 먹고 벌컥벌컥 마시며 더없이 행복한 표정을 지었다.

"이거 정말 환상적이네요. 맛있네 어쩌네 말이 필요 없구먼요. 가스토리도 구사야도 냄새가 나지만 그게 정말 좋아요. 누가 뭐래도 구사야는 역시 맛있어요. 정말 맛있어요. 그리고 이 냄새 말이죠… 오랜만에 여자 가랑이 냄새를 맡은 거 같은, 야릇한 냄새예요. 이게 참을 수 없이 좋아요. 그 냄새, 한동안 맡지 못했더니 생각이 나네요, 헤헤헤."

"아하하하. 그러고 보니 야릇한 냄새로군. 이런 산골에서 혼자 살고 있는 요시안냐에게는 자극이 좀 강렬했나?"

"맞아요, 맞아요. 하지만 어쩔 수 없으니 그냥 참고 먹어야죠."

욧상은 이따금 구사야 조각을 코끝으로 가져가서는 눈을 감고 냄새를 맡으며 무엇인가를 상상하기도 하고, 혼자 납득한 듯 머리를 끄덕이기도 하고, 빙그레 엷은 웃음을 짓기도 했다. 그리고 다시 가스토리를 죽 들이켰다.

"세상에 있을 때는 꽤 여러 여자들과 놀았지만, 그것 역시 좋았지요. 하지만 야미조 산골로 돌아온 뒤로는 3년 동안 전혀 놀지 못했는데 이렇게 생각해보니 여자란 없으면 없는 대로 그럭저럭 참을 만하더라구요."

"오호, 궁핍함을 견뎌야 하는 생활은 인간의 본능까지도 초월하는 모양이군. 이렇게 자연에 둘러싸여 생활하는 금욕자일수록 성적 욕구는 강해진다고 책에서 읽은 적이 있는데 요시안냐는 역시 이성적인 사람이야."

"그게 아니고요, 하루 종일 총이나 낚싯대를 짊어지고 이쪽 계곡, 저쪽 산등성이 돌아다니며 골짜기의 바위를 기어오르기도 하구, 또 거기다 밭일도 해야 하구, 밥도 지어야 하구, 땔감도 주워야 하고, 장작도 패야 하고, 개도 돌봐줘야 하잖아요. 이 일 전부를 혼자서 하니까, 하루를 끝내고 밤이 되면 여자 생각도 나지 않아요. 이불 위에 쓰러지면 바로 꿈나라로 간다니까요."

나는 욧상의 빈 잔에 다시 가스토리를 채워주었다.

"허지만 저도 역시 남자잖아요. 가끔은 그립기도 하죠."

이제 막 술자리를 시작했을 뿐인데 구사야의 냄새만으로도 대화의 선두 차량은 벌써 고속도로로 들어가 버린 듯한 느낌이었다. 참으로 못말리는 두 사람이었다.

"그야 그렇겠지. 하지만 상대가 없으니 어쩔 수 없지 않나?"

"그럴 때는 손을 쓰지요. 음… 그러니까… 혼자서 하는 거예요. 옛날부터 적당히 하면 여자보다 낫다고들 하잖아요. 그것도 제법 괜찮아요. 저는 일 때문에 외국의 여기저기를 꽤 돌아다녔잖아요. 그때 사둔 야한 잡지나 야한 사진이 아주 많지요. 그리고 한때 성인 잡지사의 전무로도 있었거든요. 그때의 사진도 잔뜩 있어요. 그걸 보면서 하쥬, 하하핫!"

그는 천성적으로 타고난 호방함을 억누르려고 하지도 않고, 자신을 꾸미거나 숨기려 하지도 않고 그저 있는 그대로를 얘기하고 있었다. 언제 어디서나 이렇게 체면 차리지 않고 즐겁게 마실 수 있는 것도 그런 욧상의 매력에 끌렸기 때문일지도 모른다.

"이것도 드셔보셔요. 아주 맛있다니까요."

욧상이 얇게 썬 멧돼지 훈제를 권했다. 하나를 집어 입에 던져넣고 우물우물 씹기 시작하자 훈제된 멧돼지고기의 향이 코끝에 감돌더니 입 안으로는 쫄깃쫄깃한 식감이 기분 좋게 전해지면서 아주 진한 즙이 배어나기 시작했다. 거기다 기름기에서 나온 고소함이 맛을 한층 더 끌어올려 혀 위에서는 수습할 수 없을 정도로 혼란스러운 맛의 향연이 벌어지기 시작했다. 쉴 새 없이 흘러나오는 육즙과 함께 고기 조각을 계속 씹어 흐물흐물해진 뒤에야 아깝다는 듯 목구멍으로 넘겼다.

"요시안나, 이 훈제 정말 맛있는데. 아주 잘 만들었어."

"그렇게 맛있나요? 그건 내 솜씨가 좋은 게 아니라 멧돼지고기가 좋아서 그런 거죠."

훈제 멧돼지고기를 칭찬받아 기분이 좋아졌는지 욧상은 가스토리 소주를 다시 죽 들이켠 뒤, 훅 하고 숨을 내뱉었다. 지지 않겠다는 듯 나도 벌컥벌컥 마시고 숨을 내쉬었다. 알코올 도수가 40도나 되는데 혀 위에서는 순하고 부드럽고 걸쭉한 느낌이 있어서 정말 잘 숙성시킨 술이라며, 나는 본가에서 양조한 좋은 술의 저력을 체험하고는 내심 마음이 놓였다. 코끝으로는 가스토리 소주 특유의 추억을 불러일으키는 냄새가 은근하게 퍼지며 그와 함께 달콤한 향이 희미하게 풍겨왔다.

7월 중순인데도 이로리의 불 옆에 앉아 가스토리 소주를 마셔도 전혀 더위가 느껴지지 않았기에 과연 야미조의 산골답구나 싶었다. 그럴 만도 한 것이 움막이 위치한 곳은 해발 640미터쯤 되는 곳이다. 술과 안주가 한층 더 맛있게 느껴지는 것도 상쾌하고 청정한 공기와 기압 덕분이리라. 욧상은 모둠 조림과 멧돼지 훈제에는 손도 대지 않고 오로지 구사야만을 먹었다. 구사야의 뼈와 머리와 꼬리까지 으드득으드득 소리를 내며 씹어먹는 데는 나도 놀라지 않을 수 없었다.

"정말 맛있네, 맛나. 한 마리 더 먹어볼까."

또 다른 구사야 쪽으로 손을 뻗었다.

"근데 말이죠, 얼마 전에 아랫마을까지 내려갔을 때 오랜만에 중국식 소바를 먹었는데 오랜만에 먹어서 그런지 그것도 맛있었어요. 국물도 맛있었고, 면발도 매끈매끈했구요. 누가 뭐래도 간장을 넣어 삶아 구운 돼지, 그게 특히 맛있었구먼요. 전 바로 먹지 않고 따로 남겨두었다가 제일 나중에 먹었는데, 맛이 기가 막혔어요. 그래서 돌아오자마자 멧돼지고기로 그 중국식 소바의 돼지고기처럼 만들어봤는데, 그랬더니 말이죠, 제가 만든 것이 훨씬 더 맛있었어요. 그래서 저는 조만간 도쿄로 가서 멧돼지 뼈로 국물을 내고 멧돼지고기로 구이를 만들어서 중국식 소바 가게를 차릴까도 싶었어요. 그런데 도쿄에 멧돼지를 쓰는 중국식 소바 가게 있을까요?"

"아니, 그런 집은 들어본 적도 없는데. 아마 한 군데도 없을 거야."

"그렇죠? 그럼 됐어요. 아무도 하는 사람이 없다면 조만간에 제가 해볼게요. 근데 멧돼지를 옛날에는 산고래라고 부른 적도 있었다면서요? 산에 고래가 있을 리 없는데, 어째서 멧돼지를 고래라고 한 걸까요?"

"옛날에 일본에서는 불교를 믿었기 때문에 동물을 함부로 잡아먹는 것을 금기시했어. 그런데 고기를 좋아하는 사람들이 몰래 먹는 풍조가 있어 멧돼지를 고래라고 불렀고, 고래는 바다에 사는 동물이니 먹어도 된다고 여겼던 거야. 다시 말해서 산의 고래라고 하면 먹는 사람도 마음이 편하고, 그래서 산고래라고 불렀다고 하더군."

"그랬군요. 그럼 도쿄에서 중국식 소바 가게를 할 때는 멧돼지 소바보다는 산고래 소바라고 하는 게 낫겠군요, 하하."

"그래그래, 산고래 소바라고 하는 편이 손님들에게 더 깊은 인상을 주겠군."

"제가 배에서 일한 적도 있었잖아요. 그때 고래가 헤엄치는 거 자주 봤어요."

"요즘에는 전 세계 바다에 고래가 너무 많이 늘어서 과학적으로 조사를 해보니 남극해에만 밍크고래가 78만 마리나 살고 있고 다른 고래도 점점 늘고 있다더군. 일본 근해에만도 고래가 20만 마리나 있다고 해. 그래서 요즘에는 배와 고래가 충돌하는 사고가 곳곳에서 일어나고 있지."

"그럼 고래를 더 많이 잡아서 먹으면 되잖아요. 옛날에는 고래고기가 싸고 맛있었는데… 저 같은 사람도 많이 먹었구요."

"맞아, 옛날에는 쌌지. 어물전뿐 아니라 채소가게에서도 사과상자에 고깃덩어리를 넣어놓고 1관에 얼마씩 하며 잘라 팔았으니까. 밑간을 해서 튀겨 먹기도 하고, 고래고기 커틀렛, 스테이크, 전골, 된장절임 등도 흔히 볼 수 있었지. 아아, 옛날이 그립군."

"그렇게 많이 늘었는데 왜 잡지 않는 거죠? 잡아다 싸게 팔면 모두가 좋아할 텐데요."

욧상은 구사야를 내려놓고 이번엔 멧돼지 훈제 한 조각을 입에 던져 넣고 우물우물 맛있게 씹었다.

"그게 말이지, 지금은 국제 포경위원회라는 데서 고래 잡는 걸 제한하고 있어서, 상업을 목적으로 한 고래잡이가 금지되어 있어. 한 마리도 못 잡게 해. 그런데 그 국제포경위원회에 속해 있는 과학위원회가 몇 년 동안 공정한 조사를 해서 잡아도 될 만한 숫자를 발표했지만 소용없었어. 고래잡이를 반대하는 나라들이 있는데 그들의 의견이 강경하거든. 일본은 물론 고래잡이를 찬성하는 나라지만. 지금은 반대하는 나라가 찬성하는 나라보다 약간 더 많아서 고래잡이를 재개할지를 투표로 결정하면 부결되어버리고 말아."

나는 가스토리 소주를 한 모금 삼켰다.

"근데 고래잡이를 반대하는 나라들은 왜 반대를 하는 거죠?"

욧상도 소주를 벌컥 들이켰다.

"고래는 지구상에서 가장 큰 동물이니 생물학적으로 위대한 유산이기 때문에 모두가 지켜야 한다, 그게 이유 중의 하나야. 그런데 벌써 50년 가까이나 고래를 잡지 않아서 전 세계 바다에서 그 숫자가 늘고 있고, 또 고래가 대량으로 물고기를 잡아먹고 있어. 고래가 잡아먹는 생선의 양이 지구상의 인류가 1년 동안 먹는 양의 5배나 된다는 사실을 과학조사위원회에서 밝혀냈어. 그런데도 고래잡이에 반대하는 나라들은 들은 척도 하지 않아."

"반대하는 나라가 어딘가요?"

"미국, 호주, 뉴질랜드, 영국, 프랑스, 이탈리아, 독일 등등. 그 외에도 아주 많아."

"어라? 소고기만 먹는 나라들이잖아요? 소고기가 있으니 고래를 잡아서 먹을 필요 없다는 말이군요. 하지만 옛날에는 미국에서도 고래를 잡았잖아요. 호놀룰루의 한 식당에서 고래잡이 그림을 본 적이 있는데 에도시대 때 미국 배가 일본의 바다에 와서 고래잡이하는 그림이었어요."

"맞아. 미국은 고래기름을 연료용으로 썼기 때문에 그것을 얻기 위해 일본 근해까지 와서 기름만 취하고 나머지 고기랑 내장은 전부 바다에 버렸어. 미국이 에도시대 말기에 일본에게 개국을 강요한 것도 포경선에 대한 물자 보급이 중요한 이유 중의 하나였지. 그런데 19세기에 들어 미국에서 석유가 발굴되자 더 이상 고래기름이 필요 없게 되었고, 그래서 지금은 포경 반대로 돌아선 거지."

"정말 할 말이 없네요."

"반면 일본에서는 옛날부터 고래의 대부분을 이용해서 거의 버릴 것이 없었어. 고기와 가죽과 내장과 혀까지 전부 남김없이 먹었고 기름도 이용했지. 뼈로는 갖가지 공예품과 장식까지 만들었어. 가죽은 북에 쓰기도 하고 아교를 만들기도 하고, 수염까지 전부 이용했어. 게다가 전국 곳곳의 포경지에는 희생당한 고래의 영혼을 달래기 위한 비석이나 공양 무덤이 세워져 있어. 어떤 절에서는 잡은 고래 한 마리 한 마리마다 법명까지 지어줬는데, 그 명부가 아직도 남아 있어."

분위기가 갑자기 엄숙해지며 침묵이 흘렀다.

나는 가스토리 소주를 한 모금 마신 뒤, 이번에는 곤들매기 찜을 입에 넣고 씹었다. 구워서 말린 훈제향이 코를 찔렀으며 입 안으로는 곤들매기 살에서 짙은 감칠맛이 배어나왔고, 거기에 양념장의 달달하고 탐미적인 맛이 더해져 환상적인 맛으로 어우러졌다. 이 감칠맛이야말로 구워 말린 곤들매기 찜만이 가지고 있는 진미였다.

욧샹이 재미있는 이야기로 화제를 돌렸다.

"제 이름이 이가리 요시마사잖아요. 이가리(猪狩)라는 성이 붙은 건 옛날에 조상들이 여기서 멧돼지(猪)를 사냥(狩)했기 때문이라고 돌아가신 아부지께 들었어요. 이 산으로 돌아와서 3년 동안 제가 잡은 멧돼지는 37마리예요. 훨씬 전, 제가 이 산에서 내려가 도시로 돈 벌러 나가기 전에 18마리를 잡았으니, 지금까지 전부 55마리를 잡은 셈이네요. 하지만 저는 멧돼지를 잡을 때마다 멧돼지에게 미안하다, 용서해주게, 라고 늘 마음속으로 말해요. 그래서 미국인들처럼 잡은 고래의 기름만 짜내고 나머지는 버리는 그런 짓을 저는 못 해요. 가죽은 손질해서 깔개로 쓰고, 고기는 마을로 가져가서 팔아요. 내장은 제가 먹기도 하고 개에게 주기도 하구요, 뼈는 갈아서 개에게 먹이고요. 하나도 버릴 것 없이 전부 이용해서 멧돼지가 성불할 수 있도록 하는구먼요. 아참, 선생님께 재밌는 거 보여드릴게요."

욧상은 벌떡 일어나 안쪽 방으로 가더니 낡은 장롱 서랍에서 뭔가 길쭉한 나무판 같은 것을 5개 꺼내 왔다. 자세히 보니 길이 40~50센티, 폭 10센티 정도의 나무 푯말에 먹으로 글씨가 적혀 있었다.

"제가 교토의 절에 들어가 행자승 생활을 한 적이 있는데요, 그때 큰스님으로부터 법명 짓는 방법과 그 의미에 대한 이야기를 들은 적이 있었어요. 그래서 여기로 돌아와 다시 멧돼지를 잡기 시작했을 때부터 잡은 멧돼지들에게 법명을 지어주어야겠다고 생각했어요. 이게 법명을 적은 솔도파(率堵婆, 스투파(stupa)의 음역. 죽은 사람의 공양, 추모를 위해 산스크리트어로 경문 등을 적어 묘지에 세우는 갸름한 나무판자_옮긴이)예요. 멧돼지를 잡아오면 바로 해체를 하는데, 그때 먹지 못하는 오줌보나 폐장 같은 게 나오면 뒷산의 흙으로 돌려주지요. 이 솔도파를 거기에 세우고 독경을 해서 공양을 하고 오는구먼요. 지금은 이 솔도파가 벌써 37개나 돼요."

이렇게 말하며 내게 솔도파 2개를 건네주었다. 거기에는 단아한 글씨체로 다음 같이 적혀 있었다.

'야미조 원(院) 덕저일삼주거사(德猪壹參宙居士)'

'야미조 원(院) 덕저이칠성대자(德猪貳七星大姉)'

욧상이 그 솔도파에 대해 재미있는 설명을 해주었다.

"거사라고 적힌 게 수놈, 대자라고 적힌 게 암놈이고요, 거기일(壹)하고 삼(參)이라고 적힌 게 13번째, 이(貳)하고 칠(七)은 27번째라는 뜻이에요. 그 뒤에 있는 주(宙)네, 성(星)이네 하는 건 잡은 해와 달을 나타낸 것인데, 불교에서 쓰는 것과 제가 만들어낸 것을 합성한 암호 같은 것이에요."

"오호, 자기가 잡은 멧돼지에게 법명을 붙여 공양하고 있었군. 훌륭해, 감탄했어."

"아닙니다. 제 목숨도 하나, 선생님의 목숨도 하나, 멧돼지의 목숨도 똑같이 하나잖아요. 그런 소중한 멧돼지의 목숨을 제가 잡아서 돈을 벌고 또 먹고살고 있구요. 전 말이죠, 멧돼지를 해체할 때면 언제나 성불하라고 독경을 하면서 해체를 해요. 어떤 생물이든 목숨은 하나뿐이고, 저울에 달아봐도 목숨의 무게는 똑같아요. 문제는 그것을 잡아서 먹을 때, 너의 목숨을 고맙게 받아 잘 먹겠다는 감사한 마음이 인간에게는 중요하다고 생각해요."

과연 욧샹, 교토 절에서의 행자승 공부가 헛된 것은 아니었던 듯하다.

욧샹이 갑자기 자리에서 일어나 밖으로 향하며 말했다.

"저 지금부터 개한테 먹이를 주고 올 테니, 선생님은 마시면서 잠깐 기다리세요."

가스토리 소주를 꽤나 마셨는데도 그의 발걸음은 조금도 흐트러지지 않았다. 욧샹은 취사장 흙바닥에 나뒹굴고 있던 대야를 집어들더니 그 옆에 놓여 있는 커다란 종이봉투에서 가루 같은 것을 됫박으로 퍼서 그릇에 담았다. 뭐냐고 물었더니 물고기 가루라고 했다.

“물고기 가루는 사냥개한테 아주 좋아요. 영양만점이지요. 칼슘도 있고 단백질도 많아요. 그리고 무엇보다 싸거든요. 이걸 먹으면 개가 아주 튼튼해져요. 물고기 가루를 개에게 잔뜩 먹이는 건 제가 발명한 거예요.”

1되들이 됫박으로 물고기 가루를 세 번 퍼 담고, 다시 다른 봉투에서 그 됫박으로 두 번을 퍼 물고기 가루와 섞었다.

“이 가루는 쌀겨인데, 비타민이 많이 들었다고 해서 먹여요. 이것도 제가 발명한 거예요.”

그리고 또 다른 종이봉투에서 이번에는 작은 사발로 가루를 가득 퍼서 담았다. 그건 동료 사냥꾼에게서 얻은 닭껍질 가루라고 했다. 욧샹은 사냥개의 영양학에 대해 상당한 지식을 갖고 있는 듯했다. 무슨 일에나 흥미를 갖고 그것을 실천하는 욧샹다운 행동이었다. 3종류의 먹이를 섞은 대야를 이로리로 가져오더니 불 위에서 끓고 있는 모둠 조림 냄비에서 절반쯤 덜어 담은 뒤 주걱으로 잘 섞었다. 이 먹이라면 틀림없이 모든 영양성분이 넘칠 정도로 포함되어 있을 것이라고 생각했다.

“이제 됐어요. 그럼 전 뒤에 가서 구마에게 먹이를 주고 올게요.”

어떻게 생긴 개일까? 궁금해서 나도 따라나섰다. 욧샹은 내게도 손전등 하나를 건네주고 움막 밖으로 나섰다. 집 뒤쪽으로 작은 오르막길이 있고 그곳을 올라가니 왼쪽에 개집이 있었다. 크고 멋진 집이었는데 그것도 욧샹이 직접 만든 것이리라. 자세히 보니 지붕에는 함석을 얹어 눈비를 피할 수 있게 했으며, 사방의 벽에는 두꺼운 삼나무와 삼나무 껍질을 둘러 한겨울의 눈보라와 추위에도 견딜 수 있도록 만들었다.

사냥개 구마는 개집 안에 가만히 엎드려 있다가 우리의 발소리와 먹이 냄새에 벌떡 일어나 어슬렁어슬렁 걸어 나왔다. 그때가 나와 구마의 첫 대면이었다. 대형견으로 용맹한 아키타 견과 곰이나 멧돼지 사냥만을 위해 개량한 고야스 견을 교배한 날랜 개였는데 사슬이나 가죽 끈으로 묶어놓은 것 같지는 않았다. 털은 온몸이 새카맸으며 다리도 굵직하고 다부진 체형에, 야생 곰을 연상시키는 그 모습은 구마(곰)라는 이름이 제격이었다.

욧샹이 먹이가 든 대야를 내려놓자 구마가 천천히 다가와 '기다려' 자세를 취하더니 미동도 하지 않았다. 그런데 놀라운 것은 낯선 사람이 눈앞에 있는데도 으르렁거리는 소리조차 내지 않았다는 점이다.

"됐어! 먹어."

욧샹의 말을 신호로 구마가 맹렬하게 달려들더니 대야에 얼굴을 파묻은 채 우걱우걱 단숨에 먹기 시작했다.

"이 개는 3년 전에 제가 야미조로 돌아왔을 때, 이 산 입구에 있는 농가의 도조 형님이 좋은 개라며 제게 준 거예요. 그 형님도 멧돼지 사냥꾼인데, 지금은 저를 동료로 인정해줘요. 옆마을에 사는 개농장 주인이 멧돼지 2마리를 받고 강아지 2마리를 보냈는데 그 중 한 마리가 이놈이에요. 그 도조 형님은 아주 좋은 분이에요. 그 형님 댁에는 이 개까지 합쳐서 사냥개가 4마리나 있었는데 제가 사냥꾼이 되려고 다시 돌아왔다고 했더니 그럼 한 마리 가져가라고 해서 구마를 데려온 거예요. 그때 이미 구마는 강아지가 아니라 멋진 몸을 가진 개로 자라 있었는데 제가 데려온 뒤에 제 방식대로 철저하게 교육을 시켜서 지금은 큰 도움이 되는 개가 됐어요. 그렇게 해서 구마랑 제가 힘을 합쳐서 지금까지 멧돼지를 30마리 이상이나 잡았으니 정말 굉장하쥬?"

"정말 좋은 개인 모양이군. 구마는 수놈인가?"

"네, 수놈이에요. 아무튼 이놈은 멧돼지 사냥을 위해서 태어난 놈 같아요. 도망치는 멧돼지 뒤를 정말 잘 쫓아서, 제가 있는 곳까지 틀림없이 몰고 온다니까요. 그리고 멧돼지뿐만 아니라 새나 꿩, 토끼 같은 것도 정말 잘 잡아요."

그러는 동안 구마는 대야 가득 있던 먹이를 깨끗하게 먹어치웠다.

"배불리 먹었지? 그럼 오늘 밤에도 수고해라."

욧상이 구마의 엉덩이를 툭하고 가볍게 두드렸다. 그러자 구마는 전속력으로 달려 어두운 숲 속으로 사라져버렸다.

"어? 어디로 가는 거지?"

"밤새도록 구마를 산에 풀어놔요."

개는 대부분 밤이 되면 개집에 넣어두거나 줄로 묶어두는 것이 일반적이지만 욧상은 그 반대였다. 어딘가에 얽매이기 싫어하는 욧상의 자유분방한 성격을 자신의 개에게까지 실천시키고 있는 것처럼 보였다.

"밤에 이렇게 풀어놓으면 구마는 혼자 산속을 돌아다니며 야생성을 잃지 않아요. 그리고 기특하게도 가끔 돌아와서는 제가 자고 있는 집 주변을 지켜주죠. 그뿐만이 아녜요. 더 놀라운 점은 밤새 근처에 다가오는 토끼나 여우, 오소리를 잡아서 그걸 먹지 않고 개집 앞에 나란히 늘어놓고 제가 빨리 나오기를 기다려요. 요즘 같은 계절에는요, 거의 매일 아침 사냥한 걸 여기에 놔둬요. 오늘 아침에는요 메추라기 3마리랑 토끼 1마리가 있었어요. 메추라기는 동이 트자마자 움직이기 시작해서 쉽게 잡을 수 있어요. 내일 아침에도 분명 뭔가를 잡아다 여기에 놓을 테니 기대해 보세요."

솔직히 믿기지 않았다. 하지만 욧상은 결코 허풍을 떨거나 농담을 하지도 않고, 또 거짓말도 하지 않는 성격이니 아마도 사실일 것이다. 그런 생각이 들자 야미조에서의 그의 삶이 더욱 신비롭게 느껴지며 기대감에 설레기까지 했다.

"그거 정말 굉장하군. 어쨌든 구마는 대단한 놈이야. 어째서 자기가 잡은 짐승을 먹지 않고 요시안나에게 주는 걸까?"

"엄격하게 훈련 받은 사냥개의 습성 같은 거지요. 사냥을 갔을 때 잡은 사냥감을 절대로 먹어서는 안 된다고 엄격하게 가르치기 때문에 안 먹는 거예요. 하지만 말이죠, 도조 형님이 기르는 개들은 밤에 산에서 잡아온 놈을 먹지 않고 놔두는 걸 본 적이 없으니 구마만의 습성일지도 모르겠네요. 구마가 잡아온 놈들은 저 혼자 만 먹는 게 아니라 푹 삶아서 녀석에게도 먹이죠. 그러니까 삶은 고기의 맛을 기억하고 있는 건지도 몰라요. 가만히 생각해보면, 구마 놈은 잡아온 짐승을 내게 요리를 시켜서 먹는 거니까 의외로 문화적인 개라니까요, 하하하. 하지만 제게도 큰 도움이 되죠. 저도 고기를 먹고 사료 값도 아낄 수 있으니까요. 어쨌든 내일 아침 기대해보세요. 계절이 계절이니만큼 이 발 아래 뭔가 틀림없이 나뒹굴고 있을 거구먼요."

"정말 놀라운데? 내일 아침이 기다려지네. 하지만 구마의 성격만이 아니라 역시 요시안냐의 훈련과 교육도 엄격했기 때문일 거야. 어쨌든 그런 개는 처음 봤어."

욧샹과 나는 손전등으로 발밑을 비춰가며 다시 움막으로 돌아왔다. 내일 아침이 정말로 기다려졌다. 구마가 대체 무엇을 잡아올지, 또 곤들매기 낚시에도 데려간다고 하지 않았는가. 아, 야미조에 오기를 정말 잘했다. 하루도 안 지나서 도쿄의 번잡함은 까맣게 잊어버렸다.

다시 이로리 앞에서 술자리가 이어졌다.

"아 그리고 선생님. 소변은 뒤쪽에 간단한 변소가 있으니 거기서 일을 보시면 돼요. 대변도 거기서 보면 되고요. 근데 저 혼자 쓰는 변소라 좁고 더럽고 냄새가 좀 나지만 그냥 참고 쓰셔요."

사실 아까부터 변소가 어디에 있는지 신경이 쓰였는데 마침 욧샹이 먼저 말을 꺼내 내심 마음이 놓였다.

"그럼 나 소변을 보고 올게. 시원하게 빼내고 다시 마시기로 하지."

손전등을 들고 자리에서 일어나 밖으로 나가려 하는데 욧상이 주의를 주었다.

"나가서 왼쪽으로 가면 끝에 조그만 변소가 있으니 거기서 일을 보세요. 취하셨으니 똥통에 빠지지 않게 조심하시고요."

손전등 불빛에 의지해서 터벅터벅 움막 뒤쪽으로 걸어가니 욧상의 말대로 거적에 둘러싸인 변소가 있었다. 일단 탐색도 할 겸 전체를 손전등으로 비춰보았다. 거적으로 네모나게 둘러놓았는데 입구의 거적이 문 역할을 하고 있었다. 손으로 헤치고 들어가자 우욱! 강렬한 암모니아 냄새가 코를 찔렀다. 그 자극적인 냄새가 네모난 공간 안에 가득 차 있었다. 눈에서 눈물이 줄줄 흘러내렸다. 옛날 다녔던 초등학교의 낡은 목조건물에는 재래식 화장실이 있었고 기온이 올라가는 6월경부터 강렬한 암모니아 냄새 때문에 눈물을 흘리던 기억이 떠올랐다. 추억은 정겹지만 현실은 그렇지 않았다. 조심조심 손전등으로 발밑을 비춰보았다. 분뇨통으로 큰 항아리가 묻혀 있고, 그 위로 두 장의 널빤지가 나란히 깔려 있었다. 그 판자에 양발을 올려놓고 소변은 서서, 대변은 쭈그리고 앉아서 용변을 보는 것이다.

옛날 시골 농가에서는 대부분 이렇게 간단한 구조의 변소를 사용했다. 발밑의 항아리 속에는 절반 정도 분뇨가 차 있고 표면에서는 구더기들이 우글거리고 있었다. 나는 항아리를 향해 가득

차 있던 소변을 힘차게 뿜어냈다. 상쾌함이 전신으로 진동하듯 전해졌고, 그것이 지금 야미조의 산에 있다는 해방감으로 이어져 그 기분이 더욱 커져갔다. 그런데 다음 순간 기세 좋게 뻗어나간 소변 줄기에 휘저어져 더욱 강렬한 암모니아 냄새가 코와 눈을 습격해왔다. 주체할 수 없이 눈물이 흘러내렸고 숨이 턱 막혔다. 술기운으로 후각이 약간 둔해졌을 텐데도 이 정도라면 맨정신일 때는 이걸 참는 것도 보통일이 아니겠구나 싶었다.

볼일을 마치고 변소 안의 광경을 찬찬히 손전등으로 비춰보았다. 한쪽 구석에 대나무 소쿠리가 있고 그 안에 잘 말린 식물 잎이 몇 장 겹겹이 놓여 있었다. 바로 휴지 대용임을 알 수 있었다. 옛날에는 대변을 본 뒤 일반적으로는 가느다란 막대기나 얇은 나무껍질, 지푸라기, 새끼줄 등을, 그리고 신분이 높은 집안에서는 뒷나무라 불리던 조그만 나무 주걱을 썼는데, 말려서 건조시킨 나뭇잎이라니 황송하기 그지없었다. 이건 틀림없이 이곳 자연에 정통한 야미조의 조상들이 발명한 것이리라. 취기 때문에 배짱이 두둑해진 탓인지 내일 아침 대변보는 일이 기다려진다며 첫 경험에 약간의 모험심이 솟구쳤다.

다시 움막 안 이로리로 돌아가니 욧샹이 겸연쩍게 웃으며 맞는다.

"냄새가 지독하쥬? 그 항아리 속에 있는 건 나중에 밭에 뿌려 비료로 쓴답니다. 이런 산골에서는 무엇이든 도움이 돼야 하니까요."

"아니, 괜찮아. 내가 어렸을 때는 이런 변소들뿐이었기에 꽤나 익숙해져 있으니까. 그건 그렇고 밑을 닦을 때 쓰는 마른 나뭇잎에는 정말 놀랐어. 그것도 요시안냐의 발명품인가?"

"아네요, 옛날부터 쓰던 거예요. 사냥을 나가서 볼일을 볼 때는요, 가까이에 있는 머위 잎을 따서 닦는데요, 엉덩이가 꺼끌꺼끌하지만 못 닦을 건 없어요. 머위 잎은 잘 말려서 한 장씩 문질러서 펴두면 말린 담뱃잎처럼 부드러워져서 꺼끌꺼끌하지 않아요. 그래서 그걸 쓰면 아주 잘 닦여요. 그리고 이건 제 생각이지만 말린 머위 잎에는 소독작용 같은 게 있는 거 같아요. 그걸로 닦으면 항문 주변이 왠지 깨끗해진 느낌이 들거든요. 그래서 여름에 머위 잎을 잔뜩 따다 1년치를 말려서 가마니 안에 넣어두지요. 다섯 가마니만 있으면 1년 내내 문제없어요. 아, 그러고 보니 슬슬 머위 잎을 딸 때가 됐네요. 계실 때 따오지요, 뭐."

참으로 듬직한 산사나이다! 절로 감탄이 나왔다. 야생의 잎에는 살균작용을 하는 폴리페놀이 들어 있으니 욧샹의 말에도 일리가 있다.

우리는 둥글게 썬 토마토, 메뚜기 조림, 된장을 바른 오이 등을 먹으며 가스토리 소주를 실컷 마셨다.

그때 방 안쪽에서 '땡, 땡, 땡'하고 옛날스런 정겨운 소리가 들려왔다. 괘종시계 소리였다.

"이런 벌써 10시네요. 오늘 기쁘고 재미있게 잘 마셨습니다. 누가 뭐래도 가스토리는 역시 맛있어요. 구사야도 맛있었구요. 그럼 슬슬 잘 준비를 할까요? 아참, 선생님께 말씀드리는 걸 깜박했는데, 우리 집에는 목욕탕이 없답니다. 여기서는 필요가 없거든요. 내일이 되면 알겠지만 좋은 폭포가 있어서요, 여름에는 거기서 매일 멱을 감아요. 천장 위에 커다란 가마솥 있죠? 겨울에는 그걸 내려다 밖에서 물을 끓여서 거기에 들어가구요."

천장을 보니 옛날에 보던 철제 목욕통 같은 커다란 솥이 얹혀 있었다.

"저는 늘 이 이로리 옆에서 자요. 선생님은 안쪽 방에서 주무세요. 가스토리랑 냄비랑 그릇은 내일 아침에 치울 테니 그냥 두셔도 돼요."

준비성이 철저한 욧샹은 조금도 흔들림이 없었다. 나와 둘이 40도짜리 가스토리를 1되 가까이나 뱃속에 집어넣었는데도 취한 듯한 움직임은 거의 보이지 않았다. 욧샹과 나는 술이 강해서 지금까지 꽤나 마셔왔지만 서로 술 때문에 망가진 적은 한 번도 없었다.

안쪽 방으로 들어간 욧샹이 한동안 부스럭거리더니 나를 그곳으로 불렀다.

"선생님, 여기서 주무세요. 요가 얇아서 몸이 배길지도 모르겠지만 조금 참으세요."

방으로 들어가 보니 천장에는 램프가 하나 매달려 있고 벽 쪽에는 낡은 서랍장과 장롱이 있었다. 바닥에는 돗자리가 깔려 있고 그 위에 얇은 요 하나, 그리고 베개와 이불 두 장이 놓여 있었다.

"거친 잠자리지만 참고 주무세요. 여기는 꽤 높은 산이라 여름에도 새벽에는 추워요. 추우시면 이불을 두 개 덮으시구요."

나는 욧상의 세심한 배려에 크게 감사했다.

"이 이불은 같이 멧돼지 사냥을 가는 친구가 가끔 쓰는 거예요. 오늘은 피곤하실 테니 푹 주무세요."

욧상은 이번에는 이로리 옆에 자신이 잘 자리를 만들기 시작했다. 판자처럼 얇은 요를 한 장 깔고 담요를 한 장 놓았을 뿐이었다. 거기에 벌렁 눕는가 싶더니 5분도 지나지 않아 코를 골기 시작했다. 나도 옷을 입은 채 요 위에 큰대자로 눕자 술기운 탓인지 어느 틈엔가 잠이 들어버리고 말았다.

'곰'이라는 이름의 개

이튿날 아침, 둔중한 괘종시계 소리에 눈을 떴다. 손목시계를 보니 오전 6시. 입안에서는 아직 가스토리 냄새가 풍기고 가벼운 숙취도 남아 있었으나 두통과 속쓰림이 없어 산속에서 맞는 아침은 상쾌했다. 잠자리에서 나와 이로리 옆으로 갔더니 욧샹은 벌써 일어나 주먹밥을 만들고 있었다.

"잘 주무셨슈? 어제 가스토리만 마시느라 기껏 만들어놓은 밥을 하나도 먹지 않았잖아요. 그래서 이렇게 주먹밥을 만들고 있구먼요. 오늘은 주먹밥 싸가지고 곤들매기 잡으러 가요."

욧샹의 몸에는 어젯밤에 마신 술 따위 한 방울도 남아 있지 않은 듯했다.

"아아, 덕분에 잘 잤어. 근데 요시안냐는 정말 일찍 일어나는

군."

"술을 아무리 마셔도 다음 날 아침에는 5시면 눈이 떠져요."

나는 곧바로 뒷간으로 갔다. 어젯밤 손전등으로 대충의 모습은 파악하고 있었지만 밝을 때 보는 변소는 과연 어떨까, 조심조심 들어가 보고는 당황하지 않을 수 없었다. 마음을 단단히 먹고 항아리 위에 놓여 있는 두 장의 널빤지 위에 쪼그려 앉았다. 몸에서 빠져나온 덩어리가 아래로 낙하하는 소리가 들리더니 뒤이어 곧 강렬한 암모니아 냄새가 엄습해 왔다. 반사적으로 눈물이 흘러내리며 토할 것 같은 속을 간신히 달래며 서둘러 배변을 하고 소쿠리 안의 말린 머위 잎을 집어든 순간 깜짝 놀랐다. 잎은 아주 말랑하고 부드러워서 전혀 불편함을 느끼지 못했다. 다시 두 어장 집어 두 번을 닦고나니 비데로 뒤처리한 것 못지 않게 깨끗했다. 정말 대단하구나! 감탄하며 밑닦이 잎을 발명한 야미조 사람들에게 다시 한 번 경외심을 느꼈다.

볼일을 마치고 나와서 산에서 끌어온 물로 깨끗하게 손을 씻고 움막 주방으로 들어가 보니 욧상은 이미 여남은 개의 주먹밥을 만들어놓았다. 그리고 주먹밥을 이로리로 가져가 재 속에 묻어두었던 불씨를 살리고 석쇠를 걸어놓은 뒤 간장 혹은 된장을 발라 굽기 시작했다. 움막 안에 고소한 냄새가 퍼지며 위장이 오그라드는 듯한 식욕이 엄습해왔다. 신기하게도 나는 숙취가 있을 때 오히려 더 식욕을 느끼는 체질이다. 주먹밥이 다 구워졌다.

"선생님, 아침 드세요. 주먹밥을 두 개씩 먹고 나머지는 곤들매기 낚시에 가져갈 거예요. 그리고 어젯밤에 먹던 것도 남아서 데워놨시유. 이것도 드세요."

우리는 구운 주먹밥과 냄비 모둠 조림으로 아침부터 호화로운 식사를 했다. 식사를 마치자 욧상이 갑자기 빙글빙글 웃으며 뭔가 자랑하고 싶어 하는 듯했다.

"선생님, 재밌는 거 보여드릴게요. 구마 녀석, 역시 잡아왔구먼요. 지금 가지고 올 테니 한번 보세요."

밖으로 나갔다가 돌아온 욧상의 양손에는 토끼 두 마리가 쥐어져 있었다.

"아침 일찍 구마에게 가보았더니 개집 앞에 이게 나뒹굴고 있지 뭐예요. 구마는 개집 안에서 쿨쿨 자고 있었구요. 오늘 밤에는 토끼탕입니다~."

어젯밤 이야기가 정말이었구나 싶어 욧상과 구마의 신기한 관계를 새삼 확인한 듯했다. 토끼를 자세히 살펴보니 아마 구마가 목 부분을 물어 질식사시킨 듯했다.

"이 토끼 좀 만져보세요. 아직 따뜻하쥬?"

정말 토끼의 몸에는 아직 온기가 남아 있었다. 잡은 지 얼마 안 된 거 같았다.

"요즘에는 거의 매일 새벽이 되면 토끼나 메추라기를 잡아와요. 그렇게 잡아온 걸 먹이 속에도 넣는데, 구마 녀석, 그걸 아주 좋아해서 자꾸 잡아오는 거예요."

산골에서 자급자족하며 살아가는 주인에게 먹을 것을 잡아다

주는 개가 있다는 소리를 지금까지 들어본 적이 없었다. 이렇게 영리한 개이기에 사나운 멧돼지를 상대로 과감하게 공격하기도 하고 뒤로 돌아들어가 쫓기도 하는 강인함을 보이는 것이리라. 개는 주인을 닮는다더니 욧샹의 삶과도 비슷한 점이 있는 것 같았다.

욧샹은 토끼를 움막 뒤쪽 바람이 잘 통하는 창고에 매달아둔 뒤 곤들매기 낚시 준비를 시작했다. 몹시 빠른 손놀림으로 순식간에 낚싯대와 바늘, 낚싯줄을 준비해놓고 잠시 움막 안으로 모습을 감추는가 싶더니 마치 닌자(忍者)와 같은 차림으로 다시 나타났다. 짧은 소매의 상의에, 바지는 승마바지처럼 위는 낙낙하고 아래는 조이는 것, 발에는 작업화, 그리고 허리춤에는 고기를 담을 바구니와 미끼통이 매달려 있었다. 어디서나 몸을 가볍게 움직일 수 있는 아주 경쾌한 차림이었다.

"지금부터 가는 데는 아주 험한 계곡입니다. 이런 차림이 조금 호들갑스럽게 보일지 몰라도 옛날 사람들도 곤들매기 잡으러 갈 때는 전부 이런 차림을 했지요. 선생님도 이걸로 갈아입으세요. 그리구 이 작업화도 신으시구요."

그는 내게도 갈아입을 옷과 작업화 등을 빌려주었다.

체격이 비슷해서인지 맞춤옷처럼 잘 맞았다. 사냥꾼의 옷으로 갈아입고 나니 몸도 마음도 의욕이 넘쳐났다. 욧샹은 등에 낚시도구가 든 작은 배낭을 메고, 손에는 짧은 낚싯대를 들었다. 나도 욧샹이 건네준 작은 배낭을 멨는데 안에는 대나무 잎으로 싼 주먹밥과 단무지, 물통 등이 들어 있었다. 미끼로는 무엇을 쓰냐고 물었더니 아무것도 가져가지 않는다고 했다. 미끼 없이 대체 어떻게 물고기를 낚겠다는 건지… 점점 흥미로워지기 시작했다.

아침부터 구름 한 점 없는 맑은 하늘에는 비가 내릴 염려는 전혀 없었다. 우리는 곤들매기 낚시를 위해 출발했다. 개집 앞을 지날 때 주인의 낚시 복장을 본 구마가 반갑게 뛰어나와 꼬리를 흔들며 뒤따라왔다.

"욧상, 구마가 따라오는데 날 물지 않을까?"

"아하하하. 구마가 그럴 리 없지요. 선생님은 어젯밤에 우리 집에서 주무셨잖아요. 그때부터 이미 저의 귀한 손님이라는 걸 알았을 거예요. 그리고 선생님이 지금 입고 있는 옷에 제 냄새하고 동료 사냥꾼들의 냄새가 배어 있어서 같이 사냥을 하는 동료라고 생각하고 있을 거구먼요. 걱정하실 것 없어요."

안심하고 뒤를 돌아보니 구마는 특별히 경계하는 태도도 없이 다부진 발걸음으로 뒤를 따라오고 있었다. 한참을 걸어가자 길은 점점 사라지고 상수리나무 숲의 짐승들이 다니는 길로 접어들었다. 발아래에 얼룩조릿대가 덮여 있는 길을 걸어갈 때는 사각사각 소리가 났다. 잠깐 내리막길이 이어지는가 싶더니 이번에는 경사가 급한 오르막길이 시작되었다. 그러자 발밑의 얼룩조릿대 잎이 미끄러워서 걷기가 힘들었다. 그런데 욧상은 한 번도 미끄러지지 않고 힘차게 걸어 올라갔다.

"조심해서 올라오세요. 선생님한테 맞춰서 천천히 갈 테니 서두르지 않아도 됩니다."

욧샹이 뒤를 돌아보며 말해주었다.

그런데 구마를 보니 이놈이 재미있다. 내가 멈추면 구마도 멈추고 내가 걷기 시작하면 다시 뒤따라 걸으면서도 결코 내 앞으로는 나가지 않았다. 아마도 나를 걱정해주고 있는 듯했다. 정말 영리한 개였다.

오르는가 싶다가도 다시 내려가고, 그러다 다시 오르고… 상수리나무 숲 속의 짐승들 길에서 얼룩조릿대를 밟으며 악전고투하듯 앞으로 나가자니 이번에는 경사가 아주 급한 내리막길이 나타났다. 다리에 힘을 주고 버티지 않으면 아래까지 미끄러져 내려갈 정도로 경사가 가팔랐다. 앞서 내려가던 욧샹이 아래쪽에서 큰 목소리로 외쳤다.

"선생님, 저기로 조금만 내려가면 물이 졸졸 흐르는 곳이 나오니까요, 미끄러지지 않도록 하세요! 여기저기 돌멩이도 있으니 조심하셔야 해요!"

욧샹은 경사가 급한 내리막길을 가고 있어서 위쪽 어디쯤에 내가 있는지 보이지 않을 텐데도 정확한 위치를 파악해서 주의를 주었다.

"알았어! 천천히 갈게."

나도 큰 소리로 대답하고 조심조심 내려갔다. 기다시피해서 간신히 아래까지 내려가니 눈앞에 아름다운 강이 흐르고 있었다. 맑고 깨끗한 물줄기가 흐르는 강의 폭은 6~7미터 정도로 그리 넓지 않았으며, 강바닥에는 크고 작은 돌들이 깔려 있었다. 무엇보다 흐르는 강물의 아름다움에 마음까지 씻겨 내려가는 듯한 느낌이 들었다. 자연이 만들어낸 순수한 H_2(수소)와 O(산소)의 화합물만이 흐르는, 그런 순수하고 티끌 없는 계곡의 물이었다. 내가 내려선 지점의 강가에서 욧샹이 기다리고 있었다.

"이렇게 급한 언덕, 미끄러지지 않고 잘도 내려오셨네요. 다행이에요. 이 강은요, 구지 강의 지류인데 정식 이름을 잊어버려서 제 마음대로 곤들매기 강이라고 부르고 있구먼요. 어쨌든 이 강에는 곤들매기가 아주 많아요. 여기서 상류 쪽으로 한 15분만 걸어가면 폭포가 있는데 그 웅덩이에 꽤 커다란 곤들매기가 있어요. 그럼 거기로 갑니다아~."

욧샹은 강을 따라 상류 쪽으로 걷기 시작했다. 나도 왼쪽으로 곤들매기 강의 물줄기를 바라보며 조심스럽게 걸었다. 오른쪽으로는 깎아지른 듯한 절벽이 몸에 닿을 정도로 가깝게 다가와 있었다. 절벽은 촉촉하게 젖어 있었고 아주 차가워서 서늘함이 느껴질 정도였다.

어느 새 강폭이 넓어지고 물의 흐름도 느려지는 곳까지 왔다. 강바닥에 작은 돌멩이를 깔아놓은 듯한 곳에서 욧샹이 갑자기 발걸음을 멈추었다.

"전 미끼를 잡아올 테니 여기서 잠깐 기다리세요."

욧샹은 배낭을 내려놓고 안에서 조그만 그물 같은 것을 꺼냈다. 그러더니 강물로 들어가 무릎까지 잠기는 지점에 이르자 몸을 숙이고 강 안쪽을 향해 그물을 힘껏 던져 넣었다. 그런 다음 발밑의 돌멩이와 자갈을 한쪽 발로 휘젓는 듯한 동작을 했다. 그리고 그물을 끌어올려 안을 들여다보며 무언가를 손가락으로 집어 허리에 찬 미끼통에 넣었다. 궁금해 하는 내 쪽을 바라보며 그가 큰 소리로 알려주었다.

"자자무시예요! 이걸 미끼로 곤들매기를 낚을 거예요~!"

자자무시란 물에 사는 곤충의 총칭으로 성충이 되면 하루살이나 날도래가 된다. 맑은 물에 사는 물고기들이 아주 좋아하는 먹이로 강바닥 돌 틈에 숨어 있는 것을 물고기들은 밝은 눈으로 잘도 찾아내서 포식한다. 그 중에서도 곤들매기는 아주 탐욕스럽고 집념도 강한 데다 미식가이기 때문에 성충이 되어 강물 위를 날아다니는 것까지 뒤쫓아 물속에서 노리고 있다가 점프해서 잡아먹곤 한다. 그 벌레의 맛을 알고 있는 곤들매기를 낚는 것이니 더할 나위 없이 좋은 미끼이다.

10분 정도 벌레를 잡은 뒤 우리는 다시 상류 쪽으로 걸어 올라갔다. 강이 오른쪽으로 크게 굽이친 곳에 이르자 시원한 폭포 소리가 들려왔다.

발을 멈추고 귀를 기울여보니 발밑에서 강물이 졸졸 흐르는 소리와는 달리 멀리서 '쏴~'하는 묵직한 소리가 들려왔다. 꽤나 커다란 폭포인 듯했다. 발걸음을 옮기자 소리가 점점 커지더니 오른쪽으로 크게 꺾어진 순간, 눈앞으로 하얗고 멋진 물줄기가 모습을 드러냈다. 높이가 20미터쯤 될까? 곧게 뻗은 하얀 물기둥이 세차게 떨어지고 있었다. 물이 웅덩이의 수면에 부딪치면 이번에는 더욱 커다란 굉음을 내며 새하얀 물방울이 사방으로 튀고, 팔방으로 흩어져 나간다.

넋을 잃고 폭포를 바라보고 있는 내 뒤에서 욧상이 귀를 빌려 달라는 몸짓을 해보였다. 그러더니 내 귓가에 대고 들릴락말락한 작은 소리로 속삭였다.

"곤들매기가 경계심이 아주 강해요. 그래서 사람을 보면 겁을 먹고 미끼를 물지 않아요. 그러니까 선생님은 움직이지 말고 여기서 보고만 계세요, 아셨쥬~?"

나도 덩달아 작은 목소리로 대꾸했다.

"아, 알았어. 그렇게 할게. 그런데 구마는 어떻게 하지?"

"구마는 여기에 얌전히 엎드려 있을 테니 걱정 마세요."

욧상은 바위에 앉아 준비를 시작했다. 구마와 나란히 앉아 보고 있자니 욧상이 다시 소곤거리는 목소리로 말했다.

"전 말이죠, 요즘에 유행하고 있는 루어낚시네 플라이낚시네 하는 건 해본 적이 없어요. 그건 곤들매기를 속이는 거니 교활한 방법이에요. 곤들매기는 먹이인 줄 알고 덥석 물었는데 아무 맛도 없고, 먹지도 못하는 플라스틱 미끼잖아요. 그건 살아 있는 것만 먹는 미식가인 곤들매기한테 죄를 짓는 거예요. 그래서 저는 옛날 방식대로 벌레를 써서 잡고 있어요."

욧상은 살그머니 일어나 낚싯대를 들고 웅덩이 쪽으로 걸어갔다. 그리고 웅덩이 근처 바위 뒤에서 등을 구부리듯 몸을 수그리더니 조용히 움직여 한 손으로 첫 번째 낚싯대를 던졌다. 그런데 단 5~6초 만에 욧샹의 움직임이 크게 변했다. 허리를 힘껏 펴고 낚싯대를 잡아당겼다. 나는 마음속으로 '잡았다!'고 외쳤다. 낚싯대가 크게 휘는가 싶더니 낚싯줄 끝 수면 아래서 검은 그림자가 크게 움직이며 저항하고 있었다. 욧샹은 능숙하게 낚싯대를 움직였다. 그 모습에는 환희도 자만심도 없었으며 그저 무심하게 낚싯줄 끝의 물고기와 대치한 채, 적당한 때를 가늠할 뿐이었다. 가느다란 줄을 사이에 두고 잡으려는 자와 달아나려는 자의 대치가 한동안 계속되었다. 그러나 결국 곤들매기는 포기한 듯 그 모습을 드러냈다. 눈부시도록 아름답고 생명력 넘치는 야생의 모습이었다! 그것도 잠시뿐.

욧샹이 낚싯바늘을 빼내고 땅위에 내려놓자 곤들매기는 입을 뻐끔거리더니 가끔 꼬리로 땅바닥을 때려 튀어 올랐다가 다시 떨어졌다가를 반복했다. 몇 번이고 되풀이하는 동안 점점 움직임이 희미해지더니 나중엔 잠잠해졌다. 눈에 보이지 않는 하나의 영혼이 아름다운 물고기의 몸에서 빠져나가려는 순간이었다. 마지막까지 포기하지 않는 야생의 모습은 경건하기까지 했다.

어젯밤 욧샹이 말했던 '하나밖에 없는 목숨의 무게는 모든 생물이 같은 것'이라던 말의 의미를 어렴풋이 알 것 같았다. '죽음'이라는 현실을 곤들매기는 의식하지 못할 것이라고 생각하는 것은 인간의 오만함이다. 곤들매기는 자신의 종을 남겨야 한다는 본능에 따라 무의식중에도 죽음을 완강히 거부하고 있는 것이다. 숨이 끊어져가는 곤들매기를 통해서 삶에 대한 집념을 엿볼 수 있었다. 바로 그런 이유로 욧샹은 잡은 멧돼지에게도 법명을 붙여주는 것이며, 이 곤들매기와 대치하고 있는 동안에도 틀림없이 염불을 외우고 있었으리라.

이젠 움직임이 사라진 곤들매기를 가만히 바라보았다. 길이 30센티를 너끈히 넘는 월척으로, 그 아름답고 요염한 자연의 빛깔에 숨이 멎는 듯했다. 눈은 투명하게 맑았고 등 쪽 회흑색에는 하얀 반점이 여러 개 흩어져 있다. 지느러미 끝은 하얗고 배 부분은 색이 단번에 바뀌어 담황색을 띠었는데 거기로 옅은 오색 빛이 무지개처럼 빛나고 있었다. 그 색채들이 곤들매기의 몸에 부드럽게 쏟아지는 빛을 반사해서 계곡의 맑은 공기를 더욱 눈부시게 해주었다.

욧샹은 웅덩이 주변을 이리저리 옮겨가며 1시간여 만에 곤들매기 월척을 서너 마리나 더 낚아 올렸다. 그러는 동안 단 한 마디도 하지 않고 묵묵히 곤들매기를 쫓았다. 그가 마침내 낚싯대를 거두고 구마와 내가 앉아 있는 곳으로 돌아왔다.

“이만하면 됐네요. 네 마리만 있으면 선생님이랑 저랑 구마 모두 배불리 먹을 수 있으니까요.”

욧샹은 허리에 차고 있던 미끼통을 열어 통 안에 있던 물벌레들을 훽 강으로 놓아주었다. 그런 다음 허리에 찬 바구니에 잡은 곤들매기를 넣고 그 위에 푸른 얼룩조릿대 잎을 몇 장 덮었다.

"이 조릿대의 잎이 곤들매기가 상하지 않게 해주지요."

우리는 아까 왔던 강가의 길을 다시 조심조심 걷기 시작했다. 강폭이 급격히 좁아지고 물살이 더욱 거세진 곳까지 오자 앞장서서 걷던 욧상이 문득 발걸음을 멈췄다. 그리고 강물을 가만히 바라보며 조금 전에 접었던 낚싯대를 꺼내어 다시 낚시 준비를 시작했다.

"민물송어가 있네요? 올해는 벌써 여기까지 올라왔네. 어디 보자!"

물벌레는 이미 놓아준 터라 미끼도 없이 어떻게 낚시를 할까 싶었다. 욧상은 낚싯대에 낚싯줄과 바늘을 묶어 만반의 준비를 해둔 뒤, 바위 위로 올라서려다 말고 조그만 목소리로 말했다.

"선생님은 움직이지 말고 여기에 가만히 계세요. 구마! 얼음!"

욧상은 기묘한 말을 남기고 강가의 수풀로 갔다. 그리고는 숲 속을 헤집으며 무엇인가를 찾기 시작하더니 손끝으로 무언가를 집어들고는 다시 낚싯대를 놓아둔 곳으로 갔다. 그는 미끼를 바늘에 꿰더니 강 상류 쪽을 향해 낚싯줄을 던졌다. 바늘에 끼운 미끼가 빠른 물살을 따라 내려가면서 낚싯줄이 팽팽해지자 낚싯대를 위로 휙 들어올려 다시 상류 쪽으로 던져 넣었다. 그런 동작을 몇 번이고 되풀이하던 때였다. 낚싯대가 반원을 그리며 휘는가 싶더니 낚싯줄 끝이 수면 위로 어지럽게 흔들리며 물방울이 튀어 올랐다. 순간 물 위로 파득거리며 물고기가 모습을 드러냈다. 포획된 물고기는 강렬한 춤을 추듯 공중에서 몸을 비틀었다.

"역시 송어였어. 올해는 일찍 올라왔네요. 올해 처음 올라온 송어니까 한 마리만 잡자."

욧샹은 송어를 발밑에 놓은 뒤, 부지런히 낚싯대를 접었다. 곤들매기보다 약간 작았으나 몸의 반점은 더욱 섬세했으며 몸 전체에서 날렵함이 느껴졌다. 맑은 눈과 싱싱하게 빛나는 몸의 광택과 색채가 황홀함을 느끼게 했다.

"미끼는 뭘 썼지?"

아까부터 궁금했던 것을 물었다.

"거미예요. 송어는 조그만 거미로도 잡을 수 있어요."

욧샹은 대수롭지 않다는 듯이 말했다. '낚시도구는 가능한 한 간소하게, 미끼는 낚는 장소에서 조달하자'가 그만의 낚시법인 듯했다.

곤들매기와 송어를 수확한 뒤, 우리는 다시 강을 따라 내려왔다. 마침내 강폭이 넓어지고 물살이 느려져 강가에 모래밭이 펼쳐진 조그만 하천 부지에 이르렀다.

"여기서 물소리 구이를 할 겁니다. 정말 맛있어요. 계곡의 물고기는 그 자리에서 물소리 구이로 해서 먹는 게 젤루 맛나요."

물소리 구이라니? 소리로 굽는다고? 수수께끼 같은 말에 호기심이 일었다.

욧샹은 어깨에서 배낭을 내려놓고 허리에 차고 있던 바구니와 미끼통도 풀어놓은 뒤 준비를 시작했다. 이번엔 또 무엇을 하려는 거지? 흥미를 자극했다. 그는 모래밭 위에 막대기로 지름 40센티

미터쯤 되는 원을 그린 뒤 휴대용 삽으로 원 안의 모래를 퍼내 깊이 10센티쯤 되는 구덩이를 만들었다.

“구덩이는 이 정도면 됐어요. 전 위에 가서 나뭇잎을 주워올 테니, 여기서 잠깐만 기다리셔요.”

그러더니 강기슭의 급경사를 단숨에 올라 무성한 수풀 속으로 사라졌다. 구마가 그 뒤를 따랐다. 5분쯤 지나자 머위 잎을 잔뜩 들고 조심스럽게 내려왔다. 그리고 모래 위에 파두었던 구덩이에 몇 장의 머위 잎을 겹쳐 깔고 배낭에서 소금을 꺼내 곤들매기와 송어에 듬뿍 문질렀다. 물고기를 머위 잎 위에 올려놓고 다시 머위 잎으로 덮은 뒤, 그 위에 모래를 4센티 두께로 평평하게 뿌렸다.

“선생님, 불에 탈 만한 나무를 있는 대로 모아오세요.”

“그래, 알았어.”

잠깐 동안 나뭇가지를 주웠는데도 꽤 많이 모았다. 물에 떠내려온 나무나 벼랑 아래 떨어져 있던 부러진 가지 등이었다. 욧샹은 마른 조릿대 잎도 주워 왔다.

“됐어요. 이 정도면 물소리 구이에 충분해요.”

욧샹은 물고기를 묻은 모래 구덩이 위에 마른 조릿대 잎을 쌓아놓고 라이터로 불을 붙였다. 불이 기세 좋게 타오르기 시작하자 나뭇가지를 넣어 계속 화력을 높였다.

“물소리 구이는 야미조의 사냥꾼들이 옛날부터 해먹던 전통 요리예요. 흐르는 강물 소리를 들으며 먹는다고 이런 이름을 붙인 거래요."

"오호, 그렇군. 야미조의 산 사나이들은 풍류를 아는군."

"맞아요, 옛날 사람들은 정말 대단해요."

"근데 곤들매기하고 송어를 손질하지 않고 그냥 묻었잖아. 그래도 괜찮은가?"

"걱정 마세요. 내장은 쌉쌀한 게 정말 맛나요. 자연에 있는 쓴맛은 몸에도 좋대요. 좋은 약은 입에 쓰다고 하잖아요. 그래서 이곳 사람들은 어린 머위 줄기도 씀바귀, 자주쓴풀, 곰이나 멧돼지의 쓸개도, 쓴맛이 나는 건 전부 말려서 소중하게 보관하지요. 자주쓴풀은 얼마나 쓴지 몰라요. 너무 써서 몸이 부르르 떨릴 정도라니까요."

나무를 계속 태우며 낚시와 민물고기를 먹는 법에 대한 이야기를 듣는 동안 그럭저럭 1시간쯤 지났다.

"슬슬 됐을 거예요. 이젠 먹어도 되겠네요."

욧샹이 막대기로 불덩이를 헤집은 뒤 남은 불씨 위에 모래를 뿌려 불을 껐다. 그리고 구덩이 위에 쌓인 재와 모래를 조심조심 걷어내자 물고기를 덮고 있던 머위 잎이 나타났다.

"됐네요. 노랗게 변해 있어야 잘 익은 거예요. 이걸 좀 보세요. 파랬던 머위 잎이 노랗게 변했쥬? 이렇게 되면 다 익은 거예요."

욧샹은 목장갑을 끼고 구덩이에 손을 넣어 머위 잎째로 물고기를 꺼내 내 앞에 놓았다.

"선생님, 이게 물소리 구이의 완성품이에요. 드셔보세요."

생선 구이에서 피어오르는 식욕을 자극하는 냄새에 이끌려 한껏 기대가 되었다. 물고기를 덮고 있던 머위 잎을 한 장씩 벗겨내자 아까부터 나를 매혹하던 냄새가 더욱 강해져 한층 더 후각을 자극했다. 그런데 이 냄새, 어디선가 맡은 적이 있다. 대체 무엇이었을까? 마른풀 냄새 같기도 했고, 또 햇빛에 널어 말린 이불 냄새 같기도 했다. 마른풀 냄새에는 어딘가 새콤달콤하고 겨드랑이의 물큰한 땀처럼 육욕적인 냄새도 섞여 있는 법인데 그 머위 잎에도 관능적인 냄새가 배어 있었다.

조심스레 머위 잎을 들춰내자 곤들매기와 송어가 흰 속살을 드러내며 누워 있었다. 조금 전까지만 해도 싱싱하고 아름다워서 눈부실 정도의 광택을 자랑하던 물고기가 이번에는 요염한 자태로 식욕을 자극하고 있다. 먼저 곤들매기로 젓가락을 가져가 몸통을 뜯어내자 그 새하얀 살에서 가느다랗게 김이 피어올랐다. 입에 넣고 씹는 순간 찜 쪄진 머위 잎의 마른풀과도 같은 시큼한 냄새가 코끝에 전해지고 거기에 지워져버린 것인지 비린내는 전혀 나지 않았다. 씹을수록 입 안에서는 곤들매기의 품위 있는 감칠맛과 희미하게 달콤한 맛이 배어나왔으며, 껍질과 살 사이에 붙어 있던 지방질의 부드러운 고소함이 거기에 더해져 참으로 절묘한 맛을 이루고 있었다.

"어때요, 맛있쥬~?"

나는 대답 대신 고개를 끄덕이며 욧상이 가르쳐준 '물소리 구이'의 유래를 생각했다. 가만히 귀를 기울여보니 여러 가지 물소리가 들려왔다. 쏴아쏴아 하는 세찬 물소리, 졸졸졸 하는 부드러운 물소리, 콸콸콸 하는 굵고 힘찬 물소리, 쪼르르쪼르르 하는 귀여운 물소리, 텀벙텀벙하는 물이 부딪치는 소리 등이 합창하듯 들려왔다. 흐르는 강물에도 이렇게 여러 가지 음색이 있다는 사실을 나는 그때 처음으로 알았다. 그 음색을 들으며 자연에 둘러싸여 먹는 물고기 맛은 참으로 각별해서 영원히 잊지 못할 것 같았다.

욧상은 곤들매기 네 마리 중 한 마리는 자신이 먹고 한 마리는 내게 주었으며, 놀랍게도 구마에게 두 마리를 전부 내주었다. 그리고 올해의 송어는 어떤 맛인지 한번 볼까요, 하며 자신이 반 마리, 내게도 반 마리를 주고 머리와 뼈, 내장, 꼬리는 구마에게 주었다.

우리 셋은(구마도 포함하여) 곤들매기와 송어를 깨끗하게 먹어 치움으로써 물고기들이 완전히 성불할 수 있게 해주었다.

곤들매기와 송어 물소리 구이를 맛본 뒤, 나와 구마는 욧상의 뒤를 따르며 강가를 걷기 시작했다. 욧상이 뒤돌아보며 물었다.

"선생님, 제가 이틀 전에 토끼를 잡기 위해 덫을 놓았는데요, 거기에 잠깐 들렀다 가려는데 같이 가실래요?"

물론 당연히 가야지. 아까 내려왔던 언덕을 이번에는 힘들게 오르자 강물 소리는 이미 멀리 사라져버리고 다시 얼룩조릿대가 무성한 상수리나무 숲 속 들짐승 길이 나왔다. 거기서부터는 구마가 앞으로 나섰다. 구마는 코를 땅에 대고 킁킁 냄새를 맡으며 탐색하듯 걸었다. 그 길도 오르막과 내리막이 계속되었는데 얼룩조릿대를 밟기도 하고 헤치기도 하며 걷고 있는데 갑자기 욧샹이 멈추라는 신호를 보냈다. 그리고 "구마, 얼음!" 하고 말하자 구마도 걸음을 딱 멈추었다.

'얼음!'하는 명령에 반사적으로 멈추도록 훈련이 되어 있는 것 같았다. 나중에 들은 말에 의하면 얼음처럼 되어라, 즉 멈춰서 움직이지 말라는 명령이라고 한다.

이번에는 "구마, 왼쪽!" 하고 욧샹이 작은 목소리로 말하자 구마는 왼쪽 조릿대 숲으로 들어가 납작 엎드리더니 꼼짝하지 않았다. 그런데 거기서 그냥 가만히 있는 것이 아니라 귀를 사방으로 부지런히 움직이고 꼬리를 꼿꼿하게 세워 천천히 움직이며 코를 위쪽으로 향해 공기의 냄새를 맡았다. 그러다 갑자기 맹렬하게 수풀 속으로 돌진했는데 순간 약 15미터쯤 떨어진 수풀 속에서 부스럭거리는 요란한 소리가 들려왔다. 뒤이어 찌찟~ 삐삑~ 하는 가늘고 높은 소리가 들리더니 다시 부스럭부스럭 조릿대가 휘었다.

잠시 후 잠잠해지며 아무 소리도 들리지 않았다. 욧샹과 내가 서둘러 그쪽으로 가보니 구마가 토끼의 목을 힘껏 문 채 꼼짝 않고 우리를 기다리고 있었다.

"덫 근처에 있던 토끼네요."

욧샹이 구마의 머리를 쓰다듬자 그것을 신호로 구마는 입에 문 토끼를 놓았다. 토끼의 몸은 이미 축 늘어져 있었다.

"큰 수놈이네요. 그럼 덫에도 한 놈 걸려 있을지 모르겠네요.

거기도 가보기로 하죠."

욧샹은 토끼의 두 귀를 한손에 쥐고 덫이 있는 곳으로 향했다. 다시 상수리나무 숲 아래 펼쳐진 얼룩조릿대 속을 걸어 가보니 철사로 만든 덫은 설치해 놓은 상태 그대로였다.

"여기는 안 되겠네요. 그래도 토끼 놈 입장에서 보면 여기에 걸리지 않았으니 다행이지요. 이번에는 토끼가 이겼네요, 하하."

욧샹은 덫을 풀어 철사를 둥글게 말아 배낭 안에 넣었다.

"이 부근을 지키고 있는 토끼는 아주 영리한가봐요. 사실 그런 토끼는 살려두는 게 저한테도 좋아요. 머리가 좋고 힘이 있어서 새끼를 많이 낳으니 전 그 새끼들을 잡으면 되니까요."

그리 멀지 않은 곳에 있는 두 번째 덫으로 가보니 이번에는 토끼 한 마리가 단단히 걸려 있었다. 욧샹이 지시하지도 않았는데 구마는 낮게 으르렁거리며 아직도 약하게 버둥거리는 토끼에게 다가가 목 부근을 힘껏 물어 숨통을 끊어놓았다. 욧샹이 양손에 토끼를 들고 걸어야 했기에 내가 한 마리를 들어줄까 물었더니 의외의 대답이 돌아왔다.

"괜찮아요. 오늘 아침에 구마가 물어온 토끼는 오늘 밤 술안주로 쓸 거고요, 그러니 이 두 마리는 선생님의 선물로 남겨둘게요."

순간 나는 당황했다. 기다란 귀와 털이 붙어 있는 채로 토끼를 가져가서 나더러 어떻게 손질하라고?

어두컴컴한 상수리나무 숲 속을 지나 한동안 걸으니 갑자기 주위가 밝아지며 마침내 숲을 빠져나올 수 있었다. 욧샹이 양손에 들고 있던 토끼를 땅바닥에 놓더니 다시 이상한 말을 했다.

"이 토끼 말이죠, 무거워서 제가 지쳤으니 여기서 처리할게요. 선생님, 지금부터 신기한 거 보여드릴게요. 야미조 사냥꾼 사이에서 대대로 내려오는 재(灰) 구이예요. 잘 보고 계셔요. 재에 구우면요, 며칠이고 고기가 상하지 않고 오래 간답니다."

"오호, 재 구이라고? 그건 처음 듣는데. 나도 보고 싶어."

털과 가죽이 달린 채로 토끼를 선물 받는 게 아니라니 내심 마음이 놓였으나, 고기가 썩지 않는 그 보존법이란 어떤 것일지 갑자기 흥미가 솟아올랐다.

"오래 간다고 했는데, 어느 정도까지 괜찮지?"

"1개월이고 2개월이고 썩지 않아요. 옛날에는 냉장고가 없었잖아요. 그래서 사냥꾼들이 재 구이를 생각해낸 거예요. 말하자면 필요에 의해서 만들어낸 거랄까요. 지금부터 만들어볼 테니 잘 보셔유."

이후의 작업은 나를 흥분의 도가니로 이끌었다고 해도 좋을 것이다. 그것은 너무나도 합리적이고 이치에 맞는, 완벽한 보존식품을 만드는 방법이기 때문이었다.

그는 우선 평평한 땅을 골라 배낭에서 휴대용 삽과 손도끼를 꺼냈다. 그리고 주변의 조릿대와 잡초를 베어낸 다음 흙을 파기 시작했다. 30분 정도 열심히 파서 지름 약 40센티, 깊이 약 50센티쯤 되는 구덩이를 만들었다. 일단 그 구덩이는 잠시 놔두고 가까이에 있던 상수리나무에서 가지 하나를 골라 꺾은 뒤, 잔가지와 잎을 쳐내어 약 30센티 길이로 만들었다. 나뭇가지 끝부분은 Y자 형태를 이루고 있었다.

다음에는 토끼 손질. 우선 토끼 한 마리를 왼손에 끌어안듯 들고 조금 전에 만든 Y자 모양의 나뭇가지를 토끼의 항문에 능숙하게 넣어 내장의 끝 식도 부근까지 찔러 넣었다. 그런 다음 나뭇가지를 빙글빙글 돌리는 동시에 끌어안고 있던 토끼도 솜씨 좋게 돌리는가 싶더니 한순간 힘을 주어 단번에 그 나뭇가지를 뽑았다. 그러자 모든 내장이 나뭇가지에 돌돌 말려 쑥 빠져나왔다. 식도, 심장, 위장, 간장, 신장, 췌장, 소장, 대장, 방광 등 내장 전부가 나뭇가지에 돌돌 말려 있었다. 게다가 터진 곳이나 찢어진 곳 하나 없어 더욱 놀라웠다. 욧상은 뽑아낸 내장을 머위 잎으로 몇 겹이고 싼 뒤 태연하게 말했다.

"이 내장은 삶아서 구마의 먹이로 쓸 거예요. 구마도 아주 좋아해서 걸신들린 것처럼 먹는다니까요. 선생님, 근처에서 마른 잎 좀 있는 대로 모아다주세요. 작년에 떨어진 잎 중에서 파삭파삭하게 마른 잎으로요. 저는 상수리나무에 올라가서 생잎을 따올 테니까요."

욧상은 생잎을, 나는 마른 잎을 모으기 시작했다. 상수리나무 숲으로 들어가니 얼룩조릿대가 발밑에 빽빽하게 자라 있었는데 자세히 보니 갈색으로 물든 상수리나무 낙엽이 곳곳에 떨어져 있었다. 마른 잎을 주워 모자에 담고 무성한 나뭇잎 사이를 올려다보니 나무 위에 올라가 파란 생잎을 부지런히 따는 욧상의 모습이 보였다.

모자로 10번 정도 마른 잎을 담아와 모아놓고 구덩이 옆에서 기다리고 있으니 욧샹도 생잎을 따서 겉옷에 싸가지고 왔다.

"선생님, 많이도 주워오셨네요. 그 정도면 충분하겠어요. 그럼 이번에는 토끼 가죽을 벗겨볼게요."

욧샹은 허리에 차고 있던 골동품 같은 가죽 칼집에서 손칼을 꺼내 토끼의 하복부에서부터 모피를 갈라나가기 시작했다. 손놀림이 정말 능숙해서 고기와 가죽 사이에 있는 얇은 막을 따라 조심스럽게 칼을 움직이자 가죽과 살이 죽죽 분리되어갔다. 토끼는 순식간에 알몸이 되었고, 그는 어느 새 두 마리째를 손질하기 시작했다.

"이 가죽은 손질을 해서 쓸 거예요. 몇 장을 이어 붙여 옷을 만들면 찬바람과 냉기를 막아주어서 겨울에도 아주 따뜻하죠. 토끼든 뭐든 살아 있는 건 전부 버릴 데가 하나도 없다니까요."

두 번째 토끼 가죽을 다 벗겨낸 뒤 그는 잠시 숨을 돌렸다.

"아부지한테 들었는데 재 구이는요, 북쪽 도호쿠(東北) 지방 사냥꾼들 사이에서 옛날부터 널리 행해온 방법이래요. 그게 우리 야미조에도 전해진 거래요. 그래서 우리 아부지도 사냥한 걸로 가끔 재 구이를 했어요. 전 그걸 보고 배운 거구요."

욧샹이 다시 말을 이었다.

"전 도시에서 살기도 하고 배를 타고 외국에도 많이 가봤지만, 3년 전에 이 야미조로 돌아오기를 정말 잘했다고 생각해요. 왜냐면요, 누구의 눈치를 볼 것도 없고 뭐든 혼자서 할 수 있으니까요. 전 이제 여기를 떠날 일은 없을 거라고 생각하고 있어요. 산으로 들어가서 멧돼지나 토끼나 산새를 잡고, 강으로 가서 곤들매기를 낚으며 사는 게 훨씬 더 진지하게 사는 것 같다는 생각이 들어요. 선생님도 도쿄가 싫증나면 언제든 여기로 오세요. 그때도 토끼잡이나 곤들매기 낚시에 모시고 갈게요."

욧샹은 본격적으로 재 구이를 시작했다. 내가 모아온 마른 잎과 그가 따온 생잎을 섞었다.

"얼추 생잎 4, 마른 잎 6정도로 섞는 게 제일 좋아요."

섞은 잎을 구덩이 속에 두껍게 깔고 그 위에 알몸뚱이가 된 토끼 2마리를 놓은 뒤, 다시 잎을 덮고 이번에는 그 위에 마른 잎을 수북이 쌓았다. 마지막 쌓은 마른 나뭇잎이 구덩이 위로 솟아올라 무덤 같은 모양이 되었다. 라이터로 불을 붙이자 파삭파삭하게 말라 있던 나뭇잎에서 활활 불길이 타오르기 시작했다. 마른 잎만 쌓여 있는 윗부분에는 불이 잘 붙어 불꽃이 일며 푸른빛이 감도는 연기가 가늘게 몇 줄기 피어올랐다. 그런데 불이 지면과 거의 같은 곳까지 번지자 이번에는 갑자기 기세가 수그러들더니 연기도 하얗게 변해 뭉게뭉게 피어올랐다. 마른 잎에서 시작된 불길이 구덩이 속으로 타들어가며 마른 잎과 생잎이 섞여져 있는 곳으로 옮겨갔다.

하얀 연기가 피어오르는 것은 불이 붙은 마른 잎이 생잎을 그슬리며 타기 때문이다. 이때부터 욧샹은 하얀 연기가 오르기 시작한 구덩이 속으로 긴 막대기를 넣어 불을 조절하기 시작했다.

"지금이 가장 중요해요. 불이 꺼지면 거기서 끝장이고, 너무 세도 새카맣게 숯덩이가 되어버리니까요. 연기로 적당히 찌듯 하는 게 젤 중요하죠."

불탄 나뭇잎이 재가 되어 가장자리에 쌓이기 시작하자 욧샹은 막대기로 아래쪽에 공기를 불어넣듯 하며 동시에 아래쪽 잎을 위로 끄집어내는 절묘한 교체 방법을 선보였다. 그리고 불의 세기를 조절하기 위해 때때로 마른 잎을 태워 불길을 유지하는 솜씨도 기가 막혔다. 이렇게 신경을 써서 연기와 불과 공기를 조절해가며 그슬리니 틀림없이 멋진 훈제가 만들어질 터였다.

1시간쯤 지나 연기도 잦아들고 재 구이 작업도 끝났다. 그 사이에 구마는 엎드린 채 태평스럽게 잠이 들었다.

"자, 다 됐습니다. 재 속의 토끼가 적당히 익었을 거예요. 불하고 연기의 상태가 아주 좋았으니까요."

욧샹은 다시 어딘가로 가더니 이번에는 넓은 머위 잎을 양손 가득 끌어안고 왔다. 그 머위 잎을 내려놓고 삽으로 토끼를 덮고 있던 재와 타고 남은 잎 찌꺼기를 퍼냈다. 재를 긁어내자 구덩이 속에서 거무스름하게 변한 고깃덩어리 2개가 드러났다. 조심스럽게 꺼내 머위 잎 위에 올려놓으니 갓 구운 토끼고기의 고소한 냄새가 피어올랐다. 욧샹은 아주 만족스런 표정을 지었다.

"역시 잘 익었네. 보세요, 아주 잘 익었쥬?"

토끼의 몸통은 약간 둥글게 오그라들고 전체적으로 약간 타서 거뭇하게 되고 눈이 움푹 들어가고 입이 조그맣게 벌어진 것 외에는 굽기 전과 거의 같은 모습을 하고 있었다.

욧샹은 마지막 작업에 들어갔다. 장갑을 끼더니 아직 열기가 남아 있는 재를 구덩이에서 긁어내어 나뭇가지를 이용해 토끼의 항문을 통해 찔러 넣듯 안에 채워 넣기 시작했다. 벌어진 입을 통해서도, 움푹 들어간 눈을 통해서도 조그만 귓구멍을 통해서도 재를 꾹꾹 채워 넣고는 마지막으로 토끼구이 몸 전체에도 빈틈없이 재를 발랐다.

"다 됐습니다. 이젠 언제까지고 썩지 않을 거예요. 맛도 변하지 않을 거구요. 이걸 선물로 드릴게요. 나머지 1마리에는 재를 채우지 않고 오늘 밤에 먹기로 하쥬."

나는 감탄하여 벌어진 입을 다물지 못했다. 세계 곳곳을 돌아다니며 온갖 진귀한 음식들을 맛본 나였지만 이렇게 신기한 보존법은 세상 어디에도 없을 것이라고 생각했다.

"왜 썩지 않느냐 하면요, 제 생각에는 두 가지 이유 때문인 거 같아요. 하나는 연기로 구우면 훈제가 되고, 그럼 잘 썩지 않아요. 저는 강에서 낚은 물고기를 다 먹지 못하면 대나무에 꿰서 이로리 위에 찔러놔요. 그렇게 하면 아래서 올라오는 연기에 익어서 1년이 지나도 2년이 지나도 썩지 않고 보관할 수 있어요. 또 다른 이유는 재에는 썩는 것을 방지하는 어떤 힘이 있지 않나 생각돼요. 야미조에서는 지금도 손이나 다리를 베거나 상처를 입었을 때 약이 없으면 재를 발라요. 그러면 덧나지 않고 아물거든요."

참으로 옳은 말이다. 연기 속에는 페놀이라는 물질이 있는데 그것이 강한 살균력을 가지고 있을 뿐만 아니라, 재의 주성분은 가성 수산화칼륨인데 이는 강한 알카리성을 띠고 있어서 부패균이나 병원균이 증식하지 못하고 죽기 때문에 보존이 가능한 것이다. 욧샹은 야생의 생활 속에서 그런 지식을 터득한 것이다.

이제 움막으로 돌아가기로 했다. 하루 종일 돌아다니며 여러 체험을 하고 지식을 얻기도 했으나 보고 듣는 것 모두가 신기했기에 전혀 피곤한 줄 몰랐다. 오늘 아침 일어났을 때만 해도 너무 오래 머물면 욧샹에게 폐를 끼칠 것 같아 내일 일찍 산을 내려가야겠다고 생각했다. 하지만 오늘 하루 동안 야미조의 멋진 자연과 욧샹의 흥미진진한 생활을 직접 보고나니 돌아가고 싶은 생각 따위는 싹 사라졌다. 오히려 내일도 욧샹과 야미조의 산을 돌아다니며 더 많은 체험을 해보고 싶다는 생각이 들었다.

"욧샹, 오늘 밤에도 재워줄 거지? 나 내일도 여기에 있을 거야."

그 말을 기다리고 있었다는 듯,

"그럼요, 걱정 말고 계세요. 힘들게 여기까지 오셨으니 천천히 쉬다 가세요. 인생은 길다고 하잖아요. 오늘 밤에도 마셔요. 오늘도 맛난 거 대접해드릴게요."

라고는 휘적휘적 앞장서 걸었다.

움막에 도착하니 벌써 오후 4시가 넘었다.

욧상은 미지근한 물이 담긴 나지막한 통 옆에 멍석을 깔아주며 말했다.

"선생님, 오늘은 땀을 흘렸으니 목욕을 하셔야죠. 기분이 아주 좋아질 거구먼요."

대야보다 훨씬 큰 통에 산에서 흘러내려오는 물을 받아두어 하루 종일 햇빛에 데운 것을 목욕물로 사용하는 것이다. 손님의 땀과 먼지를 씻게 해주려한 따뜻한 배려였다. 그는 아주 호방한 반면 세심하게 마음을 쓸 줄 아는 사내였다. 나는 배낭에서 수건을 한 장 꺼낸 뒤 알몸으로 태양이 데워준 물을 뒤집어썼다. 물속에는 마당에 하루 종일 내놓은 동안 찾아온 작은 벌레들이 둥둥 떠 있기도 하고 살아 꿈틀대기도 했다.

머리에서부터 미지근한 물을 뒤집어쓰니 순간 오싹해지며 온몸이 시원하게 식었다. 내가 목욕하는 동안 움막 안에서는 욧상이 오늘 아침에 구마가 잡아온 토끼를 손질하는 듯했다. 목욕을 마치고 움막 안으로 들어서자 교대를 하듯 욧상이 목욕을 하러 나갔다.

오늘 저녁 식사를 기대하며 남아 있는 술을 헤아려보니 가스토리 소주가 1되, 욧상이 사다둔 일본주도 3되가 있었다. 어젯밤에 가스토리 소주를 마셨으니 오늘은 일본주를 마실까, 욧상이 좋아하는 가스토리 소주는 그냥 남겨둘까, 이런 저런 고민끝에 이로리 옆에 술잔 2개와 일본주 1되를 준비했다. 그리고 아까 전 욧상이 만들어준 재 구이 토끼 한 마리를 큰 쟁반 위에 통째로 올려 술 옆에 놓았다.

목욕을 마치고 들어온 욧상이 바로 취사장으로 가더니 우엉과 당근 껍질을 까기 시작했다. 그리고 목욕 전에 손질해둔 토끼 고기도 뭉텅뭉텅 썰어 냄비에 넣고 물을 부은 뒤 이로리 위 고리에 걸었다. 냄비 아래서는 타닥타닥 소리를 내며 장작불이 타올랐다. 냄비가 부글부글 끓기 시작하고 15분쯤 지나 된장을 넣자 구수한 냄새가 피어올랐다. 이거 정말 맛있는 토끼탕이 되겠구나, 생각하자 참을 수 없을 정도로 구미가 당겼다. 욧상은 여전히 무엇인가를 준비하고 있었다. 또 무얼하고 있나 싶어 가보니 작은 냄비 속에 새빨간 액체가 담겨 있고 그 안에 물고기 같은 것이 몇 마리 잠겨 있었다. 이것 역시 기묘한 음식이었다.

"이 빨간 건 머루주예요. 작년 가을에 머루를 잔뜩 따왔거든요. 그걸 담가서 발효시키면 적포도주가 돼요. 머루주를 잔뜩 만들어두고 매일 밤 마셨는데, 어느 날 갑자기 좋은 생각이 났어요. 적포도주 안에 낚아온 물고기를 담가두면 어떻게 될까, 하고요. 그리스의 알렉산드로폴리에서 적포도주에 담가둔 치즈를 아주 맛있게 먹어본 적이 있거든요. 그래서 송어를 낚아왔을 때 가을에 담가둔 머루주에 소금을 넣고 거기에 송어를 잠깐 담가두었다가 삶아 먹었더니 맛이 기가 막혔어요. 약간 새큼하고 달달하고, 지금까지 먹어본 적이 없는 맛이었구먼요. 만들어둔 게 있으니 지금부터 삶아 먹기로 해요. 앗, 저기 토끼탕은 이제 됐으니 그 냄비는 불에서 내리고 이 냄비를 걸어 끓여주세요. 저는 구마의 밥을 만들게요."

욧상은 어젯밤과 마찬가지로 커다란 대야 같은 것에 3종류의 가루를 섞어 구마의 먹이를 만들기 시작했다. 그리고는 다른 냄비에 토끼를 해체했을 때 나온 뼈와 내장을 뭉텅뭉텅 썰어 넣은 다음 물과 소금을 넣어 이로리로 들고 왔다.

"이 적포도주에 담근 송어가 다 끓으면 그 다음에 이것 구마의 먹이 냄비를 끓여주세요. 그럼 부탁합니다."

이렇게 말한 뒤 손전등을 들고 어둑해진 밖으로 나갔다.

곧 돌아오겠지 하며 이로리 옆에서 구마 먹이 냄비를 끓이고 있는데 좀처럼 돌아오지 않았다. 움막 안도 점점 어두워져 빨갛게 타고 있는 장작불만이 빛을 발하고 있었다. 몇 번인가 장작을 넣기도 하고, 옆에 있던 라이터로 램프에 불을 켜기도 하고, 적포도주에 담근 송어와 구마 먹이로 쓸 내장탕도 다 끓어 이미 갈고리에서 내려놓았는데도 그는 아직도 돌아오지 않았다.

점점 불안해지며 온갖 생각이 다 들었다. 나를 기쁘게 해주려고 무언가를 잡으러 간 걸지도 모른다. 아니, 계곡으로 낚시를 갔을 때 웅덩이에 무엇인가를 놓고 와서 가지러 간 걸지도 몰라. 아니, 잠깐만, 갑자기 몸이 안 좋아져서 어딘가에 쓰러져 있는 건 아닐까? 아니야, 그럴 리 없어. 그런데 구마는 집 뒤에 있는 걸까? 잠깐만, 손전등을 들고 갔으니 어쩌면 한참 더 있다 올지도 모르겠는데… 머릿속으로 온갖 생각을 하며 그를 기다렸다.

욧상이 나간 지 1시간 정도가 지났다. 손님을 내버려둔 채 이렇게 오래 돌아오지 않다니 역시 심상치가 않았다. 이건 분명 그의 신변에 무슨 일이 생긴 게 틀림없어. 보통일이 아니다, 라고 초조해지기 시작했다.

사태를 파악하기 위해 밖으로 나가보았다. 이미 칠흑 같은 어둠이 내려와 정적 속에서 벌레 우는 소리만이 조그맣게 들려왔다. 야미조 산속의 밤은 공기가 아주 맑아서 정적이 오히려 더 으스스하게 느껴졌다.

그때였다. 갑자기 들려온 동물의 이상한 울음소리에 깜짝 놀라 전신이 얼어붙고 말았다. "응애~ 응애~"하는 높고 가느다란, 갓난아기의 울음소리 같은 것이 맑은 밤공기를 타고 들려왔다. 순간 심장이 고동치며 공포심이 밀려왔다. 소리는 아래쪽에서부터 가까이 다가오면서 점점 커졌는데 소리와 함께 둥근 불빛이 깜빡깜빡 움직이며 이쪽으로 다가왔다. 마침내 어둠속에서 욧샹의 손에 이끌려 희끄무레한 동물이 모습을 드러냈다. 놀랍게도 크고 멋진 염소였는데 뒤에는 구마가 따라오고 있었다. 순간 크게 안심했으면서도 두려워하던 모습을 보이고 싶지 않아 아무 일도 없었다는 듯, 하지만 약간 뚱한 표정으로 말했다.

"요리 말인데, 벌써 다 끓었어. 근데 그 염소는 또 뭐지?"

"아이쿠 선생님, 죄송해요. 걱정하셨쥬? 내일 아침, 선생님께 갓 짜낸 신선한 젖을 대접하고 싶어서 도조 형님 댁에 가서 암염소 한 마리를 빌려왔구먼요. 그런데 올라오는 길에 염소를 묶은 끈이 끊어지는 바람에 이놈이 냅다 달아나기 시작했지 뭐예요. 그래서 한바탕 소동이 벌어졌네요. 염소가 수풀 속으로 들어가 요리 조리 도망다녀 아무리 뒤쫓아도 잡을 수가 없었어요. 이놈을 쫓으면서 미끄러지기도 하고 넘어지기도 해서 저, 여기저기 까졌구먼요. 이것 좀 보셔유."

그의 팔과 정강이는 여기저기 까져 있었고 곳곳에 피가 배어 있었다. 수풀 속에서 찢긴 것인지 얼굴에도 가느다란 선 같은 상처가 몇 군데 있었다.

"그런데 구마 덕분에 잡았어요. 저는 잡으려다 지쳐서 숨을 헐떡이며 좀 쉬어야겠다고 생각하고 주저앉아 있었는데 염소를 쫓아서 산속으로 들어갔던 구마가 위쪽에서 열심히 짖어대지 뭐예요. 서둘러 가보니까 구마에게 쫓긴 염소가 웅크린 채 꼼짝 않고 있더라고요. 정말 다행이다 싶어서 서둘러 염소의 목에 줄을 걸고 간신히 데려온 거예요."

욧샹의 얼굴과 팔과 다리의 상처를 보고 있으니 갑자기 울컥했다. 이만한 일로 우는 놈이 어디 있냐고 생각할지 모르겠지만, 내게 맛있는 젖을 먹게 해주고 싶어서 그런 꼴을 당한 그의 마음씨에 눈물을 숨길 수가 없었다.

"선생님, 쑥스럽게 왜 이러세요. 오늘 밤에도 코가 삐뚤어지게 마셔봐요."

욧샹은 염소를 문 앞에 묶어놓고 움막 안으로 들어와 구마의 먹이를 대야에 퍼담기 시작했다. 밖에서는 음메~ 음메~ 하는 염소 울음소리가 들리고 그날 밤 나와 욧샹은 이로리 옆에 마주앉아 향연을 펼쳤다.

“자, 선생님, 건배해요. 오늘은 여러 가지 일이 있었네요. 곤들매기랑 송어도 낚았고, 토끼도 잡았고요. 맞다, 그 재 구이 말인데요, 맛 보실래요? 토끼고기 맛이 제대로 난다니까요.”

그의 건배 소리를 신호로 술잔에 넘치도록 따른 일본주를 단숨에 들이켰다. 술은 몸 위쪽에서부터 아래로 꿰뚫듯 흘러 내려가 배꼽 부근까지 가서 이번에는 그 주변을 점차 뜨겁게 하며 주위로 퍼져갔다.

“그럼, 맛 좀 볼까. 우선은 욧상이 자랑하는 재 구이부터.”

새로운 맛에 도전을 마다하지 않는 미각 탐험가인 나. 미지의 신비로운 고기를 탐험하려고 막 손을 뻗는데 욧상이 제지했다.

“앗, 선생님, 제가 먹기 좋게 해드릴 테니 잠깐 기다리세요.”

우선 토끼를 한쪽 손에 쥐고 다른 쪽 손으로 여기저기를 두드려 고기에 붙은 재와 먼지를 털어낸 뒤, 두 손으로 죽죽 찢어 순식간에 몇 조각으로 나누어 놓았다. 가만히 살펴보니 고기 안쪽까지 잘 익어 있었다.

토끼 고기는 근육만으로 이루어진 것처럼 두툼했는데 한 조각을 집었는데 느낌이 묵직했다. 토끼고기를 덥석 물고 손을 당겨 죽 찢었다.

“거기는 뒤쪽 넓적다리 살이라 조금 질기지만 맛이 진해서 먹을 만할 겁니다. 어떤 동물이든 근육질 부분은 항상 움직이기 때문에 쫄깃하고 아주 맛있어요.”

한 입 베어물자 코끝으로 강한 훈제 향이 느껴지며 입 안에서는 육질이 쫄깃하게 씹히면서 부드럽게 풀어졌는데 야생에서 자란 동물만이 가지고 있는 진한 감칠맛이 느껴졌다. 그의 말대로 산과 들을 뛰어다니던 토끼답게 불필요한 지방은 없고 근육질의 감칠맛만이 배어 나왔다.

누가 뭐래도 야생동물의 근육 부분은 맛이 좋다. 그런 데는 이유가 있다. 근육은 쉬지 않고 움직여야 하기 때문에 늘 활력소가 되는 양질의 아미노산을 비축해둘 필요가 있다. 그 아미노산이 바로 감칠맛의 주체가 되기 때문에 전신이 근육으로 이루어진 뱀이나 송장개구리를 먹었을 때도 이 토끼 고기와 비슷하게 맛이 진했다. 이것이야말로 야생동물에게서만 느낄 수 있는 맛의 진수인데 이는 토종닭도 마찬가지다.

지금 시중에서 판매되고 있는 닭고기의 대부분은 브로일러 종으로 맛이 담백하고 깔끔하다. 내 입장에서 보면 부드러운 합성수지에 화학조미료를 뿌린 것이라고밖에는 달리 표현할 길이 없는데, 예전에 규슈(九州)의 산촌에서 닭고기를 먹었을 때 감동을 받은 적이 있었다. 하루 종일 놓아 기른 그 닭은 집 주변뿐만 아니라 뒷산까지 돌아다니며 굵고 억센 다리로 땅을 파헤쳐 벌레와 지렁이, 들쥐, 뱀, 개구리를 있는 대로 쪼아먹고, 수탉은 암탉의 등에 올라타 하루 종일 종족 번식에 힘을 쓰고 있었다. 그때 먹었던 닭고기의 감칠맛이 바로 지금 먹고 있는 토끼고기와 비슷했다.

화학조미료라고 하면 떠오르는 에피소드가 있다. 베트남과의 고지대 국경 부근에 사는 캄보디아 크메르족 마을에서의 일이었다. 산속 깊은 곳에 자리한 라타나키리라는 마을에서도 다시 정글 속으로 들어간 곳에 위치한 마을, 그곳 사람들의 1인당 GDP는 약 150달러라고 한다. 수입이라고 할 만한 것이 거의 없다고 할 만큼 가난한 사람들이지만 요리를 할 때면 화학조미료인 글루탐산나트륨(MSG) 가루를 반드시 넣었다. 그것을 왜 넣느냐고 물었더니 그렇게 하지 않으면 도무지 맛이 나지 않는다는 것이다.

더구나 자연이 준 선물로 진미가 깃들어 있는 뱀이나 개구리, 곤충 등을 먹을 때조차 습관적으로 그 하얀 가루를 넣었다. 말라리아가 만연한 지역이라 말라리아 약도 필요할 테고, 생활비에도 돈이 필요할 텐데 그 하얀 가루를 사기 위해 눈을 번뜩이고 있었다. 고지에 사는 크메르족의 재료 손질법이나 맛을 내는 법, 조리법 등과 같은 전통적 식문화는 '마법의 가루' 때문에 붕괴되었고 지금은 아무리 가난한 집이라도 화학조미료에만 의존하고 있다. 편리하고 맛이 좋다며 그들은 비닐봉지 안에 든 가루를 비밀병기라도 되는 양 소중히 여기고 있었다.

인간은 이기적인 동물이어서 생활이 풍요로워질수록 편한 방법을 찾는다. 바로 이것이 혹독한 자연 속에서 생활하고 있는 고지대 크메르족의 숨겨진 실상이었다. 나는 그 마을에서 참으로 많은 생각을 하게 되었는데 인간의 모순을 본 듯한 느낌이 들었다.

이는 일본에서도 마찬가지이다. 요즘 아이들은 예전에 각 가정에서 쓰던 가다랑어 깎는 기구를 연필깎이인 줄 착각하고 있다.

그 가다랑어포로 정통 맛국물 내는 법조차 모르는 어른이 대부분이기에 크메르족 사람들이 말하는 '편리하고 맛있는 하얀 가루'에 그들과 마찬가지로 완전히 의지하고 있다. 그런 현상을 볼 때마다 참으로 씁쓸한 기분이 든다. 조상 대대로 내려온 지혜나 기술은 일단 한 번 끊기면 두 번 다시 되살아나지 못하는 경우가 많다. 오늘 욧샹이 요리해주어 먹고 있는 토끼의 재 구이도 여기서 조리법이 끊겨버린다면 참으로 안타깝고 아까울 것이다.

"어때요? 맛있쥬? 선생님, 사양 마시고 마음껏 드세요."

욧샹은 내게 권한 뒤 자신도 고기를 한입 베어 물고 만족한 듯 고개를 끄덕였다.

"맛있네요. 쫄깃하기도, 딱 이 정도가 좋아요."

우리는 다시 술을 주고받으며 토끼탕까지 배불리 먹고 이틀째 향연도 한껏 무르익어가고 있었다.

"그런데 이 산속에서 뭐 보고 싶은 건 없으세요? 어렵게 야미조까지 오셨으니 내일도 뭔가를 보여드리고 싶은데요."

참으로 듣던 중 반가운 질문이다.

"그거 고마운 말이군. 난 요즘 말이지 식용 곤충에 대해 흥미를 느끼고 있어. 우리는 예로부터 지금까지 여러 가지 곤충을 먹어왔지. 메뚜기나 말벌의 유충 등. 언젠가 식용 곤충을 정리해서 책으로 출판하고 싶어. 그러기 위해서는 여러 가지 체험을 해봐야 하는데, 이 야미조에도 곤충을 먹는 관습이 있나?"

욧샹이 갑자기 눈을 동그랗게 떴다.

"전 요즘에도 가끔 잡아먹는걸요. 요즘에는 잘 먹지 않게 되었지만 옛날에는 야미조의 농가와 사냥꾼들도 자주 먹었어요. 곤충은 요즘, 그러니까 여름에 제일 많이 잡히고 게다가 요즘 잡는 게 제일 맛있어요. 좋아요, 내일은 곤충을 잡아서 요리해 먹어요. 얘기를 듣고 보니 저도 오랜만에 먹고 싶어졌네요."

"그거 재밌겠는데. 옛날부터 어떤 곤충을 먹었지?"

"지금은 말하지 않을래요. 내일까지 기다리세요. 그럼 내일은 조금 일찍 아침 5시 반에 일어나요. 그런 다음 염소 젖 먹고 바로 산으로 들어가서 곤충을 잡기로 해요. 아침 일찍 나서지 않으면 못 잡는 곤충도 있으니까요."

"아침에만 잡을 수 있다니, 별 희한한 곤충도 다 있군. 어쨌든 내일도 정말 기대되는데?"

술잔이 몇 번 더 오고간 뒤 나는 내일을 기대하며 달콤한 잠을 청했다. 야미조에서의 두 번째 밤이 기울고 있었다.

곤충의 맛

이른 아침, 욧샹의 허스키한 목소리가 잠을 깨웠다.

"선생님, 안 일어나시면 여기에 놓고 갈지도 몰라요오~."

손목시계를 보니 오전 5시 40분이었다. 졸린 눈을 비비며 변소로 가서 용변을 보고 다시 한 번 마른 머위 잎의 부드러움에 감탄했다.

움막 앞에서는 벌써부터 욧샹이 염소의 젖을 짜고 있었다. 어젯밤 악전고투 끝에 빌려온 그 염소였다.

어젯밤에는 어두워서 자세히 보지 못했지만, 가까이서 보니 꽤나 멋진 암컷 염소였다. 가장 놀란 것은 젖의 크기인데, 젖꼭지가 거의 땅바닥에 닿을 정도였다. 그 풍만하게 부푼 젖통 속에 젖이 가득 들었다는 사실을 쉽게 알 수 있었다. 이렇게 커다란 젖을 매단 채 어젯밤 어두운 산속을 숨박꼭질했다는 상상을 하자 웃음이 났다. 젖 아래에 널찍한 그릇을 놓고 욧상은 맞춤 통나무에 걸터앉아 양손으로 솜씨 좋게 젖을 짰다. 그릇에 절반쯤 젖이 모였지만 그래도 손놀림을 멈추지 않았다. 양 손가락을 동그랗게 모아 젖꼭지를 누르자 젖이 직선으로 나와 정확히 그릇 속으로 들어갔다. 염소는 가끔 '음메에, 음메에~'하고 울었을 뿐 얌전히 선 채 움직이지 않았다.

"이젠 됐겠지."

그릇에 7부 정도 짜내자 그는 염소를 잡초 무성한 곳으로 데려가 끈을 나무에 묶어놓고 돌아왔다. 그리고 갓 짜낸 염소 젖 한 잔을 떠서 내게 내밀었다.

"자, 선생님. 드셔보세요. 요즘에는 거의 맛볼 수 없는 거예요."

또 다시 마음이 찡했다.

"요시안냐, 내게 이것을 맛보게 해주기 위해서 어젯밤 다쳐가면서까지… 잘 먹을게."

"아아, 별거 아니에요. 선생님께서 기뻐하시면 그걸로 충분해요. 그러니까 많이 드세요."

욧상에게 들으라는 듯이 나는 일부러 목젖을 벌컥벌컥 울려가며 마셨다. 맛있게 먹고 나서는 "음메에, 음메에~"(일본어로 '맛있다'라는 발음과 비슷하다_옮긴이) 염소 우는 소리를 흉내내어 그에게 감사를 표했다.

"다행이네요, 다행이에요."

그는 기쁜 표정으로 자신도 염소젖을 마신 뒤 역시 "음메에~ 음메에~" 하며 염소 흉내로 화답했다. 따뜻한 염소젖은 평소 먹는 우유와는 비교가 되지 않을 정도로 신선했고 단맛도 강했다. 목으로 넘어가는 느낌이 아주 신선했다.

"그럼 지금부터 곤충을 잡으러 가시죠. 얼른 갔다 돌아와서 천천히 아침을 먹고 난 다음에 본격적인 곤충잡이에 모시고 갈게요."

곤충을 잡는 데도 식전과 식후가 있다니, 재미있다. 자연을 상대로 이렇게 설레고 어린아이처럼 모험심을 품은 것이 몇십 년 만인가? 초등학교 무렵 냇가로 미꾸라지를 잡으러 가기 직전이나 산으로 새둥지를 뒤지러 갈 때, 혹은 소풍 전날 밤 같은 흥분과 설레는 마음을 이 나이에 다시 맛본 것이다.

욧샹은 산으로 들어갈 때의 복장으로 갈아입은 뒤 발에는 작업화, 오른손에는 야구방망이, 왼손에는 천으로 만든 자루를 들고 있었다. 나는 욧샹이 빌려준 고무장화를 신고, 겉에는 비옷을 걸쳤다.

"그럼 가보실까요. 곤충은 오랜만에 잡으러 가네요. 옛날에는 자주 갔었는데."

욧샹이 앞장서 걷고 내가 그 뒤를 좇고 맨 뒤에 구마가 따라왔다. 움막 뒤 수풀이 무성한 언덕길을 올라 한동안 걸어가자 상수리나무 숲이 나타났다. 이른 아침의 숲 속은 만물이 아직 잠에서 깨어나지 않아 고요했고, 숲은 이슬에 촉촉하게 젖어 있었다. 이슬방울이 비옷과 장화를 적셨으며, 숨을 들이쉬면 여름인데도 서늘하고 맑은 공기가 몸 안으로 들어왔다.

욧상은 그다지 굵지 않은 상수리나무 앞에서 멈춰서서 가만히 위를 올려다보며 무엇인가를 확인한 듯 고개를 끄덕였다. 그러더니 갑자기 방망이를 힘껏 휘둘러 나무를 때리기 시작했다. 그 직후 놀라운 일이 벌어졌다. 고막을 찢을 듯한 격렬한 울음소리와 함께 날개를 파닥이며 매미 몇 마리가 땅바닥으로 떨어졌다. 얼룩조릿대가 무성한 땅바닥 여기저기에 떨어진 매미들이 미친 듯이 울어대며 날개를 파닥이고 몸부림을 쳤다.

"어서 떨어진 매미를 잡아서 여기에 담으세요."

그가 던져준 자루를 낚아채듯 받았다.

"알았어. 한 마리도 놓치지 않을게!"

나는 발밑에서 혼란 상태에 빠진 매미를 한 마리씩 손으로 잡아 자루 속에 넣었다. 매미는 자루 속에서도 격렬하게 울며 날개를 퍼드덕거렸다. 내가 줍고 있는 동안 그는 또 다른 나무를 쿵! 하고 쳤다. 이번에도 우박 쏟아지듯 혼미 상태에 빠진 매미들이 날개를 퍼득이며 떨어졌다. 이번에도 열심히 자루에 주워 담았다. 자루 속에서는 비명에 가까운 매미들의 신경질적인 울음소리와 부르르부르르 날갯짓 소리에 고막이 찢어질 듯했다. 매미는 한 마리만 있어도 먼 곳까지 들릴 정도로 시끄런 울음소리를 내는데 자루 안에 수십 마리가 갇혀 있으니 그 소란이 끔찍할 정도였다.

"이 정도면 됐네요. 그만 돌아가요. 이것들은 오늘 구워 먹을 거예요."

욧상은 어느새 움막 쪽으로 발걸음을 옮기고 있었다. 걷는 동안에도 자루 속에서의 격렬한 울음과 날개 치는 소리가 쉴 새 없이 들려왔다.

"대부분은 유지매미예요. 갈색을 띠고 있는 게 그놈들이죠. 그리고 말매미도 가끔 있는데 크고 흰 빛을 띤 놈이에요. 또 칸칸매미도 몇 마리 있구먼요."

칸칸매미란 저녁 매미를 말하는 것이다.

움막에 돌아오자마자 그는 늘 사용하는 기다란 대나무 꼬챙이를 들고 왔다.

"매미 요리라고 해봐야 그리 대단할 것도 없어요. 매미 꼬치구이니까요."

욧상은 자루를 열고 매미 한 마리를 꺼내더니 격렬하게 울고 있는 매미의 꼬리에서 머리 쪽으로 꼬챙이를 밀어 넣었다. 같은 방법으로 꼬챙이 하나에 매미 5마리가 끼워졌다. 그는 아주 능숙한 손놀림으로 순식간에 매미 꼬치를 4개를 만들었다. 문득 궁금했던 것을 물었다.

"그런데 어떻게 갑자기 매미가 나무에서 떨어진 거지?"

욧상은 매미 꼬치를 이로리 불 가까이에 걸어놓으며 말했다.

"방망이로 나무를 힘껏 내리치면 나무를 타고 전해지는 강한 진동에 매미는 몸이 마비돼서 뇌진탕에 걸린 것처럼 돼요. 그러니까 쇼크 상태에 빠지는 거죠. 혼비백산해서 도망가고 싶어도 머리는 어질어질하고 날개는 아침 이슬에 젖어 있어 날지를 못하죠."

매미의 습성과 자연의 상태를 잘 관찰해서 힘들이지 않고 동물성 단백질을 얻는 지혜였다.

"이건 양념구이를 할 거예요."

우선 꼬치 하나를 장작불 속에 넣었다. 그러자 5마리 매미의 날개가 삽시간에 후루룩 타서 없어져버렸다. 나머지 4개의 꼬치도 날개를 전부 태워 없앤 뒤, 간장을 바르고 이로리의 불 가장자리에 있는 재에 꽂아 천천히 구웠다. 잠시 후 고소한 냄새가 나기 시작할 즈음 욧샹이 꼬치 하나를 뽑아 건네주었다.

"드셔보세요, 이상한 맛이 나긴 하지만요, 헤헤…."

매미를 이렇게 요리해서 먹는 것은 처음이었기에 호기심에 모험심이 더해져 묘한 설레임을 느꼈다. 먼저 꼬챙이 끝의 매미를 물고 잡아당기니 쓰윽 빠져 입 안으로 들어왔다. 처음엔 바삭한 식감이더니 씹을수록 타액과 섞여 끈적끈적하고 눅눅한 느낌으로 변했다. 뒤이어 매미의 체액에서 나오는 독특한 맛과 간장의 짠맛이 배어나왔다. 예전에 먹어보았던 메뚜기볶음이나 번데기와 같은 연한 감칠맛과 약간의 쌉싸름한 맛, 그리고 떫은맛도 섞여 있는, 꽤나 떨떠름한 맛이었다. 또한 지금까지 맡아본 적이 없는 기묘한 냄새가 코를 자극했다. 오래 된 마른 오징어와 같은, 어딘가 시큼한 냄새였다. 이와 혓바닥으로 매미의 체액을 짜내어 목 너머로 삼키자 입 안에는 꺼끌꺼끌한 매미의 잔해만이 남았다. 그것을 뱉어낸 뒤 다른 한 마리를 입에 넣었다.

예전에 중국을 여행할 때 윈난 성의 징훙(景洪)에서 '계화채(桂花菜)'라는 요리를 먹어본 적이 있었다. 그것은 매미의 성충이 아니라 유충, 즉 번데기를 채소와 함께 기름에 볶은 것이었다. 꽤나 요리다운 요리였는데 그에 비하면 야미조에서 맛본 매미 성충 양념구이는 아주 거칠고 야성적인 맛이었다.

매미의 양념구이를 몇 개 더 먹고 남은 것은 구마에게 주었다. 염소젖을 마시고 욧상이 볶아준 보리밥을 된장절임 무와 오이와 곁들여 아침식사를 마쳤다.

포만감에 늘어져 있는데 욧상이 다시 재촉했다.

"이번엔 방구벌레를 잡으러 가요. 그리 멀리까지 가지는 않아요, 바로 근처에 있거든요."

방구벌레라는 소리를 듣고는 순간 당황했다. 예전에 산에서 그 벌레를 손으로 잡았을 때 말로 표현할 수 없는 악취에 경악했던 경험 때문이었다. 정식으로는 썩덩나무노린재라고 하는데 녹색을 띤 육각형 모양의 그 벌레는 썩 달갑지 않은 놈이었다. 몸을 건드리면 취선(臭腺)에서 고약한 악취를 내뿜기 때문에 천하의 탐식가인 나였지만 도저히 입에 넣을 용기가 나지 않았다.

어느 새 욧상과 구마는 벌써 밖으로 나가버려 어쩔 수 없이 서둘러 뒤를 쫓아갔다. 이번에는 매미를 잡으러 갔던 산 쪽이 아니라 반대 쪽 언덕길을 내려가기 시작했다. 얼마쯤 가자 양쪽으로 관목 숲이 나타났고 욧상과 구마는 숲 안으로 사라졌다. 숲 속 곳곳의 낮은 나무줄기와 가지를 살피며 돌아다니던 욧샹이 "있다, 있어!"하는 소리를 올렸다. 소리나는 쪽으로 달려가보았다.

"선생님, 여기를 잘 보세요."

욧샹은 녹색 껍질의 나무 밑동에서 1.5미터쯤 되는 곳에 있는 조그만 구멍을 가리켰다. 자세히 살펴보았지만 구멍 주위에 방구벌레는 한 마리도 보이지 않았다.

"아무것도 없는데?"

"다 자란 방구벌레는 여기에 없어요. 이 구멍 안에 들어 있는 건 유충이에요. 이 나무는 취목(臭木)이라는 건데요, 봄이면 방구벌레가 이 나무에 알을 낳아요. 그러면 알이 곧 부화해서 유충이 돼요. 그 유충이 이 조그만 구멍 안에서 나무의 수액을 먹고 자라고 그렇게 해서 성충이 되면 사방으로 날아가서 지독한 냄새를 피우는 거죠."

그 말을 듣고 가만히 보니 나무 여기저기에 작은 구멍들이 뚫려 있었다. '취목'이라는 이름은 들어본 적이 있었으나 실제로 본 것은 처음이었다. 높이가 대략 3미터쯤 되는 관목으로 잎은 크고 펑퍼했다. 또한 미끌미끌한 나무껍질은 선명한 녹색을 띠고 있어서 부드러운 느낌을 주었다. 잎을 하나 따서 냄새를 맡아보니 과연 '취목'이라는 이름에 어울리게 지독한 냄새가 코를 찔렀다. 나중에 조사를 해보니 썩덩나무노린재(臭木椿象虫)는 그 지독한 냄새를 피우는 취목에서 사는 벌레이기 때문에 그런 이름이 붙은 것이라고 한다. 그런 나무를 골라 사는 벌레가 역시 지독한 냄새를 피운다는 것이 재미있다.

"봄에 이 나무의 어린잎을 따서 데쳐 먹으면 아주 맛있어요. 가을이 되면 붉은빛이 도는 자주색 열매가 맺히는데요, 옛날 사람들은 그걸 따다 염색할 때 썼대요."

"잎은 식재료가 되고 열매는 염료가 된단 말이지? 꽤나 쓸모가 있는 나무로군. 냄새는 지독하지만 말이야."

"맞아요. 그럼 벌레를 잡아볼까…."

욧상은 취목에 뚫려 있는 작은 구멍에 송곳 끝을 가만히 찔러 넣어 비틀기도 하고, 찌르기도 하고 돌리기도 해서 구멍 안을 들쑤셔댔다. 그러자 송곳 끝에 통통하게 살이 오른 커다란 굼벵이 같은 것이 걸려 나왔다. 약간 푸르스름한 빛을 띤 우윳빛 번데기로 송곳 끝에서 꼼틀거리고 있었다.

"이게 방구벌레 새끼예요. 달달하고 아주 맛있어요."

그는 다시 취목 구멍에 송곳을 넣어 차례차례 유충을 끄집어내서는, 곤들매기 낚시 때 허리에 찼던 미끼통에 넣었다. 그 부근에서 30분 정도 잡자 한 대접 정도의 양이 모였다.

"이 정도면 됐네요~."

우리는 언덕을 올라 다시 움막으로 돌아왔다.

"이건 말이죠, 질냄비에 볶는 게 젤루 맛있어요. 바로 만들어드릴게요."

욧상은 취사장 밑에서 질냄비를 꺼내와 이로리 장작불 위에서 달구었다. 어느 정도 가열이 되자 질냄비 안에 방구벌레 애벌레를 후드득 뿌리듯 넣었다. 전부 20마리쯤 되었을까? 나는 그 옆에서 볶는 광경을 흥미롭게 구경했다. 질냄비를 든 욧샹의 손이 불 위에서 원을 그리듯 움직이자 번데기는 조그만 공처럼 데구르르 굴러다녔다. 처음에는 손가락으로 만져보면 포동포동하고 부드러웠으며 투명한 느낌의 우윳빛이었으나, 시간이 흐르자 점점 딱딱해지고 엷은 갈색을 띠기 시작했다.

"됐네요. 지금이 딱 먹기 좋아요."

그가 작은 접시에 볶은 유충을 담았다.

"자, 선생님, 드셔보세요. 맛이 기가 막히다니까요. 저도 아주 좋아해요~."

그리고 자신이 먼저 한 마리를 입에 넣었다.

"역시 방구벌레 새끼는 맛있어! 이게 자라서 진짜 방구벌레가 되면 그때는 이렇게 먹지 못할 거예요. 그런 걸 먹었다가는 지독한 냄새 때문에 속이 뒤집어지고 말걸요? 아하하하."

그렇게 맛있나 싶어 나도 한 마리 집어 입에 넣어보니 입 안에서 데굴데굴 구를 정도로 딱딱해져 있었다. 그렇게 포동포동하고 부드럽던 것이 불을 만나자 딱딱해진 것은 단백질의 열변성 때문이다. 날달걀에 열을 가해 삶거나 프라이를 하면 액체 상태인 달걀이 고체 상태로 변하는 것과 같은 원리이다.

나는 혓바닥으로 감촉을 확인한 뒤, 윗니와 아랫니로 그 조그만 번데기를 깨물었다. 그러자 번데기를 감싸고 있던 막이 톡 터지며 끈적한 액체가 입 안으로 흘러나왔다. 달착지근하고 품위 있는 감칠맛이 느껴졌다. 그 달콤함은 살아 있는 단새우나 구운 참새우 맛과 비슷했다. 참으로 신기한 것은 성충의 악취가 전혀 없어 이게 그 썩덩나무노린재라고는 여겨지지 않았다는 점이다. 새끼가 어미를 닮는 것이 자연의 섭리인데, 이렇게까지 닮지 않은 어미와 새끼가 있다니!

나는 한때 곤충을 먹는 인간의 식문화를 조사한 적이 있었다. 그때 미국의 고고학자 테이라가 1975년에 했던 연구를 접한 적이 있었다. 그는 멕시코에서 수만 년 전 인분의 화석인 분석(糞石)을 발견했는데 그 속에서 투구벌레, 메뚜기, 꿀벌, 말벌, 흰개미 등의 곤충이 나왔다. 그것을 근거로 당시 사람들이 먹었던 동물성 단백질 중에서 가장 많았던 것이 곤충이었다는 가설을 세웠다. 원숭이에서 진화한 인간이 직립보행을 시작하고, 먹을 것을 찾아 돌아다녔을 때 비교적 쉽게 잡을 수 있는 생물이 곤충이며 또한 지구상에 가장 널리 분포되어 있었기에 귀중한 동물성 단백질원이 되었던 것이다. 곤충에는 단백질뿐만 아니라 지방, 글리코겐, 무기질, 비타민 등도 풍부해 아주 좋은 영양소였으며, 맛도 좋아 옛날 사람들은 그것을 열심히 잡아먹었을 것이다. 나는 야미조의 산 속에서 인류가 생존을 위해 거쳐온 원점 중의 하나를 체험했다는 사실에 짜릿한 감동을 느꼈다.

다음에는 욧상이 어떤 곤충을 체험하게 해줄지 벌써부터 기대에 부풀었다.

"염소젖 한 번 더 마시고요, 이번에는 좀 더 식감이 좋은 커다란 벌레를 잡으러 가시죠. 사실은 제가 지금도 아주 좋아하는 벌레가 있어서요, 해마다 그 벌레를 뒤끓게 하고 있어요. 그 벌레는 이 세상에서 제일 맛있지요."

그 말이 나를 더욱 설레게 했다. 그런데 벌레를 뒤끓게 한다는 것은 무슨 의미일까? 크고 세상에서 제일 맛있는 벌레란 과연 무엇일까? 상상만 해도 가슴이 뛰었다.

드디어 기대하고 있던 벌레를 잡기 위해 출발~.

"그 벌레도 그리 멀리까지 가지 않아도 잡을 수 있어요. 여기서 금방이에요."

매미는 움막에서 북동쪽으로 올라간 상수리나무 숲에서, 썩덩나무노린재는 남쪽으로 내려간 관목 숲에서 잡았는데 이 세상에서 가장 맛있는 벌레를 잡기 위해서는 동쪽으로 똑바로 걸어갔다. 밤나무, 상수리나무, 졸참나무가 무성한 숲으로 들어가 길 없는 길을 걸어갔다. 가파른 언덕길을 내려갔다가 다시 오르고 거기서 다시 내려가 평탄한 숲에 이르자 주변 풍경이 완전히 바뀌었다. 지금까지의 그다지 굵지 않은 잡목 숲 대신 너도밤나무와 자작나무처럼 굵직한 나무가 많았다. 나무 사이의 간격도 넓어졌고 발밑도 얼룩조릿대에서 낙엽이 퇴적된 흙으로 바뀌어 있어 한결 걷기가 편했다.

한참을 걷던 욧샹의 발걸음이 어느 나무 앞에서 멈췄다. 어딘가 이상해 보이는 나무였는데, 나무의 밑동은 혹이 달린 것처럼 커다랗게 부풀어 있고 주변에는 자잘한 나뭇조각이 깔려 있었다.

뒤쪽으로 돌아가 보니 나뭇조각이 덩어리져서 퇴적되어 있고 그 위에 너덜너덜 썩은 멍석 한 장이 덮여 있었다. 의아한 표정을 짓자 욧샹이 설명해주었다.

“이 멍석은 올 봄에 제가 가져와서 깔아놓은 거예요. 멍석이나 새끼줄 같은 지푸라기를 이런 나무 밑에 깔아놓으면 벌레가 모여들지요. 제일 많이 오는 건 투구벌레, 그 다음이 하늘가재, 그리고 하늘소도 있어요. 벌레들은 이 멍석 안에 둥지를 틀고 낮에는 둥지 안에 숨어 있다가 밤이 되면 나무에 올라가서 수액을 빨아먹고 살아요. 그러면서 멍석 안에 알을 낳는데 그게 자라서 통통한 번데기가 되는 거죠. 오늘쯤이 그 번데기를 잡기 제일 좋은 때여서 마침 잡으러 가야겠다고 생각하고 있던 참이었구먼요.”

그는 바로 번데기 잡이에 들어갔다. 벌레를 뒤끓게 한다는 말의 의미가 이것이었군! 욧샹이 휴대용 삽으로 조심스레 퇴적물을 건드리자 쉽게 허물어졌다. 뒤이어 욧샹의 들뜬 목소리가 이어졌다.

“있네요, 있어! 이건 투구벌레 새끼네요!”

그는 그 나뭇조각 속에서 하얀 애벌레 하나를 주워 내게 건네주었다.

손바닥에 올려놓고 자세히 살펴보니 길이는 5센티미터쯤에 통통하게 살이 올랐고 약간 노란빛을 띤 옅은 유백색, 그것이 햇빛을 받아 너무도 사랑스럽고 아름답게 빛났다! 몸체는 머리에서 항문 끝까지 몇 단으로 잘록잘록하고, 몸 전체가 터질 듯 부풀어 있었다. 천천히 조그맣게 꿈틀거리고 있는 유충을 손가락 끝으로 살짝 눌러보니 탄력 있고 포동포동한 느낌이 손끝에 전해졌다. 내가 정신없이 투구벌레 애벌레를 관찰하는 동안에도 욧샹은 데굴데굴 굴러 나오는 유충들을 주워 차례차례 자루에 담았다. 약 30분 만에 자루가 묵직할 정도로 수확이 좋았다.

"나머지는 다음에 와서 할게요."

얼굴 가득 웃음을 띠며 자루를 흔들어 보였다.

움막으로 돌아와 자루를 거꾸로 털자 통통하게 살이 오른 애벌레들이 50~60마리쯤 바닥에 나뒹굴었다.

"역시 벌레를 먹을 때는 굽는 게 제일 맛있어요. 찌거나 삶기보다는 굽는 게 제일 맛있쥬~."

욧샹은 빈 냄비를 가져와 이로리 위의 갈고리에 걸었다. 그리고 꿈틀거리는 투구벌레의 유충들을 던져 넣었다. 깜짝 놀란 애벌레들이 순간 몸을 좌우로 크게 꿈틀거렸으나 그것도 잠시 뿐, 곧 움직이지 않았다. 욧샹은 가느다란 막대기로 애벌레들을 요리조리 움직여가며 볶았다. 불에 달구어진 애벌레들이 딱딱해지는 것처럼 보이면서, 유백색 몸도 점차 알맞게 구워져 옅은 갈색으로 변하기 시작했다. 그런데 아주 작게 피식~ 하는 소리가 들렸다. 열에 의해 수증기로 변한 체내의 수분이 표피를 뚫고 나오는 소리였다.

소금을 약간 넣고 다시 정성스럽게 볶자 어느 틈엔가 껍질이 짙은 갈색으로 변하며 고소한 냄새가 풍겨나왔다. 색깔을 보며 구워진 정도를 가늠하던 그가 '이제 됐다!'하고는 구워진 애벌레를 큰 접시에 담았다. 적당히 잘 구워져서 모두 균일한 갈색을 띠고 있었다.

나는 갓 볶은 투구벌레 애벌레 한 마리를 손으로 집어 이빨 사이에 넣고는 뜨거워서 조심해가며 살며시 깨물었다. 톡 터지는 듯한 느낌에 이어 끊어진 몸통 절반이 입 안으로 들어왔다. 잘근잘근 씹으니 첫 느낌은 마치 두부를 씹는 듯했고, 점점 품위 있는 감칠맛과 우아한 감미로움, 그리고 풍미를 돋우는 옅은 소금의 맛 등이 입 안에 퍼졌다. 벌레의 악취 같은 건 전혀 없었으며, 고소한 냄새가 후각을 자극하여 말로 표현할 수 없는 맛에 경탄했다. 이건 결코 과장해서 하는 말이 아니다. 계속 씹으니 애벌레의 몸 안에 풍부하게 저장되어 있던 지방이 녹기 시작해서 부드러운 고소함이 감칠맛과 감미로움에 뒤섞여 내 대뇌의 미각수용기는 이미 절정을 느끼고 있었다.

10여 년 전 각국 민족의 식문화 조사를 위해 파푸아뉴기니의 산속으로 들어가 풍뎅이과 대형 갑충의 유충을 먹어본 적이 있었는데 이 야미조의 투구벌레가 훨씬 더 맛있었다. 어쩌면 이 지구상에서 가장 맛있는 애벌레일 거라고 진심으로 생각했을 정도이다.

겨우 투구벌레 애벌레 가지고 너무 허풍 떤다고 할지 모르겠으나, 결코 과장이 아니다. 머리를 맑게 하고 대뇌의 미각수용기를 최대한으로 예민하게 해서 여러 가지 맛있는 음식을 먹는다 할지라도 이 투구벌레 유충 소금볶음에 필적할 만큼 맛있는 음식은 단언컨대 많지 않을 것이다.

욧상과 나는 볶은 투구벌레 유충의 맛에 사로잡혀 정신을 못 차리고 먹는 데만 열중했다. 문득 정신을 차리고 보니 그렇게도 많던 애벌레의 절반이 우리의 위장 속으로 들어가 있었다. 나머지 절반은 그의 권유로 내가 도쿄에 가져가기로 했다.

투구벌레 번데기를 마음껏 먹은 뒤 기분이 좋아진 나는 밖으로 나가 두 팔을 크게 벌려 스트레칭을 했다. 벌레잡이는 이 정도면 충분하다고 생각한 순간 욧상이 따라 나오면서 물었다.

"오후에는 무슨 벌레를 잡으러 갈까요? 희망하시는 벌레가 있나요?"

나는 손사레를 쳤다.

"아냐 아냐, 벌레는 이제 됐어. 아주 만족스러웠어."

그러자 욧상이 달려들듯 다가와 큰 목소리로 다그쳤다.

"무슨 소릴 하는 거예요, 아직 벌을 안 잡았잖아요, 벌을. 지금부터 벌 새끼를 잡으러 가요. 잡아다 벌밥을 만들어 드릴게요. 아주 맛있어요. 어서 가요."

윽박지르는 듯한 말투와 어린아이처럼 떼쓰는 듯한 모습은 아무래도 내가 오늘 저녁에라도 도쿄로 돌아가려는 것을 막으려는 것처럼 보였다. 나는 짐짓 모른 척하며 장단을 맞추었다.

"어? 벌의 새끼도 잡을 수 있단 말이야? 그렇다면 꼭 가야지, 가지 않으면 후회할 거야. 벌의 새끼는 메뚜기와 함께 예전부터 흔히 먹던 거니까. 많이 잡으면 오늘 밤 술안주로도 쓸 수 있고 내가 선물로 들고 갈 수도 있을 거야. 좋았어! 그럼 오후에는 요시안냐의 벌잡이 작전을 감상해볼까나?"

그는 지금껏 한 번도 보였던 적이 없을 정도로 크게 웃으며 좋아했다.

"맞아요, 맞아요. 그러면 되겠네요. 그걸로 안주삼아 오늘 밤에도 또 맛있는 술 마셔요. 하지만 벌을 잡을 때만큼은 방심해서는 절대 안 돼요."

그는 한쪽 손을 얼굴 앞에서 크게 휘둘러 벌의 공격을 막는 시늉을 해보였다.

욧상은 또 다시 벌사냥에 나설 채비를 시작했다. 주먹밥을 만들고, 예전에 일본 육군 상등병이 썼던 거라며 자랑하던 군용 수통에 물을 담았다.

우리가 출발한 것은 정오 무렵이었다. 이번에는 깃이 올라오는 점퍼를 입었다. 목표로 삼은 사냥감에 따라 옷차림이 달라지는 것이다.

"오늘 잡을 놈은 땅말벌인데요, 벌 중에서 제일 맛있는 놈이에요. 우리 아버지가 신슈에서 야미조로 약초를 캐러 온 사람한테 옛날에 배운 거래요. 그 신슈 사람이 아버지를 산으로 데려가서 땅말벌 잡는 걸 보여줬대요. 그때는 아주 많이 잡혀서 매일 밥 속에 넣어 먹었대요. 그때부터 우리 아버지는 늘 그 방법으로 땅말벌을 아주 잘 잡았어요. 저도 몇 번 아버지를 따라서 땅말벌을 잡으러 갔는데 간단히 잡을 수 있어요. 어쨌든 오늘은 잔뜩 잡아드릴게요."

조심조심 발밑을 살피며 숲 속 짐승들 길을 걷다보니 어느새 그늘진 숲에서 벗어나 갑자기 눈앞이 밝아졌다. 그때 욧샹이 "있다!" 소리치며 발밑에서 갑자기 튀어오르는 무언가를 가리켰다. 그 움직임이 너무 빨라 정체를 알아볼 수 없었다. 욧샹과 구마는 달아난 저공 비행물체를 따라 재빨리 숲 속으로 들어가더니 바스락바스락, 사각사각 소리를 내며 돌아다녔다. 그러더니 움직임이 딱 멈추고 의기양양한 목소리가 들려왔다.

"잡았시유~! 이놈은 늘 재빨라서 애를 먹인다니까요."

잠시 후 돌아온 그의 손에는 멋진 송장개구리가 들려 있었다.

"땅말벌을 잡을 때 쓸 미끼예요. 땅말벌은 이 송장개구리 살을 가장 좋아한다고 신슈 사람이 아버지한테 가르쳐줬대요. 저도 가끔 송장개구리를 잡아서 먹는데 정말 맛이 좋아요. 껍질을 벗기고 내장을 발라낸 뒤 꼬챙이에 꽂아서 구워먹으면 진짜 맛있어요."

"그래, 맞아. 나도 옛날에 송장개구리를 먹어본 적이 있는데 정말 맛있었어. 개구리는 대체로 닭고기하고 맛이 비슷하다고들 하는데 정말 그래. 중국요리에서는 개구리를 '전계(田鷄)', 즉 '논의 닭'이라고 부를 정도야. 요즘 흔히 먹는 브로일러 같은 닭고기는 발밑에도 못 쫓아와. 사쓰마(薩摩)의 샤모(軍鶏)나 아키타의 히나이도리(比内鶏), 나고야의 코친 정도는 될 거야."

"맞아요, 이 야미조 부근에서도 오쿠쿠지(奥久慈) 샤모라는 품종이 맛있다고 유명한데 송장개구리 맛도 거기에 뒤지지 않아요."

다음 순간 느닷없는 욧샹의 행동에 깜짝 놀랐다. 손에 쥐고 있던 송장개구리를 땅바닥에 힘껏 패대기친 것이다. 개구리가 다리를 쭉 뻗은 채 움직이지 못하게 되자 개구리의 한쪽 다리 끝을 손톱으로 긁어 조그만 상처를 만든 뒤 거기서부터 가죽을 잡아당기듯 벗겨냈다. 순식간에 송장개구리는 알몸뚱이를 드러냈다.

“미끼는 이거면 충분해요. 자, 그럼 땅말벌이 많이 날아다니는 산 위로 가볼까~.”

약간 가파른 수풀을 오르기 시작해 구불구불한 길을 지나 상당히 높은 곳까지 올라가자 시야가 탁 트이며 전망 좋은 곳이 나타났다. 온 종일 햇볕이 내리쬐는 곳으로, 인공적으로 심은 삼목이 2미터 정도로 자라 있었다. 멀리 아부쿠마의 산들을 한눈에 바라다볼 수 있는 경치가 아름다운 곳으로 이 야미조 산에서도 욧샹이 가장 좋아하는 장소 중 하나라고 했다.

“이렇게 볕이 잘 드는 데는 땅말벌보다는 오히려 쌍말벌이 집을 지어요. 심은 지 3년쯤 지난 삼목 가지에 집을 만들어요. 그러니까 삼목 가지를 잘 보면서 걸어야 돼요. 쌍말벌의 집을 건드리면 그때는 끝장이에요. 놈들은 반드시 공격을 하거든요. 그것도 얼굴을 노리고 들어와요. 얼굴 중에서도 빛이 나는 눈 근처에 독침을 쏘며 공격하죠. 어쨌든 그놈들한테 쏘이면 이만저만 고통스런 게 아네요. 몽둥이로 세게 맞은 것만큼 아파서 대부분 사람들은 기절을 해요. 그러니까 조심해서 걸으셔야 해요.”

욧샹은 단단히 주의를 준 뒤 땅말벌의 습성에 대해서도 설명해주었다. 땅말벌은 하루 종일 해가 내리쬐는 곳에는 집을 짓지 않고, 약간 그늘진 곳의 큰 나무가 잘려나간 그루터기나 커다란 돌과 돌 사이 같은 곳에 집을 짓는다고 했다. 게다가 놈들은 아주 영리해서 사람들의 눈에 잘 안 띄는 곳에 집을 짓는다는 것이다.

"지금부터 땅말벌 집이 있는 데를 찾아내는 방법을 보여드릴 테니 잘 보세요."

그러더니 바닥에 털썩 주저앉아 이상한 행동을 하기 시작했다. 먼저 소형 잭나이프로 조금 전에 잡아 가죽을 벗겨놓은 송장개구리의 다리와 몸통을 분리한 뒤 다리에서 뼈를 제거하고 살점을 발라냈다. 팥알 크기로 자른 고기를 15센티쯤 되는 새하얀 실에 동여맸다.

"이건 아주 가벼운 명주실이에요. 도조 형님 댁 할머니가 주신 거예요."

그는 부지런히 명주실에 고기조각을 묶어나갔다. 이렇게 해서 실에 묶은 고기조각 3개를 왼손으로 들고 자리에서 일어나더니 이번에는 오른쪽 검지를 입 안에 넣었다가 꺼내어 그 손가락을 하늘을 향해 세웠다. 행동 하나 하나가 신기할 뿐이었다.

"바람의 방향을 보는 거예요. 바람이 불어오면 그쪽 손가락이 시원해져서 바로 알 수 있지요. 아주 살짝 부는 바람이라도 땅말벌은 절대로 놓치는 법이 없어요. 그 바람 속에 먹이 냄새가 있으면 바로 그곳으로 날아와요. 땅말벌은 식탐이 엄청 강하고 육식을 하기 때문에 다른 종류의 벌집까지 습격해서 애벌레를 빼앗아가기도 하고, 죽은 뱀이나 개구리의 살을 찢어서 집으로 가져가기도 하죠. 어디 보자, 오늘은 아래서 위로 올라온 바람이, 서쪽에서 동쪽으로 부네요. 이건 땅말벌에게 아주 좋은 바람이에요."

욧샹은 손가락을 접고 다시 걷기 시작했다. 그리고 키 정도쯤 되는 삼목을 가늠하더니 나뭇가지 꼭대기 동쪽으로 뻗은 가지에 고기조각을 올려놓았다. 실은 자연스레 아래로 늘어졌다.

"여기서 기다리세요."

욧샹은 약 30미터 정도 떨어진 삼목에 두 번째 고기조각을, 그리고 그 나무에서 다시 약 30미터쯤 떨어진 삼목에 세 번째 고기 조각을 올려놓고 돌아왔다.

"위에서 망을 봐야 해요."

우리는 시야가 트인 곳으로 가서 벌이 오기를 기다렸다. 아래쪽을 보니 삼목의 가지 사이로 하얗게 흔들리고 있는 실 3개가 뚜렷하게 보였다.

"조금 있으면 땅말벌 놈들이 개구리 냄새를 맡고 틀림없이 날아올 거예요. 그리고 개구리 고기를 물고 집으로 돌아갈 테니 하얀 실을 보고 따라가면 벌집이 있는 곳을 알 수 있어요."

예전에 잡지에서 신슈의 벌 잡이 명인이 땅말벌 잡는 모습을 사진으로 본 적이 있는데 내가 그것을 직접 체험하다니! 벌써부터 가슴이 두근거렸다.

나와 욧샹과 구마는 한동안 그 삼목 세 그루만 뚫어져라 보고 있었다. 15분쯤 지났을까? 3개 중 가운데 실이 갑자기 공중으로 슥 떠올랐다. 그것을 본 순간 심장이 멎을 듯해서 "아앗, 요시안냐, 저기 실이 위로…"라고 말하고 고개를 돌려보니 그는 이미 하얀 실이 떠가는 방향 쪽으로 구마와 함께 달리고 있었다. 나도 그 뒤를 쫓기 시작했다. 달려 내려가며 다른 삼목을 힐끗 보았더니 그 나무에서도 하얀 실이 슥 공중으로 떠올라 둥실둥실 떠가고 있었다. 나는 욧상을 따라가기를 멈추고 두 번째 실이 날아가는 방향으로 달렸다. 그런데 쫓아가다 보니 욧상이 달려간 방향과 같은 방향이었다.

하얀 실을 놓치지 않기 위해서는 위를 보고 달려야 했는데 경사가 심하고 발밑에 나뭇등걸이 여기저기 튀어나와 있어서 넘어졌다가는 일어나고 달리다가는 다시 넘어지기를 반복했다. 그러는 동안 하얀 실은 점점 멀어져 시야에서 사라져버렸다.

하는 수 없이 욧상이 간 쪽으로 가려 했으나 방향을 찾을 수 없었다. 잠시 머뭇거리며 위를 올려다보는데 앗! 세 번째 하얀 실이 내 머리 위로 날아가고 있는 게 아닌가. 이번에야말로 놓치지 않겠다며 실에서 눈을 떼지 않고 따라갔다. 그러나 이번에도 나무뿌리에 걸려 넘어지면서 하얀 실은 야속하게도 시야에서 사라져버리고 말았다.

울퉁불퉁하고 앞도 잘 보이지 않는 산속을 위만 보며 달리는 것이 얼마나 어려운 일인지를 몸으로 직접 체험했다. 그에 비하면 욧상의 움직임은 거의 동물적이었다. 땅말벌이 물고 가는 하얀 실을 따라 달리며 넘어질 듯하다가도 온 몸으로 버티며 내달렸다.

하얀 실도 놓치고 욧상까지 놓쳐버린 나는 가만히 있는 편이 낫겠다고 생각해 적당한 곳에 주저앉았다. 멀리 아부쿠마의 봉우리들이 보이고 산 곳곳에서 가느다란 연기가 피어오르는 것으로 보아 숯가마가 있는 듯했다. 훨씬 더 멀리 보이는 산은 무참하게도 깎여 하얀 속살을 내보이고 있어 아마도 석회암 채석장으로 누군가 석회암 가루를 뒤집어 쓴 채 일을 하고 있으리라. 한적하기가 우주와도 같았다.

한동안 경치를 즐기고 있는데 숲 속에서 바스락 소리가 들렸다. 바짝 긴장하여 돌아보니 구마 혼자 불쑥 나타났다. 내가 자리에서 일어나자 구마는 자신을 따라오라는 듯, 몸을 낮게 숙이고 꼬리를 늘어뜨린 자세로 걷기 시작했다. 구마를 따라 얼마쯤 숲 속으로 들어가자 나무 간격이 넓어지더니 햇빛이 비추는 곳이 나왔다. 멀리 앞쪽에서 나를 기다리며 앉아 있는 욧상의 모습이 눈에 들어왔다. 반가움에 숨을 헐떡이며 달려가자 그는 씨익 웃으며 한 곳을 가리켰다. 약 10미터쯤 앞 쓰러진 고목 밑동 근처에서 벌 몇 마리가 왱왱거리며 날고 있었다. 그 밑에 쪽 흙 구멍으로 벌들이 부지런히 드나드는 것이 보였다.

"저기가 땅말벌 집이에요. 꽤 큰 편이네요. 틀림없이 벌의 새끼가 가득 들어 있을 거예요."

욧상은 승자의 여유로운 표정으로 의기양양했다.

"오늘 밤에는 벌밥을 해드릴 테니 기대하세요."

그는 배낭에서 빳빳한 종이봉투 3개를 꺼내더니 그 안을 보여주었다. 봉투 하나에는 새카만 가루, 다른 봉투에는 샛노란 가루, 나머지 봉투에는 새하얀 가루가 들어 있었다. 그 용도는 땅말벌을 쫓을 화약 재료로, 검은 가루는 오동나무 숯가루, 노란 것은 유황가루, 그리고 하얀 것은 초석가루라고 했다.

"이 가루를 검은 거 7, 노란 거 1, 하얀 거 2의 비율로 섞어서 불을 붙이면 지독한 연기가 나서 벌들을 마비시키지요"

"오, 그런 재료를 어떻게 구했지?"

"간단해요. 사냥꾼들은 다나구라, 다이고, 미토 부근에 있는 총포상에 다니거든요. 거기 가면 쉽게 구할 수 있어요."

그는 배낭에서 낡은 신문지 한 장을 꺼내더니 땅 위에 펼쳤다. 그리고 배낭에서 고무 밴드 하나와 술잔을 꺼낸 뒤 그 술잔으로 오동나무 숯가루 일곱 번, 유황가루 한 번, 초석 두 번을 퍼내어 펼쳐놓은 신문지 위에서 섞었다. 그리고 다른 신문지 두 장을 둥글게 말아 원통처럼 만든 뒤 한쪽 끝을 고무줄로 묶었다.

그런 다음 또 재미있는 행동을 했다. 이번에는 말린 이끼를 꺼내 신문지 원통 한쪽 끝으로 밀어 넣었다.

"이끼를 넣는 건 제가 발명한 거예요. 말린 이끼를 넣으면 불기가 오래 가구요, 연기가 더 많이 나서 벌들이 바로 도망을 가죠."

이번에는 비율대로 섞은 화약을 차르르 쏟아넣었다. 이렇게 해서 마른 이끼를 넣은 화약통 2개가 완성되었다.

"준비가 다 됐습니다. 저는 지금부터 땅말벌 집에 연기를 피우고 올 테니 선생님은 저 멀리로 가 계세요. 어디보자, 저기에 굵은 나무 두 그루가 보이시쥬? 저 근처로 피해 있으세요. 저기면 제가 땅말벌 잡는 것도 잘 보일 거고, 벌은 가지 않을 테니 안전해요. 구마는 제 옆에 있어도 상관없어요. 익숙해져 있으니까요."

나는 욧샹의 말대로 약 20미터쯤 떨어진 곳의 두 그루 삼목 사이로 가서 그가 땅말벌 잡는 모습을 자세히 관찰하기로 했다.

그는 걷어붙였던 점퍼 소매를 팔끝까지 내리고 두 손에는 목장갑을 낀 뒤, 목에도 수건을 감았다. 그리고 눈만 내놓고 얼굴 전체를 수건으로 가린 뒤 머리에는 야구모자를 썼다. 왼손에 화약통 2개, 오른손에는 라이터를 들고 땅말벌 집 앞까지 가더니 첫 번째 통에 불을 붙였다. 연기가 피어 오르기 시작하자 그 통을 땅말벌이 드나드는 구멍에 쑤셔 넣었다. 그리고 또 다른 통에도 불을 붙인 뒤 크게 원을 그리듯 돌아 벌집 주변의 공기를 연기로 감싸버렸다. 곧 연기가 사방에 퍼져 욧샹의 모습조차 잘 보이지 않을 정도였다.

푸르스름하게 피어오르는 연기에 휩싸인 욧샹이 주머니에서 나뭇잎 무늬 보자기와 휴대용 삽을 꺼냈다. 한 2분쯤 그대로 가만히 있었을까. 이번에는 땅말벌의 집 앞에 웅크리고 앉아 삽으로 빠르게 흙을 파헤치기 시작했다. 연기 때문에 벌의 모습은 거의 보이지 않았다. 집으로 돌아왔다가 난데없는 연기 기습을 당한 벌 몇 마리가 혼돈에 빠진 것일까? 흥분한 채 벌집에서 상당히 멀리 떨어진, 내가 있는 곳까지 날아와서는 붕붕거리는 날개 소리를 내며 정신없이 날아다녔다. 욧상은 파낸 벌집을 보자기에 싸서 재빨리 내 쪽으로 달려왔다. 손에 든 보자기가 제법 묵직해 보였다. 내 앞까지 오더니 자랑스럽게 말했다.

"아무 데도 안 쏘였이요. 완벽하게 잘했어요. 얼른 여기서 도망가요~."

욧상이 달리기 시작하자 나와 구마도 그 뒤를 좇았다. 한참을 달려 조금 전 지나왔던 삼목 숲으로 들어서서야 발을 멈추고 숨을 돌렸다. 전속력으로 달린 탓에 온몸이 땀으로 젖어 있었다. 한숨 돌리고 나자 욧상은 보자기를 땅 위에 펼치며 안에 있던 땅말벌 집을 보여주었다. 지름이 30센티는 될 법한 커다란 벌집이었다.

"대략 2킬로그램 가까이는 될 것 같네요. 지금까지 수십 번 땅말벌을 잡아봤지만, 그 중에서도 제일 크네요."

그는 흡족한 미소를 지어 보였다. 커다란 벌집을 가까이 들여다보니 구멍 하나하나마다 하얀 것들이 꼬물꼬물 움직이고 있었다. 땅말벌 애벌레가 구멍마다 빽빽하게 들어 있었다. 개중에는 허물을 벗고 제법 벌의 모습을 갖춘 것도 있었다. 욧상은 애벌레 몇 마리를 집어 입 안에 던져 넣고는 우물우물 씹었다.

"달콤하고 맛이 좋아요. 싱싱해서 날것으로도 먹을 수 있지만 역시 볶거나 삶는 게 맛있지요. 오늘 밤에는 소금을 넣고 가볍게 볶아서 안주로 드릴게요. 나머지는 밥 지을 때 넣어서 벌밥을 하면 맛이 기가 막히죠."

나도 꼼틀꼼틀 움직이는 새하얀 애벌레를 두어 개 집어 입에 넣고 씹어 보았다. 톡톡 터지며 약간 달큼한 체액이 걸쭉하게 흘러나왔다.

욧샹도 놀랐을 정도로 예상밖의 수확을 거두고 우리(나와 욧샹, 그리고 구마)는 의기양양하게 움막으로 향했다. 돌아가는 길은 대부분 내리막길이어서 순식간에 움막이 보이는 곳까지 내려왔다.

그때 앞장서서 걷던 구마가 갑자기 걸음을 멈추며 지금까지 보인 적이 없던 긴장한 태도를 보였다. 몸을 낮추고 머리를 숙이고 조금 전까지 바싹 세우고 있던 꼬리까지 늘어뜨린 채 이를 드러내며 낮게 으르렁거렸다. 욧샹이 외마디 소리처럼 외쳤다.

"구마, 얼음!"

얼음! 이라는 명령에 구마는 꼼짝 하지 않았다. 얼음처럼 움직이지 말라는 뜻으로 그렇게 훈련을 받은 것이다.

"살무사예요!"

욧샹은 수풀 한 곳에서 눈을 떼지 않으며 천천히 내 옆으로 오더니 내가 지팡이 대신 들고 있던 막대기를 가만히 쥐고 구마 옆으로 다가갔다. 그리고 눈앞의 수풀을 주의 깊게 살피다 조그만 목소리로 "여기 있다! 살무사다"라고 말하고는 막대기 끝을 찌르듯 내지르고 다시 송곳을 돌리듯 돌렸다.

"선생님, 와보세요. 살무사예요."

두근거리는 심장을 억누르며 조심조심 다가가 바라보니 욧샹이 찌른 막대기에 살무사의 머리 부분이 힘껏 눌려 있고 몸은 막대기를 휘감고 있었다. 길이는 40센티미터 정도로 통통하게 살집이 있고 녹슨 철 같은 탁한 적갈색에 살무사 특유의 엽전 무늬가 몸통 전체에 있었다. 살무사의 머리는 전형적인 독사의 특징인 삼각형이었다. 살무사는 고통을 참으며 마지막 힘을 짜내듯 입을 반쯤 벌려 저항하고 있었다.

"구마, 됐어!"

그 말을 기다렸다는 듯 땅바닥에 엎드려 돌처럼 굳어 있던 구마가 꼬리를 흔들며 욧상 옆으로 다가갔다. 그리고는 으르렁거리며 살무사를 노려보았다. 욧상은 막대기를 뱀에 고정시킨 채 엄지와 검지로 살무사의 머리를 힘껏 쥐었다. 그리고 들어올리자 뱀은 욧상의 손끝에서 몸을 비틀며 요동을 쳤다.

"뱀은 이렇게 산 채로 가져가야 값이 나가요. 그건 그렇고 오늘은 횡재했네요. 벌을 잡으러 와서 살무사까지 잡아 가니까요. 하하핫."

기분좋은 웃음소리가 청량하게 퍼져나갔다.

욧상은 오른손에 살무사, 왼손에 커다란 땅말벌 집을 든 채 개선장군 같은 걸음으로 움막으로 향했다.

움막에 도착해서도 욧상은 뱀을 손에서 놓지 않은 채로 술잔과 작은 접시를 꺼내왔다.

"1되들이 병에 살무사를 산 채로 넣고 2개월쯤 뒀다가 소주를 부으면 뱀술이 돼요. 하지만 살무사 술은 몇 병이나 있으니까, 이 놈은 오늘 밤에 먹어서 정력을 키우기로 해요. 내일이면 코피가 날 거구먼요, 히힛."

그리고 내 앞에 서더니 "선생님, 꼬리 끝을 꽉 잡고 계세요"라고 천연덕스럽게 말했다. 초등학교나 중학교 때 곧잘 뱀을 잡으며 놀았던 경험이 있긴 했지만 갑자기 독사를 잡아달라고 해서 순간 당황했다. 하지만 욧샹이 자연스럽게 말했기에 나는 겁먹은 표시를 내지 않으려고 어설픈 사투리로,

"그려~ 무섭지 않구먼. 꽉 잡고 있을겨."

라고 대답하고 태연한 척 뱀의 꼬리를 손가락으로 잡았다. 차갑고 으스스한 느낌이 손끝에 전해졌다. 내게 잡힌 뱀이 여전히 꿈틀대며 저항했는데 그 힘이 상당해서 약간 놀랐다. 욧샹은 한손으로 뱀의 머리를 쥐고 다른 한손으로는 잭나이프로 살무사의 머리 바로 아래 부분을 베었다.

"꼬리를 위로 들어주세요. 빨리 빨리요."

이유를 알 수 없는 다급한 목소리에 나는 반사적으로 꼬리를 쥔 손을 위로 치켜들었다. 욧샹은 그 동작에 맞춰 살무사의 머리를 땅바닥 근처까지 가져가더니 나이프로 짼 곳에 술잔을 갖다댔다. 술잔 안으로 선혈이 뚝뚝 떨어졌다. 살무사의 피를 완전히 빼낸 뒤 머리를 잘랐다. 떨어져 나간 머리가 땅에 나뒹굴었으나 몸통과 분리된 뒤에도 여전히 입을 뻐금거렸다. 살무사는 집념이 강한 동물이라고 하지만 이렇게까지 생명력이 강할 줄은 몰랐다. 가슴이 섬뜩해지는 묘한 기분이 들었다.

머리가 없는 살무사의 기다란 몸이 여전히 꿈틀거렸다. 이번에는 욧샹이 잡고 있던 머리 쪽을 위로 하고, 내가 잡은 꼬리 쪽을 아

래로 방향을 바꾸었다. 그는 머리 쪽 한 부분을 나이프로 살짝 잘라 작은 상처를 만들어 껍질을 조금 벗겨낸 뒤 아래로 죽 잡아당겼다. 참으로 볼 만했다. 살무사는 단번에 알몸을 드러냈다. 껍질을 벗겨낸 살무사의 몸은 분홍빛이었는데, 부끄러운 모습이 된 뒤에도 여전히 꿈틀대는 모습이 섬뜩한 느낌을 주었다. 머리 아래에서 항문까지 배 안쪽으로 띠 모양의 길다란 내장이 붙어 있었는데 욧상은 그것을 손가락으로 잡아 쭉 빼내더니 옆의 판자 위에 올려놓았다. 식도, 심장, 위장, 담낭, 장까지 줄처럼 연결되어 있었다.

"여기 좀 보세요. 심장이 아직도 살아 있어요."

욧상이 손가락으로 가리키는 곳을 보니 팥알보다도 작은 심장이 팔딱팔딱 움직이고 있었다. 그 강인함이 놀라웠다.

"정말이네. 이렇게 작은데 아직도 포기하지 않고 움직이고 있군."

심장은 단지 산소가 녹아 있는 혈액을 전신으로 보내기만 하는 기관이 아니라 죽어서도 여전히 그 육체에 남아 영혼을 깃들게 하는 '영물(靈物)'처럼 보이기도 했다.

욧상은 팥알만한 심장을 뜯어내더니 입 안에 넣고 삼켰다. 그리고 장 뒤쪽에 붙어 있던 짙은 녹색의 조그만 자루 모양의 것을 뜯어내더니 역시 입 안에 넣었다. 무엇이냐고 물었더니 쓴주머니라고 하는 것으로 보아 아마도 쓸개인 듯했다.

"심장의 날것은 정력에 좋지요. 그리고 쓴주머니는 위장에 효과가 있고요. 그리구 이 피도 몸에 아주 좋아요."

그러더니 잔에 담겨 있던 새빨간 피도 단숨에 마셔버렸다. 욧샹의 다음 행동 역시 흥미로웠다. 죽은 뱀의 머리와 가죽, 내장을 모아 움막 뒤쪽으로 가져가 정성스럽게 땅에 묻었다. 거기에는 묘비 같은 푯말이 하나 세워져 있어서 언뜻 보기에 작은 무덤처럼 보였다. 구마에게도 먹일 수 없는 동물의 장기 등을 묻는 곳이라고 했다. 그는 성격이 호방한 야인이지만, 한편으로는 섬세한 마음과 윤리관으로 가득한 사람이라는 것을 다시 한 번 느꼈다.

그가 문득 어라? 하는 표정으로 사방을 두리번거렸다.

"아까부터 염소 소리가 들리지 않네요."

서둘러 염소를 묶어둔 곳으로 가보았지만 끈만 남긴 채 염소는 사라지고 없었다.

도조 씨의 집에서 고생 끝에 데려온 염소라는 사실을 알았기에 나는 참으로 난감했다. 산 속으로 달아났다면 찾는 데 많은 시간과 노력이 필요할 것이다. 그런데 욧샹은 별로 걱정하는 것 같지 않았다.

"산으로 찾으러 갈 건가? 염소가 어디로 갔는지 짚이는 데라도 있어?"

그는 태연하게 대답했다.

"아마 지금쯤 도조 형님 댁에 가 있을 거예요. 개뿐만 아니라 염소도 귀소본능이 아주 강하거든요. 내일 아침 선생님께 젖을 짜 드리려고 했는데…."

"그렇다면 다행이군. 내일 아침 젖이야 안 먹어도 그만이지만 요시안냐가 다시 염소를 잡으러 산 속으로 들어갔다가 고생할까 봐 걱정했거든. 잘됐어."

산 속의 하루해는 유난히 짧아 또 다시 저녁 먹을 시간이 됐다. 언제나 활기가 넘치는 욧샹은 이번에도 특별 요리를 만들겠다며 의욕을 보였다. 땅말벌을 넣은 벌밥과 달달한 땅말벌 조림을 만들고, 살무사 고기는 큼지막하게 썰어서 된장과 함께 끓일 것이라고 했다. 이번에도 설레는 마음으로 요리 과정을 흥미진진하게 지켜보았다.

욧샹은 평소에는 보리밥을 먹지만 땅말벌을 넣은 밥은 쌀밥으로 지을 거라며 백미를 씻어 아궁이의 솥에 안쳤다. 그리고 작은 냄비에 땅말벌 애벌레를 담고 술과 설탕, 간장을 넣어 달콤짭조름하게 조렸다.

밥이 끓자 증기의 압력으로 인해 솥뚜껑이 들썩들썩 하더니 10분쯤 지나자 조용해졌다. 여기부터가 '뜸들이기'인데 그때 삶아 둔 땅말벌 3분의 2 정도를 삶은 국물과 함께 밥에 넣었다. 그런 후 주걱으로 잘 섞고 다시 뚜껑을 덮은 뒤, 아궁이에서 장작불을 빼내고 천천히 뜸을 들였다. 땅말벌 애벌레는 은근하게 삶아서 달달하게 조렸다. 밥 짓는 구수한 냄새와 달달하게 조려지는 냄비에서 좋은 냄새가 나자 갑자기 위장이 오그라드는 듯하며 아우성을 쳤다. 10분쯤 지나자 다시 주걱으로 밥을 섞어준 뒤 뚜껑을 덮고 남아 있던 장작불을 전부 꺼냈다.

그런데 살무사 된장국은 야생의 맛 그 자체였다. 가죽을 벗겨낸 살무사를 3센티 크기로 썰어 물과 함께 냄비에 담아 이로리의 갈고리에 걸어 끓였다. 한소끔 끓으면 된장을 풀어 넣고 겨울에 만들어 두었다는 얼린 두부 3개를 뚝뚝 부러뜨려 넣었다. 그리고 앞뜰 여기저기 자라 있는 쑥을 뜯어다 가볍게 행군 뒤, 그것도 손으로 뜯어 넣었다. 중간에 맛본다든가 하는 일 없이 오로지 뱀에서 나오는 육수에 모든 것을 맡기겠다는 식이었다. 이렇게 해서 땅말벌 밥과 달달한 조림, 뱀을 넣은 된장국이 거의 완성되어 갈 때쯤 갑자기 욧상이 벌떡 일어섰다.

"앗, 맞다. 한 가지 까먹었네요."

서둘러 나가더니 삽을 어깨에 메고 뒷산으로 달려갔다. 무슨 일인가 싶어 나도 따라나섰다. 그는 구마의 집 위쪽에 있는 밭으로 향했다. 흙이 야트막하게 솟아 있는 밭의 끝자락을 삽으로 파기 시작했다. 구마도 욧상 옆으로 가서 구멍 파는 것을 보고 있었다. 무엇을 파내려는 것일까? 참마일까? 우엉일까? 당근일까? 평소에도 늘 파는 구멍인 듯 흙이 부드러웠다.

마침내 멍석 하나가 모습을 드러냈다. 멍석을 걷어내자 지푸라기 층이 나타나고 다음에는 낡은 담요가 얼굴을 내밀었다. 대체 무엇을 이토록 정성스럽게 묻어둔 것인가? 궁금증이 더해갔다. 내 표정을 읽은 듯 욧상이 대답했다.

"이건 낫토에요. 땅속에서 낫토를 만드는 거죠. 이 근처 산 사람들은 옛날부터 1년 내내 땅속에서 낫토를 만들었어요. 땅속은 지금 같은 여름이면 적당히 시원해서 맛있는 낫토가 만들어져요.

겨울에도 삶은 콩을 담요로 싸서 구멍에 넣고 그 위에 지푸라기를 덮은 다음 멍석으로 덮고 다시 흙으로 덮어 그 위에다 모닥불을 피워요. 그렇게 하면 맛있는 맛토가 만들어져요."

땅 속에서 낫토를 발효시킨다고? 놀라운 마음에 만드는 법을 더욱 자세히 물었다.

"그러니까, 콩을 삶잖아요. 그런 다음 그 콩을 약간 식혀요. 그리고 그 콩 사이에 지푸라기를 10개 정도 넣은 다음, 담요로 싸요. 몇 년 전에 구멍을 파놓은 게 있기 때문에 낫토를 만들 때마다 새로 팔 필요는 없고 1년 내내 쓸 수 있지요. 그 구멍의 맨 아래에 지푸라기를 깔고, 그 위에 콩을 싼 담요를 놓고, 다시 담요 위에 지푸라기를 깔고 멍석으로 덮은 다음 마지막으로 가볍게 흙으로 덮어 둬요. 겨울에는 그 위에 하루 종일 모닥불을 피우는데, 그건 땅속 지열로 덥히기 위해서지요. 그렇게 해서 닷새 정도 두면 맛있는 낫토가 만들어져요. 지금 꺼내는 낫토는 선생님이 오시기 3일 전에 묻은 거예요. 이건 어떨까… 맛난 낫토가 만들어졌을까…?"

욧상이 담요를 풀기 시작했다.

"아아, 잘 익었네요. 선생님, 이 담요를 만져보세요. 따뜻하쥬? 이래야만 맛난 낫토가 만들어져요."

손으로 만져보니 정말 따뜻했다. 담요를 펼치자 구수한 낫토 냄새가 뿜어져 나왔다. 콩 표면이 얇고 하얀 막으로 뒤덮여 있는 틀림없는 낫토였다. 욧상이 알갱이 두어 개를 집어 들어올리자 끈적한 실이 길게 늘어났다. 그는 입에 넣고 오물오물 씹었다.

"맛있네요, 잘 익었어요. 이 낫토도 오늘 저녁에 먹어요."

"그런데 비가 오면 구멍 안으로 빗물이 스며들어서 망치지 않나?"

"그런 걱정은 없어요. 비가 오면 흙 위에 다시 멍석을 1장 더 깔죠. 그러면 웬만한 비는 멍석이 막아주죠. 혹시 그 멍석을 통해 비가 안으로 스며들어도 그 아래 멍석을 한 장 더 묻어두었기에 완벽하게 차단이 되구요. 작년에는 태풍이 와서 3일 연속 큰비가 내린 적이 있었는데 그때도 땅 속에서 낫토가 잘 만들어졌어요. 겨울에 눈이 와서 흙 위에 두껍게 쌓여도 맛난 낫토가 만들어져요. 정말 신기하쥬?"

정말 감탄하지 않을 수 없었다. 명색이 음식 평론가이자 발효 전문가인 내가 이 야미조 산 속에 와서 욧샹에게 여러 가지를 배우고 있다니….

그날 밤에도 행복한 시간이 찾아왔다. 술은 욧샹이 사둔 그 지역 술로 2급주. 안주는 달달한 땅말벌 조림과 벌밥, 살무사를 넣고 끓인 된장국, 그리고 땅에서 막 꺼낸 낫토였다. 낫토는 파를 송송 썰어 수북히 덮고 간장을 뿌려 안주로 삼았다.

"요시안냐…, 오늘도 보람차고 즐거운 하루였고, 무엇보다 많은 것을 배울 수 있었어. 그럼 오늘 밤에도 마음껏 마시자고."

"3일째 건배네요. 선생님께서 이렇게 오래 계실 줄은 꿈에도 생각지 못했는데… 자, 건배!"

우리는 술잔을 높이 들어 단숨에 들이켰다.

땅말벌 잡이도, 살무사를 만난 것도, 땅속의 구멍에서 꺼낸 낫토도 내게는 짜릿할 정도로 즐거운 일들뿐이었다. 이렇게 새롭고 흥미로운 지식을 나 혼자서, 그것도 하루 만에 체험하다니, 아깝다는 생각이 들 정도였다.

"도시에 계시는 선생님께서는 상상도 못하셨겠지만, 여기서 살고 있는 저희는요, 매일 이렇게 살아요. 이렇게 자연 속에서는 그 속에 녹아들지 않으면 살아갈 수가 없지유."

갈고리에 매달아둔 냄비에서 끓고 있는 살무사 된장국을 한입 맛보았다. 진한 감칠맛이 입 안으로 서서히 퍼져갔다. 온몸이 근육이고, 그것을 지탱하는 뼈와 야생 동물의 고깃덩어리에서만 우러나오는 진정한 천연의 국물 맛의 에센스가 거기에 있었다. 이번에는 뭉텅뭉텅 썰어넣은 몸통을 입 안에 넣어보았다. 뼈가 딱딱해서 좀처럼 씹히지 않았다. 일단 입에서 꺼내 손에 들고 뼈 사이에 붙어 있는 고기를 앞니로 뜯어보았다. 고기라고 해봐야 몇 줄기 가느다란 가닥이 뭉쳐 있을 정도의 적은 양이었는데 가느다랗기는 했지만 거기서 아주 깊은 맛이 배어나왔다.

조금씩 발라먹는 나와는 달리 욧샹의 먹는 모습은 너무도 야성적이었다. 그는 두터운 뱀 고기를 뼈째로 으드득으드득 씹어 먹더니 한참 동안 씹어서 고기와 뼈에서 우러난 감칠맛 나는 국물을 꿀꺽 삼켰다. 그 다음이 굉장했다. 입 속에 남아 있는 뼈의 잔해를 대야에 좌르르 뱉었다. 이후에도 그는 모든 고기를 이렇게 씹어서 으깬 뒤 엑기스만을 먹고 뼈는 뱉어버렸다. 그야말로 '야미조의 야인'다운 모습이었다.

이번엔 달달하게 조린 땅말벌을 맛보았다. 냄비 속에는 자작한 국물에 수백 마리의 애벌레가 딱딱하게 굳어 있었다. 아직 번데기인 채로 하얀 땅콩 모양인 것이 대부분이었으나 간혹 번데기에서 변태해서 벌의 모습을 띠어 거뭇한 것도 섞여 있었다. 번데기 한 마리를 입에 넣고 씹어보니 톡하고 껍질이 파열하는 느낌이 들더니 안에서 물컹하고 달달한 체액이 흘러나왔다. 이미 땅말벌의 모습으로 성장한 유충은 꼬득꼬득한 식감이었는데, 여기서도 진한 감칠맛과 달콤짭조름한 맛이 줄줄 배어나왔다.

"그런데 요시안냐, 이런 산속에서 혼자 생활하면 무섭지 않아?"

그동안 가장 궁금했던 것을 물었다. 나처럼 겁 많은 사람은 하룻밤도 버티지 못할 터였다. 그가 태연히 말했다.

"무섭긴요. 전 이 야미조의 산이 아주 좋아요. 이렇게 좋아하는데 무서울 이유가 있남유? 전 매일매일이 행복해요. 이 산에서 좋아하는 것 잡아다 먹고, 남으면 팔아서 돈으로 바꾸는 게 저한테는 제일 잘 맞아요. 몇 년 동안 도쿄, 요코하마, 교토, 후쿠오카를 돌아다니고, 배를 타고 외국에도 몇 번 가는 등 여러 가지 일을 해봤지만 마지막에는 결국, 내가 지금 뭐하는 건가 싶었지요. 그리고 이 야미조가 죽을 만큼 그리워져서 이곳으로 돌아와 산속을 자유롭게 돌아다니니 역시 번잡한 도시 생활이 바보 같다는 생각이 들었어요. 사람에게는 각자 맞는 장소가, 또 그 사람에게 맞는 공기가 따로 있는 것 같아요."

맞는 말이다. 하지만 돌아올 곳이 없는 도시인들에게는 한낱 로망일 뿐. 며칠 동안이지만 남자들의 로망을 실현하고 있다는 행복감이 밀려왔다.

움막 근처의 산은 욧상의 아버지가 숯을 굽고 멧돼지 사냥을 해서 모은 돈으로 어렵게 산 것이라고 했다. 그래서 그 산을 아버지의 목숨처럼 여긴다는 것. 아버지의 유언대로 그 산에서 가장 높고 전망 좋은 곳에 아버지 산소를 만들었고, 그래서 외롭지 않노라고 말하는 그였다. 그는 처음으로 자신의 가족사를 들려주었다.

욧상의 아버지는 제2차 세계대전 때 전쟁에 나가 필리핀에서 포로가 되었고 전쟁이 끝난 뒤에야 고향으로 돌아왔다. 서른 살 되던 해에 욧상이 태어났는데 그런데 그는 어머니의 얼굴을 한 번도 본 적이 없다. 그를 낳고 얼마 안 있어 병으로 죽었다는 말을 아버지로부터 들었을 뿐이다.

그 뒤 아버지와 아들은 야미조의 산 속에 들어와 함께 살면서 어머니에 대해서는 한 번도 얘기하지 않았고 그 역시 묻지 않았다.

"제 생각에는 엄마가 집을 나갔거나 다른 남자하고 도망을 갔거나, 어쨌든 아버지와 저를 버리고 어딘가로 갔다가 병으로 돌아가신 거 아닐까 싶네요. 찾아보려고 해도 단서가 될 만한 것이 하나도 없구요. 이 야미조에는 친척이 한 사람도 안 남아 있거든요. 어쩔 수 없는 일이죠."

아버지는 매일 밤 아들을 앉혀놓고 전쟁 얘기를 들려주었고 얘기가 끝나면 노래를 불렀다. 어린 아들은 아버지의 애절한 노래 속에서 참혹했던 전쟁의 상처와 사연을 짐작할 뿐이었다. 유일한 혈육인 아버지가 돌아가시고 욧샹은 혼자 남겨졌다.

"요시안냐도 고생 많이 했겠네."

"그래도 말이죠, 제게는 야미조의 산과 강이 있었고, 아버지가 매일 사냥에 데려가 주었기에 조금도 외롭지 않았어요. 지금도 산에 들어가서 멧돼지를 잡거나 강에서 곤들매기나 송어를 잡고 있으면요, 다른 건 전부 잊고 집중하게 돼요. 그러니까 크게 고생 같은 건 하지 않았어요."

자신의 개인사를 남에게 얘기할 욧샹도 아니었으며, 지금까지 한 번도 자신의 과거에 대해서 얘기한 적도 없었다. 하지만 내게는 마음을 열고 이야기를 해준 것이다. 갑자기 가슴이 뭉클했다.

"자, 우울한 얘기 그만하고 이젠 낫토를 맛보셔야쥬?"

그는 사투리로 분위기를 전환했다.

낫토를 접시에 덜어 내 앞에 내밀었다. 땅 속에서 발효시킨 낫토의 맛을 어떨까?

한 젓갈 집어올리자 끈적한 실이 길게 늘어졌다. 일단 겉모양은 완벽했다. 다음에 그 맛에 놀라고 말았다. 가게에서 파는 것보다 풍미가 훨씬 강하고 실의 끈적임도 더할 나위 없이 좋았다. 이것이 옛날 맛 그대로구나 하는 감탄이 절로 나왔다.

그가 권하는 술잔을 마다하고 이번에는 벌밥을 먹어보기로 했다. 난생 처음 먹는 별미를 술에 취해 그 맛을 모르는 채 먹기는 아까운 노릇이다.

벌밥을 가지러 간 욧상이 아궁이 솥 앞에서 갑자기 '삐익'하는 소리를 냈다. 교통경찰이 사용하는 금속 호루라기였다. 그러자 구마가 꼬리를 흔들며 달려와 발밑에 얌전히 앉았다.

"그래, 그래. 너한테도 줄게. 이 벌밥은 아주 별미지?"

구마 전용 밥그릇이 아닌 커다란 대야에 밥을 잔뜩 퍼서 주었다.

이곳에 와서 지내는 3일 동안 여러 가지 일들을 보아왔지만 그 중에서도 가장 감탄한 것은 욧상과 구마와의 관계였다. 욧상이 구마를 가족처럼 대하고 있다는 사실을 알기에 먹을 것도 똑같이 먹는 것은 당연한 일이라고 생각했으나, 구마 역시 자신이 가족의 일원이라고 인식하고 있다는 사실이 재미있다.

"이 호루라기는 멧돼지 사냥꾼들은 다 가지고 있어요. 벼랑으로 떨어지거나 멧돼지의 공격을 받아서 부상을 입었을 때 도움을 요청하기 위해 불면 온 산에 울려서 친구들이 바로 달려와줘요. 이 호루라기로 구마를 훈련시켜봤어요. 이곳에서 개집이 좀 떨어져 있잖아요. 그래서 매번 구마를 부르러 가는 게 귀찮아서 이걸 불면 오도록 훈련을 시켰더니 영리한 요놈이 바로 기억해서 가르쳐준 뒤로는 저도 아주 편해졌지요."

구마에게 먼저 땅말벌 밥을 준 뒤 내게도 한 그릇 담아 주었다. 군데군데 섞여 있는 땅말벌 애벌레는 흰 강낭콩처럼 보였고 성충으로 변태하기 직전의 애벌레는 검정콩처럼 점점이 박혀 있었다. 한 숟갈 떠서 입 안에 넣고 천천히 씹어보았다.

난생 처음 먹어보는 땅말벌 밥은 그 맛이 황홀했다. 너무 과장스럽다고 할지 모르겠으나 굳이 '황홀하다'는 표현을 쓴 것은 그 맛을 '음미'하는 것이 최고의 예술 작품을 감상하는 것과 다르지 않다는 생각이 들었기 때문이다. 미(美)의 궁극적 근원은 자연인데, 맛 역시 자연에 깃들어 있다. 아름다움을 표현하는 인간의 활동이 예술이라고 한다면 색채, 모양, 맛 등 총체적인 아름다움을 가지고 있는 요리 역시 예술일 것이다. 예술의 아름다움과 맛의 아름다움 사이에는 실체가 남느냐, 남지 않느냐 하는 차이만 있을 뿐, 마음에 전하는 감동은 같을 것이다.

음미하며 씹으니 밥의 달콤하고 탐미적인 향과 옛날을 추억하게 하는 간장 냄새, 그리고 땅말벌에서 희미하게 배어나온 야생의 냄새가 섞여 있고 그것이 혼연일체가 되어 코끝으로 전해졌다. 계속 씹자니 달콤짭조름하게 지어진 밥에서 은은한 단맛이 솟아났고, 거기에 땅말벌에서 배어난 아련하고 우아한 단맛과 짙은 감칠맛이 더해졌다. 내 대뇌의 미각수용기는 맛에 압도되고 점점 아스라한 도취감에 빠져 미각의 극락세계로 들어섰다. 이걸 예술이라고 해석하는 것에 무슨 문제가 있단 말인가.

맛있는 밥을 감상한 뒤, 두 병째 1되들이 술병의 뚜껑을 열었다. 흥이 돋자 욧상은 평소 즐겨 부르던 노래를 불렀다. 드디어 술의 힘이 나오는 순간이었다. 밤의 정적에 잠긴 산속의 움막 안, 달리 목소리를 방해할 만한 것이 없었기에 안 그래도 큰 욧샹의 목소리가 더욱 크게 움막 안에 울려 퍼졌다.

'그때는 소낙비 속에서~'

50년쯤 전에 유행했던 노래였다. 취기가 오르면 가장 먼저 나오는 것이 이 노래로, 전에도 몇 번인가 들은 적이 있다. 나도 지지 않고 노래를 부른다.

'별도 보이지 않는 하늘 쓸쓸히 바라보며 기다렸지만 만날 수 없는 이여~'

그 흔한 가라오케 반주도 없이, 전기도 들어오지 않는 야미조의 산 속 움막 안에서 이렇게 술을 마시며 손 박자를 맞추고 노래를 부르며 맘껏 자유를 만끽했다. 나는 술기운에 들떠 과장되게 그의 사투리를 흉내내며 흥을 돋웠다.

"이야, 오늘 밤은 정말 재밌구먼유. 이렇게 말이쥬, 세상만사 잊고 둘이 마시며 노래를 부르니 정말 즐겁네유. 더 마셔유, 마셔유. 신나게 노래혀유."

말끝마다 닥치는 대로 '~유'를 붙인 나의 어설픈 야미조 · 아부쿠마 짬뽕 사투리에 그는 쓰러질 듯 크게 웃었다. 한껏 흥이 오른 나는 이미 브레이크가 파열된 자동차였다. 끝내 해서는 안 될 말까지 해버리고 말았다.

"이 야미조의 산은 참말로 좋은 곳이구먼유. 내일 하루도 산에 들어갔다가 하룻밤 더 머물 테니 또 술을 마셔유."

욧샹은 갑자기 취기가 싹 가신 듯 놀라는 표정을 짓더니 벌떡

자리에서 일어나더니,

"그러랑께유! 그건 대환영이랑께유. 선생님이 내일도 여기서 한잔 하시는 건 대찬성이랑께유! 만만세랑께유!"

지금까지 들어본 적이 없는 기묘한 사투리 '~랑께유'를 연발하며 두 손을 흔들며 환호했다. 그럴 땐 영락없는 어린애였다.

사실 나는 다음날 도쿄로 돌아갈 생각이었다. 아니, 반드시 돌아가야만 했다. 몇 가지 원고의 마감일도 닥쳐왔고, 우편물도 산더미처럼 쌓여 있을 것이라는 생각이 들자 약간은 초조한 마음이 들었다. 하지만 이렇게 된 이상 술기운에 맡길 수밖에 없다! 마음을 바꾸어 내일 하루 더 이 산에서 보내기로 결심했다.

그러자 이번에는, 자기변명일지 모르겠으나 술 때문에 말실수를 한 것이 아니라 사실은 하루 더 여기에 머물고 싶었던 것이다. 언제 또 다시 오게 될지 모르는 일이니 하루 정도 더 머물러도 괜찮을 것이라는 생각이 들기 시작했다.

3일째의 떠들썩한 둘만의 파티도 가물가물해지면서, 온몸에 스며든 알코올이 머리끝부터 발끝까지 퍼진 채로 나는 이로리 옆 바닥에 쓰러져 잠이 들었다.

미꾸라지 양념구이

이튿날 아침, 달그락거리는 소리에 눈을 떴다. 내 몸에 담요가 한 장 덮여 있는 것으로 보아 욧샹이 밤에 신경을 써준 듯했다. 그는 벌써 일어나 어젯밤 술자리의 흔적들을 정리하고 있었다. 어슬렁어슬렁 다가갔더니 "잘 주무셨슈? 어젯밤에는 정말 즐거웠시유~" 하는데 술 마신 흔적도 없었다. 친구들 사이에서 주당으로 통하는 나조차도 술기운이 아직 몸 속에 남아 있고 호흡에서도 술 냄새가 나는데 그는 말짱했다.

앞마당에서 세수를 하고 있는데 어느 틈엔가 구마가 다가와 꼬리를 흔들며 나를 올려다보고 있다.

"선생님, 오셔서 차 한잔 하세요."

욧샹의 부름에 움막으로 들어가 이로리 옆에 앉았다. 그가 내민 차에서는 약초 냄새와 산수국 향이 났다.

"삼백초하고 감잎, 감초 뿌리를 말려서 만든 거예요. 숙취에 좋아요."

단맛이 나는 것은 감초의 뿌리 때문이었는데 감초 뿌리에는 글리시리진이라는, 간에 좋은 성분이 있어 숙취에도 좋다. 나는 몸을 정화시키듯 차를 석 잔이나 마셨다.

"요시안냐, 차 마시고 나면 무얼 할 거지?"

"미꾸라지 잡으러 가유~."

미꾸라지라니 대체 몇 십 년 만인가? 마음은 기뻐 펄쩍 뛸 듯했다. 소년 시절, 집 근처 논이나 시냇가에서 곧잘 미꾸라지를 잡곤 했지만 그 후로는 한 번도 잡아본 적이 없었다. 가끔 어릴 적 미꾸라지를 잡던 즐거운 기억이 떠올라, 기회가 있으면 다시 잡아보고 싶다는 생각을 하곤 했으나 그럴 기회가 없었다. 그런데 욧샹이 느닷없이 '미꾸라지 잡으러 가유~'라고 했으니 가슴이 두근거린 것도 당연할 터.

나이를 들어도 어린 시절 자연 속에서 여러 가지 놀이와 모험을 했던 추억은 결코 지워지지 않는다. 그때를 생각할 때마다 신선한 동심으로 돌아가게 만든다. 그리고 잡아 온 미꾸라지로 요리를 해먹던 기억이 강렬하게 남아 있어 어른이 된 지금도 미꾸라지 요릿집으로 나를 유혹하곤 하는데 도쿄에 있을 때면 '고마가타 미꾸라지'라는 집에 종종 들러 실컷 맛을 보곤 할 정도였다. 그 집에서는 미꾸라지를 통째로 넣고 끓인 추어탕이나, 꼬치구이 맛이 굉장한 것이어서 에도 시대 요리의 진수를 맛볼 수 있다. 그런 나이기에 옳다구나, 오늘은 미꾸라지로구나, 라고 생각하는 것만으로도 숙취가 말끔히 날아가 버렸다.

미꾸라지 잡으러 갈 준비를 하는 욧상을 보며 어릴 적 소풍 전날처럼 들떠 있었다. 욧상은 전날 땅말벌 밥을 데워 알루미늄 도시락통 2개에 담았다. 그 도시락통은 욧상과 아버지가 산으로 갈 때 늘 가지고 다니던 것이라고 했다. 밥 옆에 된장에 절인 양하와 땅두릅을 넣었다. 그리고는 움막 뒤로 가더니 미꾸라지를 잡을 때 쓸 활 모양의 그물을 가져왔다.

"선생님은 이걸로 갈아입으세요, 고무장화가 긴 게 좋으니까, 이걸 신으시구요."

사흘 동안 산에 들어갈 때 빌려주었던 긴소매 작업복과 바지, 장화를 건네주었는데 고무장화가 허벅지까지 올라왔다.

움막을 나설 때 나는 수십 년 전의 소년으로 돌아가 있었다.

새뮤얼 울만의 시 '청춘'의 한 구절이 떠올랐다. 아무리 나이를 먹어도 모험심과 정열을 품는 것이야말로 청춘이라고, 예전과 같은 뜨거운 마음으로 돌아갈 수 있는 것이 나이와 상관없이 청춘이라고.

욧상은 미꾸라지 담을 바구니를 허리에 차고 손에는 활 모양의 그물, 그리고 전신은 어부 차림으로 그야말로 미꾸라지 잡이에 딱 맞는 모습이었다.

산 아래 쪽으로 내려가는 도중에 욧상은 암염소를 빌려주었던 도조 씨의 집을 가리켰다. 대나무 숲과 삼목으로 둘러싸인 집으로 집 주변으로 담배 밭이 펼쳐져 있었다.

"도조 형님네는요,저처럼 멧돼지를 잡는데 할아버지랑 할머니랑 도조 형님이랑 형수님 넷이서 살아요. 그리고 소하고 염소도 있어요. 도조 형님 댁 아이들은 큰아들이 도쿄에 있고, 작은 아들은 다이고라는 곳에서 일하고 있는데 손자들을 데리고 가끔 놀러와요. 도조 형님이 큰아들에게 고향으로 돌아와 농사를 지으라고 하는데 좀처럼 돌아오지 않아서 애를 먹고 있대요. 할머니는 작년에 병에 걸렸는데 지금은 나았구요."

이런저런 얘기를 하면서 산을 거의 다 내려오니 눈앞에 넓은 논이 펼쳐졌다. 논두렁 사이로는 물을 공급하기 위한 수로가 격자 모양으로 흐르고 있었다.

논두렁 앞에서 욧샹이 발걸음을 멈추었다.

"여기서부터 한 500미터쯤 떨어진 곳에 커다란 뚝방이 있는데 이 물은 거기서 흘러나오는 거예요. 그 뚝방에는 잉어랑 붕어랑 미꾸라지가 아주 많아요. 하지만 뚝방이 너무 커서 미꾸라지를 잡을 수가 없고 거기서는 낚시만 할 수 있죠. 미꾸라지는 이 조그만 냇물에서 잡아야 돼요."

그는 발 아래 흐르는 냇물을 가리키며 말했다. 냇물이라기보다는 논에 물을 대기 위한 수로였는데 폭은 약 1.5미터 정도에 양쪽 가장자리에는 풀이 무성했다.

"미꾸라지를 잡기에는 이렇게 냇가 양쪽이 풀로 뒤덮인 곳이

젤루 좋아요. 그런데 요즘에는 농지 정리를 한다며 이런 시냇가 양 옆과 바닥까지 콘크리트로 발라버려 풀이 자랄 수 없어서 물고기도 벌레도 전부 없어져 버렸어요. 오래 전에 이 부근의 꽤 큰 강에서 호안공사라는 걸 했는데 정말 한심하더군요. 양쪽 둑을 몇 킬로미터나 콘크리트로 발라서, 그 뒤로는 둑에 풀 한 포기 나지 않았어요. 미꾸라지도 이런 데서는 살 수 없다며 한 마리도 남지 않게 됐구요. 공사 전에는 그 강에는 미꾸라지랑 뱀장어랑 칠성장어랑 강꼬치고기도 아주 많았는데 공사가 끝나고부터는 아무것도 살지 못하게 됐어요. 그걸 보고 정말 허무했어요."

"맞는 말이야. 인간이 편하자고 생물들 집까지 빼앗으면 강에 사는 약한 생명들도 견딜 수 없을 거야."

"풀이 둑을 덮고 있는 이런 곳에는 미꾸라지들이 많이 있어요. 근처 농가들은 농약도 거의 쓰지 않아요. 소나 돼지나 닭을 기르며 그 분뇨에 짚단을 섞어 3년이고 5년이고 묵혀 퇴비를 만들어 그걸 논밭에 뿌려요. 그래서 미꾸라지들도 농약에 오염되지 않고 건강하게 살고 있어요. 지금은 미꾸라지를 잡는 사람이 별로 없어서 마을로 가져가면 값을 아주 잘 쳐줘요. 얼마 전에는 하루에 7천엔을 벌었다니까요. 그 돈으로 술 같은 걸 사요. 어젯밤에 마신 술도 그렇게 산 거예요."

"응? 어젯밤에 마신 술? 미꾸라지가 술이 된 셈이로군, 하하하."

"맞아요. 가끔은 미꾸라지를 팔지 않고 남겨두었다가 안주 삼아서 그 술을 마실 때도 있어요. 그럼 우선은 여기서 한바탕 잡아보기로 하쥬~.”

욧상은 그물을 발밑에 두고 폭 좁은 냇물로 가만히 들어갔다. 물의 깊이는 무릎 위까지 올 정도였는데 물이 꽤 많이 흐르고 있었다.

“선생님, 10미터쯤 내려가 물에 들어가서 그물을 대고 계세요. 그럼 제가 위에서부터 미꾸라지를 몰아갈게요.”

그의 말대로 나는 10미터쯤 아래쪽 냇물에 들어가 그물을 댔다. 냇물의 폭과 활 모양 그물의 폭이 거의 같았기에 그물을 약간 비스듬하게 대면 냇물을 전부 막을 수 있었다.

“요시안나, 됐어!”

이쪽에서 외치자 대답이 들려왔다.

“알았시유! 이쪽에서 몰고 갈 테니 그물을 들라고 할 때까지 들면 안 돼유!”

욧상이 그물을 향해 미꾸라지를 몰기 시작했는데 그게 참으로 역동적이었다. 그는 냇물 가장자리의 풀 밑을 발로 힘차게 쑤시며 이쪽으로 다가왔는데, 왼쪽편 풀을 쑤시고 나면 바로 오른쪽 풀을 쑤시고, 다시 왼쪽을 쑤시고, 또 오른쪽을 쑤시고… 텀벙텀벙 소리와 함께 물 양옆을 들쑤시며 그물 쪽으로 다가왔다. 욧상의 발이 그물 바로 앞까지 왔을 때 “들어유!”라고 크게 신호를 보냈고 나는 단번에 그물을 들어올렸다. 촘촘한 어망 사이로 물이 빠져나가자 그물 속에는 미꾸라지가 우글우글했다.

"우와! 잡았어, 요시안냐! 많이 잡았어!"

내가 흥분해서 펄쩍 뛰자 욧상은 씨익 웃으며 말했다.

"그 정도로는 아직 멀었시유. 지금부터가 진짜예요. 그 정도의 미꾸라지를 보고 기뻐해서는 안 돼쥬."

그는 내가 들고 있던 그물을 당겨올려 아래쪽 부분을 단숨에 그러쥐더니 허리에 차고 있던 바구니 속으로 능숙하게 미꾸라지를 집어넣었다. 손놀림이 너무 빨라서 대체 얼마만한 크기의 미꾸라지가 몇 마리나 바구니 안으로 들어갔는지 알 수가 없었다. 단지 그물을 들어올린 순간, 배 부분이 노란 커다란 미꾸라지 대여섯 마리가 얼핏 보였을 뿐이었다.

"역시 여기에는 있네요. 그럼 선생님은 여기서 다시 10미터 쯤 아래쪽에 그물을 대고 계세요. 제가 지금처럼 발로 몰아갈 테니."

흥분한 나는 서둘러 하류 쪽에 다시 그물을 댔다. 준비되었음을 확인한 욧상이 이번에도 냇물 양쪽 가장자리를 텀벙텀벙, 첨벙첨벙 소리와 함께 요란하게 들쑤시며 내 쪽으로 다가왔다. 물방울을 튕기며 다가오는 욧상의 모습이 무엇인가를 닮은 것 같았는데, 가만히 생각해보니 언젠가 자연 다큐멘터리에서 보았던 강을 거슬러 오르는 연어를 쫓아 격렬하게 움직이는 곰이었다!

"됐어요! 그물 들어요!"

소리에 맞춰 두 번째 그물을 들어올렸다. 잡혔다! 이번에도 상당히 많이 잡혔다. 그물 속에는 미꾸라지뿐만 아니라 은빛으로 빛나는 물고기도 섞여 있었는데 아마 작은 붕어나 납자루쯤 되리라.

욧샹은 이번에도 그물 아래쪽을 잡아당겨 순식간에 바구니를 대고 잡은 놈들을 안에 쓸어넣었다.

"그럼 아래쪽에 또 그물을 대고 계세요."

나는 다시 10미터쯤 아래쪽에 그물을 댔다.

"자, 갑니다아~. 선생님, 준비됐슈?"

욧샹이 이번에도 곰처럼 첨벙첨벙 물을 차면서 냇가 구석구석을 쑤시며 그물 앞까지 왔다.

"그물 들어유!"

그 목소리를 신호로 그물을 들어올리자 쏴~ 하는 소리와 함께 이번에도 많은 물고기들이 그물 속에서 팔딱이고 있었다. 욧샹이 너무도 격렬하게 냇가를 쑤신 탓에 미꾸라지와 함께 물밑에 잠겨 있던 낙엽과 부엽토까지 그물 안에 걸려들었다. 그 때문인지 그물이 아주 묵직했다. 그물 안을 가만히 살펴보니 낙엽 아래서 아주 긴 놈이 퍼드덕퍼드덕 꽤 격렬하게 꿈틀거리고 있었다.

"이거 굉장한데? 뱀장어가 걸린 것 같아. 물고기 풍년이야. 이렇게 많이 잡힐 줄은 생각지도 못했어. 얏호!"

흥분해서 나도 모르게 환성을 올렸다.

"그러네요. 오늘은 많이 잡히는데요? 그물 안의 쓰레기를 걷어서 버려주세요."

나는 한손으로 그물을 단단히 잡아 허리춤에 대고, 다른 한손으로는 쓰레기를 걷어 내던졌다. 다시 손을 그물 속으로 넣는 순간 따끔한 강렬한 통증이 손에서 팔로 전해졌다. 그 직후 갑자기 온몸이 얼어붙는 것 같은 공포에 휩싸였다. 쓰레기를 쥔 오른손을 들어올린 순간 검붉은 뱀 한마리가 손등 위를 문 채 따라올라왔다. 순간 나는 이성을 잃었다.

"뱀이다! 물렸다!"

절규하며 체면이고 뭐고 돌아볼 겨를도 없이 들고 있던 그물을 내던져버렸다. 길이 50센티미터쯤 되는 뱀이 그물에서 빠져나와 기세 좋게 하류 쪽으로 헤엄쳐 가다가 냇가 수풀 속으로 사라졌다. 비상사태임을 깨달은 욧샹이 물보라를 일으키며 놀란 얼굴로 물속을 달려왔다.

"선생님, 괜찮으세요? 아아, 물렸네요! 내가 옆에 있었으면서 이런 일이 일어나게 하다니, 죄송해요. 어디 좀 봐요!"

물린 곳에서는 선혈이 뚝뚝 떨어지고 있었다. 욧샹이 갑자기 상처에 입을 대고 힘껏 빨기 시작했는데 그 흡인력은 놀라울 정도여서 통증을 더욱 크게 만들었다.

"아얏!"

욧샹은 피를 퉷! 뱉고나서 다시 빨았다. 통증이 더욱 커졌지만 나는 가만히 참고 있었다. 뱉어낸 침이 빨갛게 물들어 있었다. 몇 번이고 빨다가는 뱉어버리고, 빨다가는 뱉어버리고 난 뒤 마침내 멈췄다.

"선생님, 빨간색 뱀이었죠? 그건 율목이인데 독사예요. 전부 독을 가지고 있는 건 아니지만, 열 마리 중에 세 마리는 독이 있다고들 해요. 그러니까 혹시 몰라서 피를 빨아낸 거구요. 이만큼 빨았으니 독도 빠져서 이젠 괜찮을 거구먼요. 뱀의 독이 몸에 퍼지면 혈압이 높은 사람은 위험한가봐요. 그리고 알레르기가 있는 사람도 위험하다고 치과 선생님이 말씀하셨어요. 그런 사람들은 바로 병원에 가야 하는데 선생님은 그런 체질도 아니고, 제가 바로 독을 빨아냈으니 문제없을 거예요. 여기서 잠깐 기다리세요."

그는 갑자기 수풀 속으로 들어가 무언가를 찾는 듯하더니 곧 풀을 꺾어 돌아왔다. 그리고 손바닥으로 비벼 내 손등의 상처에 발랐다.

"이건 냉이하고 쑥이에요. 냉이는 피를 멈추게 하고요, 쑥에는 살균 효과가 있어요."

"요시안냐, 솔직히 말하면 나 심장이 멎는 줄 알았어. 순간 내 손을 검붉은 뱀이 물고 늘어져서 말이야. 정말 끔찍했어."

공포심이 조금 진정되자 호소하듯 말했다.

"놀라는 게 당연하죠. 산속에서 살면 이런 일은 다반사예요. 뱀 입장에서 보면 잡혀서 놀랐기에 필사적으로 선생님을 물고 늘어진 거예요."

그는 다시 미꾸라지 잡을 준비를 했지만 나는 뱀의 공포에서 여전히 벗어나지 못했다. 그런 나의 마음을 꿰뚫어보듯 욧샹이 말했다.

"선생님, 이번에는 제가 그물을 댈 테니 선생님이 발로 미꾸라지를 몰아오세요."

미꾸라지 잡이의 추억으로 나를 다시 유혹하는 기쁜 말이었다.

지혈제 대용으로 바른 풀이 효과가 있었던지 뱀에 물린 곳에는 빨갛고 조그만 점 2개만 남아 있을 뿐이었다.

"알았어, 그럼 이번에는 내가 몰 테니 요시안냐는 그물을 대고 있어."

나는 욧상에게 그물을 건네주고는 조금 전까지 그가 했던 것처럼 냇가를 발로 들쑤시며 하류 쪽으로 걸어갔다. 그리고 그물 바로 앞에 이르렀을 때 "됐어! 들어!"라며 크게 외쳤다. 욧상이 그물을 들어올리는데 그 안에서 퍼드덕퍼드덕 요란한 소리가 들려왔다.

"오오, 굉장해요. 커다란 황어가 들어 있어요!"

이번에는 욧샹도 놀란 듯했다. 몸길이가 30센티쯤 되는 물고기가 그물 안에서 몸부림치고 있었다. 성숙기에 든 황어의 수놈으로, 이 시기에는 배에서 꼬리 부분이 선명한 적황색으로 물든다. 이곳 야미조와 아부쿠마에서는 번식기에 들어가 붉은 빛을 띠는 황어 수놈을 '빨간 배'라 부르고, 그 이전의 것은 '피라미'라고 부른다. 매우 아름다운 고기였는데 그물에서 바구니로 옮기기 위해 잡으려다 움찔했다. 그 황어 배의 붉은색과 등의 검은색이 조금 전에 나를 물었던 율목이와 비슷했기 때문이었다. 하지만 팔딱팔딱 뛰는 유선형의 황어에게서는 공포심이 느껴지지 않아 기꺼이 바구니에 집어넣었다.

어느 새 바구니가 가득 찼다.

"선생님, 벌써 1되는 잡은 거 같네요. 슬슬 올라가서 점심을 먹죠."

우리는 강둑 위 나무 밑에 자리를 잡고 앉아 땅말벌을 넣어 지은 밥과 된장에 절인 양하, 땅두릅을 반찬으로 점심을 먹었다. 율목이 소동으로 입이 바짝 말라 있었던 터라 욧상이 애용하는 군용 물통에 담아온 물맛이 각별했다.

"선생님, 오늘 밤도 기대가 되는구먼요. 이 미꾸라지 요리를 마음껏 드시게 해드릴게요. 이맘때 미꾸라지는 알을 품고 있어서 가장 맛있어요."

미꾸라지 소풍을 마치고 움막에 돌아오니 오후 2시가 다되었다. 돌아오자마자 욧상은 잡아온 물고기들을 분류하기 시작했다. 바구니에서 우선 황어와 작은 붕어, 납자루 등을 골라내고 나머지 미꾸라지만을 됫박에 좌르르 쏟았다. 한 됫박이 가득 찼다. 미꾸라지들이 힘차게 몸부림을 쳐서 됫박 밖으로 튀어나오는 놈도 있었다. 그 미꾸라지를 큰 냄비에 옮기고 바구니에 남은 것도 됫박에 담자 이번에는 거의 반쯤 찼다.

"오늘의 수확은 1되 5홉이네요. 작년에는 말이죠, 잡아온 미꾸라지를 키워서 2되쯤 됐을 때 마을로 가져가 팔았거든요. 그랬더니 3만 엔 정도 됐어요. 무시할 수 없다니까요."

오호, 미꾸라지를 키워서 판다고? 자세히 살펴보니 굵직하고 긴 놈에서부터 짤막한 놈까지 여러 종류가 있었으나 대부분은 나무젓가락 정도의 크기로 제법 살이 오른 놈들뿐이었다. 그 중에서도 눈길을 끈 것은 황금색 배에 통통하게 살이 오른 대형 미꾸라지였다.

"그 큰 놈은 큰장어미꾸라지라고 부르죠. 뱀장어처럼 배가 노란색이잖아요. 큰장어는 전부 암놈이에요. 지금은 뱃속에 알을 품고 있기 때문에 통통한 거예요. 크기가 커서 꼬챙이에 끼워 양념을 발라 구우면 아주 맛있어요."

"요시안냐, 생김새랑 무늬가 다른 놈이 있는데, 이건 무슨 미꾸라지야?"

배에 몇 개의 노란 줄 무늬가 있는 아름다운 미꾸라지를 가리키며 물어보았다.

"그건 기름종개예요. 그리고 이쪽에 턱이 약간 부푼 놈은 이곳에서는 볼뿔뚝미꾸라지라고 불러요. 볼이 부은 것처럼 보여서 그렇게 부르죠. 그리고 이쪽 조그만 반점이 많은 놈은 기름미꾸라지고요. 미꾸라지에도 몇 종류나 있어요."

욧상은 양념구이를 하겠다며 작은 칼, 대나무 소쿠리, 송곳, 대나무 꼬챙이 등을 챙긴 뒤 움막 밖으로 나가 물이 흘러들어오는 조리대 쪽으로 가서 미꾸라지 손질을 시작했다. 나도 따라나서서 냄비 속에서 꿈틀거리는 미꾸라지를 구경하고 있는데 옆에서 구마도 뚫어져라 바라보고 있다.

물이 졸졸 흘러들어오는 간이 조리대에는 언제라도 요리를 할 수 있도록 늘 도마가 놓여 있었다. 앙증맞은 대나무 소쿠리도 그가 직접 만든 것이라고 했다. 메밀국수의 물을 뺄 때 쓰는 대나무 소쿠리를 축소한 모양이었다.

욧샹은 먼저 대나무 소쿠리로 냄비 속의 큰장어미꾸라지 한 마리를 건져 도마 위에 올려놓았다. 크고 통통하게 살이 오른 미꾸라지의 옆구리는 황금색으로 빛나고 있었다. 뱀장어처럼 몸이 미끈미끈해서 손으로는 잡기 어렵지만 대나무 소쿠리만 있으면 간단히 잡을 수 있다. 기특한 물건이었다. 커다란 미꾸라지가 몸부림치며 빠져나가려 하자 욧샹이 왼손바닥으로 가만히 미꾸라지 머리를 덮었다. 빛을 차단하자 신기하게도 움직임을 딱 멈추고 미동조차 하지 않았다. 그 틈을 타 욧샹은 재빨리 오른손에 들고 있던 송곳을 왼손 손가락 사이로 가만히 넣고 힘껏 찔렀다. 손을 거두자 송곳이 큰장어미꾸라지의 머리 한가운데를 통과해 도마에 박혀 있었다. 다음은 작은 칼로 손질하기. 등뼈를 따라 가른 다음 옆구리에 칼을 넣어 머리는 자르지 않은 채 등뼈를 빼내자 미꾸라지의 펼쳐진 속살이 멋지게 드러났다. 뱃속에서는 황금빛 난소가 끈처럼 이어져 나왔다.

"이것 보세요. 여름철 큰장어미꾸라지는 알을 이렇게 많이 품고 있어요."

그렇게 힘에 넘치던 큰장어미꾸라지를 얌전하게 만들어 손질한 멋진 재주에 감탄했다.

20분여 만에 약 20마리의 큰장어미꾸라지는 머리가 달린 채 몸이 펼쳐졌다. 욧샹은 그 하나하나를 꼬챙이 2개에 뗏목처럼 나란히 끼워 움막 안 이로리로 갔다. 나와 구마도 어슬렁어슬렁 그 뒤를 따랐다.

이로리에서는 타고 남은 장작에서 여전히 불꽃이 살아 있었는데 욧샹은 불 주변의 재에 꼬치를 꽂아 굽기 시작했다. 그리고는 내가 침실로 쓰고 있는 작은 방 구석에서 조그만 단지를 꺼내왔다.

"이건 구이용 양념인데 1년 내내 없어서는 안 될 소중한 재료예요. 여름에는 미꾸라지, 뱀장어, 메기, 겨울에는 꿩, 산새, 산비둘기를 구워 먹을 때 써요. 어쨌든 1년 내내 이 양념을 발라서 구워 먹기 때문에 소중히 보관하고 있지요. 양념이 줄어들면 여기에 술과 간장, 설탕을 넣어 보충을 해둬요. 그런 다음 꼬챙이에 낀 채로 이 양념에 담갔다가 구워요. 그래서 미꾸라지나 꿩이나 곤들매기의 좋은 맛과 냄새까지 이 양념에 남아서 양념이 점점 맛있게 숙성되지요."

도쿄의 유명한 장어 요리집에서 쓰는 방법을 야미조의 산속에서 욧샹도 쓰고 있다는 사실이 놀라웠다. 장어와는 달리 미꾸라지는 몸이 작아 금세 초벌구이가 완성되었다. 그것을 단지 속에 담가 양념을 묻힌 뒤 다시 재에 꽂았다. 그러자 맛있는 양념구이 냄새가 은근하게 풍겨왔다.

"아아, 좋은 냄새야."

감탄하는 내 말에 기분이 좋아진 욧샹의 손놀림이 더욱 경쾌해졌다. 양념을 발라 한 번 굽고, 다시 양념을 발라 한 번 더 구웠다. 굽기를 마치자 커다란 접시 위에 담고 대나무 통 속에 있던 산초가루를 뿌렸다. 해마다 10월쯤 열리는 산초나무 열매를 따다가 말려 절구에 빻아서 만든 거라고 했다.

"이걸 뿌리면 냄새도 좋아지고, 매운맛도 나서 조미료로서 아주 좋기 때문에 어떤 양념구이도 맛있어져요. 자, 식기 전에 어서 드세요. 간식 치고는 너무 호사스럽네요, 하하하."

드디어 먹게 되었다! 가슴을 설레며 꼬치 한 개를 집어 입에 넣었다. 향긋한 양념구이 냄새와 산초가루의 자극적인 향이 코로 전해졌다. 씹기 시작하자 바삭한 식감과 함께 달콤짭쪼름한 양념맛이 입 안으로 퍼졌으며, 계속 씹으니 점차 미끈하고 끈적한 감촉으로 양념구이가 부스러지기 시작했다. 장어처럼 두툼한 살이 씹히는 식감이 아니라 얇고 바삭한 식감이었다. 거기에 담백한 감칠맛과 고소함이 깊게 배어나오고 그것을 양념의 달콤짭쪼름함이 찐득하게 감싸고 있다. 또 산초나무의 매콤함이 장단을 맞추듯 더해져 참으로 절묘한 맛을 이루고 있었다.

장어 양념구이를 아주 좋아해서 자주 먹지만, 미꾸라지의 양념구이는 전혀 다른 느낌의 별미였다. 장어처럼 기름이 입 안에 들러붙는 짙은 맛은 전혀 없고, 감칠맛도 담백했다. 이거라면 질리지 않고 얼마든지 먹을 수 있을 것 같았다.

욧샹이 재미있는 얘기를 했다.

"큰장어미꾸라지의 양념구이 정말 맛있쥬? 그래서 내년쯤에는 이걸로 돈을 좀 벌어볼까 하는데… 그러니까 큰장어미꾸라지를 잔뜩 잡아다 양념구이를 해서 미토나 고오리야마 같은 큰 도시에 가서 파는 거예요. 원래 미꾸라지는 1되나 몇 홉씩 양을 재서 팔기 때문에 1마리로 치면 10엔도 안 돼요. 하지만 이렇게 양념구이를 하면 1마리에 100엔 정도는 되지 않겠어요? 그럼 열 배를 받고 팔 수 있어요."

"아주 좋은 생각이야. 말하자면 부가가치를 높여서 파는 거지. 장사의 원칙이 거기에 있어. 이익을 얻기 위해서는 싼 물건에 높은 가치를 매기면 되니까. 지금 일본의 농가는 현금 수입이 적어 어려움을 겪는 곳이 대부분이야. 하지만 내가 농사를 짓는다면 열심히 퇴비를 만들어서 농약을 쓰지 않고 유기농으로 재배해서, 예를 들자면 밀을 기를 거야. 그렇게 하면 알이 아주 실한 밀을 기를 수 있어. 열심히 노력해서 좋은 밀을 만들었으니 그것을 보통의 밀과 같은 가격으로 제분회사에 넘겨서는 돈을 벌 수가 없지. 그러니 나는 밀을 파는 것이 아니라, 그 밀로 직접 아주 맛있는 빵을 만드는 거야. 농사를 지으며 한편으로는 제빵 공부를 하는 거야. 시간은 걸릴지 모르겠지만 어쨌든 아주 맛있는 빵 만드는 기술을 익히는 거지. 그런 다음 빵을 구워서 파는 거지. 밀이 천하일품이니 빵도 천하무적의 맛을 갖게 될 거야. 손님은 그것을 먹고 맛있는데 하며 또 사게 되지. 다시 말해서 밀을 그대로 싸게 파는 게 아니라 맛있는 빵을 만들어서 비싸게 파는 거지. 말하자면 부가가치인 거지. 그러니까 밀의 생산에서부터 빵의 제조까지 농가가 전부 일괄적으로 하는 거야."

고개를 끄덕이며 듣던 욧샹의 눈이 점점 빛나기 시작했다.

"무슨 말인지 알겠네요. 그렇다면 말이죠, 제가 생각하고 있는 큰장어미꾸라지 양념구이 가게도 돈을 잘 벌 수 있을까유?"

"그건 하기 나름이지. 일본사람들은 양념구이를 아주 좋아하잖아. 뱀장어 양념구이는 어디서나 먹을 수 있지만 미꾸라지는 좀처럼 맛을 볼 수가 없으니까. 이번에는 희소가치라는 게 있는데, 수가 적고 품질이 좋은 물건은 비싸게 팔린다는 원리가 있어."

욧샹은 더욱 눈을 반짝이며 진진하게 들었다.

"가나자와에 갔을 때 안 일인데, 그때 나는 깜짝 놀랐어. 그렇게 품위 있는 사람들이 살고 있는 고도(古都)에서 말이지, 옛날부터 미꾸라지 양념구이가 인기를 끌고 있었다더군. 여름이 되면 요즘에도 거리 곳곳에 붉은 깃발을 세워놓고 미꾸라지 양념구이를 파는 노점상이 등장해. 그것도 말이지, 요시안냐처럼 펼친 미꾸라지를 꼬챙이에 끼워서 굽는 게 아니라, 뼈도 발라내지 않은 채로 꼬챙이에 끼워서 통째로 초벌구이를 한 다음 양념을 발라 굽는 거야. 아주 간단하게 양념구이를 만들고 있었어. 그게 아삭아삭하고 고소해서 아주 맛있어. 어떻게 해서 먹기 시작한 건지 궁금해서 그곳 사람에게 물어보았더니, 기독교 선교사들하고 관계가 있더군."

"바테렌(padre, 포르투갈어로 기독교의 선교사를 뜻함_옮긴이) 말인가요?"

"맞아. 17세기 일본에서는 기독교가 금지되어서 신자들은 숨어 살아야 했지. 그런데 숨어 지내던 기독교도들이 1864년에 나가사키의 우라카미 천주당에 갑자기 모여들어 자신들이 신자라는 사실을 털어놨어. 당황한 막부에서는 신자 전원을 잡아다 그들을 전국 각지로 분산시켜서 보내고 번(藩)에서 관리하게 했어. 그때 가가 번(加賀藩, 가나자와 시가 속해 있는 이시카와 현 남부 지방의 옛 지명_옮긴이)에도 많은 신도들이 보내졌는데 번에서는 그들을 우타쓰(卯辰) 산이라는 곳에 연금했어. 그런데 메이지 시대에 들어서 국가체제가 바뀌자 금지도 풀렸어. 하지만 바로 일자리를 구할 수 없었지. 그래서 신자들은 살림에 보태기 위해 근처 냇물에서 미꾸라지를 잡아다 양념구이를 해서 팔았다고 해. 그것을 파는 방법이 아주 재미있어서, 눈에 띄는 빨간 깃발을 등에 꽂아 한눈에 양념구이 장수라는 사실을 알게 했다는군. 그것이 계속 이어져 제2차 세계대전 전까지 가나자와의 명물이었다고 하더군. 그런데 제2차 세계대전이 시작되면서 금지가 되어 한때는 끊길 뻔했지만 전쟁이 끝난 뒤 얼마 지나지 않아서 이번에는 일부 다인(茶人)이 그 양념구이를 가이세키(懐石, 다도에서 차를 내기 전에 간단히 대접하는 음식_옮긴이)에 쓰며 그리워했기에 다시 활성화되어 지금도 자나자와의 명물이 된 거라더군."

"그래요? 미꾸라지 양념구이가 가나자와의 명물이라고요? 언제 한번 시간을 내어 가나자와에 가서 보고 와야겠네요. 그건 그렇고 오늘 미꾸라지는 맛이 좋았어요. 남은 건 선생님이 돌아가실 때 가져가셔요. 4, 5일은 썩지 않을 테니께요."

"오오, 그거 좋지. 사양하지 않고 선물로 가져갈게."

"사양하지 않으셔두 돼요. 선생님이 독사한테 손 물려가면서 잡은 큰장어미꾸라지잖아요. 추억이 될 거구먼요."

그는 잠시만 쉰다고 이로리 옆에 눕더니 이내 코를 골기 시작했다. 나는 그를 좀 쉬게 내버려두기 위해 살금살금 움막 밖으로 나왔다. 산에서 물을 끌어오는 간이 조리대에 가보니 조금 전의 커다란 냄비에 물이 채워져 있고, 그 안에서 미꾸라지들이 꾸물거리고 있었다. 자세히 보니 둥근 콩 10여 알이 바닥에서 뒹굴고 있었다. 미꾸라지에게 먹이를 준 건가 싶었으나, 미꾸라지가 콩을 먹을 리도 없고 무엇보다 잠시 후면 추어탕을 만들 미꾸라지에게 먹이를 줄 이유가 없었다. 틀림없이 어떤 주문과도 같은 것이리라 생각하고 이번에는 개집이 있는 쪽으로 가보았다. 구마는 개집 앞에 몸을 길게 늘이고 누워 있다가 기척을 느끼고는 벌떡 일어나 꼬리를 흔들며 내게 다가왔다. 욧상이 없을 때 나와 구마가 둘이서 마주하는 것은 이번이 처음이었다. 나는 쪼그려 앉은 자세로 구마의 몸을 부드럽게 쓰다듬어주었다. 그러자 구마는 내 손에 몸을 맡긴 채 기분이 좋은 듯 눈을 가느다랗게 뜨고 웃는 것처럼 보였다. 착하지, 착하지, 라고 말하며 쓰다듬는 손길을 멈추지 않았다. 중얼거리듯 구마에게 물어보았다.

"욧상하고 둘이서 이런 산에서 외롭지 않니?"

물론 구마가 대답할 리 없었다. 쓰다듬던 손을 멈추자 구마는 한쪽 앞발을 내 쪽으로 들어 더 쓰다듬으라는 몸짓을 했다. 그래, 그래, 알았어, 라고 말하며 다시 쓰다듬었다. 다시 구마에게서 손을 떼자 또 같은 동작을 취하며 애교를 부렸다. 그랬기에 다시 쓰다듬어주었다. 몇 번이고 되풀이하는 동안 나는 왠지 모르게 아련한 쓸쓸함이 느껴졌다. 어째서일까? 야미조의 자연에 녹아들어, 그 시끄러운 도쿄로 돌아가기가 싫어진 것일까? 아니면 다시 바쁜 날들에 치여 사는 자신이 갑자기 불쌍해진 걸까? 아니, 아니다. 그렇다면 아련하게 피어오르는 이 쓸쓸함의 정체는 뭐지? 그래, 이건 구마를 쓰다듬음으로 해서 일어난 감정일지도 몰라. 내게 애교를 부리는 구마의 어딘가 쓸쓸한 몸짓에 나의 마음이 흔들린 것일지도 몰라. 욧상도 구마도 틀림없이 외로운 거야. 그래서 나도 외로워진 거야.

하지만 잠깐. 그건 나의 일방적인 편견일지도 몰라. 욧상과 구마는 야미조의 자연 속에서 활기에 넘쳐서 매일 힘차게 뛰어다니고 있잖아. 내가 생각하는 자연에 대한 가치관과, 욧상이나 구마의 생각은 근본적으로 다르니 그런 싸구려 감상 따위 필요하지 않아. 그 사실을 깨닫고 나자 동정심을 품었던 마음이 부끄러웠다. 나는 힘껏 구마를 안아주었다.

구마에게서 떨어져 움막 쪽으로 터벅터벅 걸어가니 구마가 내 뒤를 따라왔다. 벌써 완전히 친해져 나를 받아들여줬다는 사실에 기쁨이 밀려왔다. 움막 입구에서 가만히 들여다보니 이로리 옆에서 욧상은 아직도 코를 골며 자고 있었다.

다시 발길을 돌려 통나무 의자에 앉아 멀리 산 그림자가 지는 풍경을 감상했다. 구마도 얌전히 앉아 내 흉내를 내고 있었다.

얼마 지나지 않아 욧상이 눈을 끔뻑이며 움막 밖으로 나왔다.

"아아, 잘 잤다, 잘 잤어. 혼자 계시게 해서 죄송했구먼요. 지금 몇 시쯤 됐쥬?"

"어디 보자… 4시 15분이야."

"그럼 이번에는 추어탕을 만들어볼까나… 미꾸라지 넣어둔 냄비가 어디 있더라?"

나는 좀 전에 보았던 미꾸라지 냄비를 가져다 욧상 앞에 놓았다.

"탕으로 끓여 먹기에 크기가 딱 좋은 놈들만 있네요. 이렇게 크기가 적당한 놈들로만 끓이면 맛이 아주 좋지요. 그럼 추어탕을 끓이기 전에 우엉하고 부추 좀 캐오기로 허쥬."

밭으로 가면서 그는 자신만의 추어탕 레시피를 들려주었다.

"제가 만드는 추어탕은 일반적인 추어탕하고는 달라요. 우엉을 넣는 건 같아요. 우엉은 틀림없이 미꾸라지하고 잘 맞아요. 하지만 부추를 쓰는 집은 별로 없어요. 미꾸라지와 부추를 쓸 때는 대부분 달걀을 풀어서 덮는데 전 달걀은 쓰지 않아요. 달걀을 넣으면 미꾸라지의 맛이 반감되는 것 같은 느낌이 들거든요. 하지만 부추는 달라요. 우엉과 마찬가지로 미꾸라지와 잘 어울려서 아주 맛있어요. 그리고 부추를 미꾸라지가 살던 냇가의 풀이라고 생각하고 사발에 추어탕을 담으면 국물은 시냇물이 되죠. 우엉은 흙이고, 부추는 풀이에요. 그 안에 미꾸라지가 있으니 왠지 미꾸라지를 잡을 때의 풍경을 그대로 먹는 듯한 느낌이 들어요. 다시 말해서 제가 좋아하는 야미조의 자연과 풍경의 일부분이 제 몸 속으로 들어오는 것 같은 느낌이 들어서 기분이 아주 좋아져요."

그는 자신의 추어탕을 야미조 자연의 일부분으로 보는 것이다. 의외로 낭만주의자이자 또 스케일이 큰 사람이라고 생각했다. 어쨌든 욧샹은 야미조에 깊은 애착심을 품고 있다는 사실만은 분명했다.

"근데 저는 달걀에 대해서 분한 기억을 가지고 있어요. 오래전 일인데 야미조로 돌아온 지 얼마 되지 않아서 닭을 길러본 적이 있었어요. 뭐, 몇 마리 되지는 않았죠. 도조 형님 집에서 병아리를 6마리 얻어다 길러서 달걀을 낳게 되기까지 길렀어요. 수탉 1마리하고 암탉 5마리였는데 수탉 놈이 매일 암탉 위에 올라타서 하루 종일 쉬지도 않고 교미만 해댔어요. 그래서 유정란이라고 하나요? 그 달걀만 낳았어요. 그 달걀은 맛이 좋았어요. 그런데 어느 날 아침 닭장에 가보니 닭이 한 마리도 없는 거예요. 그때는 아주 질겁했다니까요. 닭장 안에는 뜯겨나간 닭털하고 피만 흩어져 있었어요. 범인은 여우였어요. 그때 구마는 태어난 지 채 1년도 되지 않은 강아지였는데 마침 전날 놀다가 다쳐서 집 안에 들여놨지 뭐예요. 그날 도조 형님이 멧돼지 사냥꾼 한 명과 놀러 와서 대낮부터 술을 마셨어요. 멧돼지 사냥 얘기에 정신이 팔려 3명이서 3되를 마셔버리고 그 사람들이 언제 돌아갔는지도 모를 정도로 취해서 그대로 쓰러져 잠들고 말았는데 다음 날 닭장에 가봤더니 모든 게 끝나버린 뒤였죠. 그 다음부터 닭은 기르지 않아요. 근데 여우도 정말 대단해요. 닭을 한 마리도 남기지 않고 물고 갔으니까요.

한 번에 다 먹을 리 없으니 어딘가에 숨겨놨을 거라 생각하고 산 속을 열심히 뒤져봤지만 끝내 한 마리도 찾지 못했어요."

이런 얘기를 하는 동안 밭에 다다랐다. 볕이 아주 잘 드는 밭에서 욧샹은 우엉을 캐기 시작했다. 커다란 우엉 잎이 내 몸통보다 더 컸다.

"이 우엉은 조금 있다가 전부 캐서, 도조 형님 댁으로 가져갈 거예요. 그러면 도조 형님이 자기 집에서 키운 우엉하고 같이 트럭에 싣고 마을로 가져가서 팔아줘요. 그리고 나중에 제 몫은 도조 형님께 받고요."

우엉을 캐다말고 욧샹은 밭 곳곳에 심어진 채소들을 가리켰다.

"거기에 있는 파하고 맞은편에 있는 참외하고 채소도 전부 그렇게 도조 형님이 팔아줘요. 그리고 때때로 제가 받을 돈으로 술이나 간장, 설탕, 달걀 같은 걸 사다줘요."

그런데 내게 다시 황당한 사태가 벌어지고 말았다. 욧샹이 우엉 캐는 것을 보고 있다가 갑자기 소변이 마려워 수풀 속으로 혼자 들어가 일을 봤다. 그리고나서 다시 돌아가려고 밭 쪽으로 발걸음을 뗀 순간, 갑자기 쿵! 하고 몽둥이로 얼굴을 맞은 것 같은 느낌이 들었다. 순간 눈앞에서 번쩍번쩍 별 같은 것이 떠다니더니 한동안 사라지지 않았다. 대체 무슨 일이 일어난 거지? 한동안 멍하니 서 있다 얼굴을 손으로 더듬어보니 피는 나지 않는 듯했다. 하지만 그 통증은 여간 아픈 것이 아니어서, 달구어진 인두를 대고 있는 것 같은 뜨거움과 통증이 머릿속까지 전해졌다. 혹시 또 공격을 해오는 것이 아닐까 하는 공포심에 사로잡혔다. 달아나지 않으면 목숨을 잃을지도 모르겠다고 생각했다. 서둘러 욧상이 있는 곳으로 돌아가 도움을 요청해야 한다. 얻어맞은 얼굴을 손으로 누르며 무작정 뛰었다. 큰 소리를 지르며 손으로 얼굴을 누른 채 맹렬하게 달려오는 나를 보고 욧상이 우엉 캐던 손을 멈추고 벌떡 일어섰다.

"아이고~! 아파죽겠어!"

내가 더욱 큰 소리로 외치자 욧상이 놀라 달려왔다.

"왜 그러세요? 무슨 일이에요, 선생님. 대체 왜 그러세요?"

"아야야, 나도 무슨 일인지 모르겠어. 어쨌든 아파죽겠어."

"어디 좀 봐요. 어디에요? 어라? 이상한데? 상처는 없는데…."

지금까지 한 번도 경험한 적이 없는 격렬한 통증이었다.

"앗! 눈 옆에 약간 붉은 점이 있네요. 쌍말벌한테 쏘인 것 같은데요? 꽤 많이 아픈데… 얼른 손을 쓰지 않으면 부을 거예요. 맞아, 이똥하구 소변!"

욧상은 뭔지 모를 말을 했다.

"선생님, 더럽다고 생각하지 마시고 손톱으로 이똥을 긁어서 쏘인 곳에 바르세요. 어서요."

나는 욧상이 말한 대로 통증이 느껴지는 곳을 왼손으로 누른 채 손톱으로 이 표면을 긁어 치석을 모았다. 다행스럽게도 오늘 아침에는 일찍부터 미꾸라지 잡을 준비에 정신없이 바빠서 이 닦을 시간이 없어서 손톱 끝에 치석이 많이 모였다.

"됐어요, 그걸 쏘인 곳에 바르세요."

통증이 있는 곳에 바르려 했으나 거울이 없어 정확한 위치를 알 수가 없었다. 그러자 욧샹이 치석 긁어낸 손가락을 잡더니 찔린 곳에 가져다 대주었다.

"여기예요, 쏘인 데가."

검지손가락 끝을 가만히 대자 욱신욱신하는 아픔이 다시 전해졌다.

"바르기만 해서는 안 되고 문지르는 게 좋아요."

격렬한 통증을 참으며 문질렀다.

"다음은 오줌이에요. 그게 제일 잘 들어요. 지금 바로 누실 수 있으세요?"

이 말에는 당황하고 말았다. 방금 전 막 일을 보고 온 참이었다.

"아니."

욧샹이 난처하게 됐다는 표정을 짓더니,

"그럼 어쩌지? 할 수 없지. 제 오줌이라도 발라드릴게요. 그래도 되쥬?"

좋고 싫고 따질 계재가 아니어서 지푸라기라도 잡고 싶은 심정이었다.

"요시안냐, 그렇게 해줘. 안냐의 오줌을 발라줘."

통증이 가시고 다음 순서인 붓기가 조금이라도 가라앉는다면 욧샹의 오줌이든 구마의 오줌이든, 어쨌든 누구의 오줌이든 상관없다.

벌에 쏘인 지 벌써 3분쯤 지났다. 우선 치석을 발랐고 이제는 소변이다. 욧상은 빠른 손놀림으로 발밑에 있던 우엉 잎을 하나 뜯은 뒤 내게서 등을 돌려 소변을 보기 시작했다. 소변이 끊길 때쯤 들고 있던 우엉 잎에 소변을 뿌리더니 내 쪽으로 돌아서고는 소변 묻은 잎을 쏘인 곳에 대고 문질렀다. 문지르는 힘 때문에 아픔은 더욱 격렬해졌으나 소리를 질러서는 안 된다고 생각하며 힘껏 참았다.

"이런 저녁에 쏘이는 건 아주 드문 일인데, 선생님께서 소변을 보신 곳에 벌집이 있어나 보네요. 저도 쌍말벌한테 몇 번이나 당했어요. 하지만 당황하지 말고 이런 식으로 바로 치료하면 별일 없이 끝나요. 제가 산에 들어가서 쌍말벌한테 처음으로 쏘였을 때 아버지가 이똥하고 오줌을 바르는 응급처치를 가르쳐주셨어요. 그 후로는 언제나 이 방법으로 처치를 했고요. 이똥하고 오줌에는 암모니아가 들어 있어서 그게 독을 다스리고 삭히는 거래요. 그리고 선생님은 좋은 데서 쌍말벌한테 쏘인 거예요. 우엉 잎에는 붓기를 가라앉히는 성분이 들어 있대요."

그의 말은 하나도 틀린 것이 없었다.

후일담이기는 한데, 나는 도쿄로 돌아와 쌍말벌에 대해서 〈대백과사전〉을 찾아보았다. 말벌과에 속하며 독성은 말벌보다 다소 약하지만 쏘이면 격렬한 통증이 느껴지고 드물게는 쇼크사하는 경우도 있으며 대부분은 크게 부어오른다고 적혀 있었다. 그리고 응급처치 방법으로 암모니아수를 바르라고도 적혀 있었다. 내친

김에 〈약용식물〉이라는 책에서 '우엉'을 찾아보니 그 효용에 '이뇨, 건위, 흉통, 지혈'에 좋다고 되어 있었으며, 거기에 더해 '부종, 음부 · 고간의 붓기, 독성 종양의 흡입, 피부병에 좋다'고도 적혀 있었다. 옛날 사람들의 지혜에 또 다시 감탄했다.

욧샹이 한동안 소변 묻은 우엉 잎으로 내 얼굴을 문질러주었으나 통증은 쉽게 가라앉지 않았다. 구마도 끄응~ 소리를 내며 걱정스럽게 나를 바라보고 있었다.

"자, 우선은 이걸로 됐네요. 한동안 아플지는 몰라도 괜찮아질 거예요. 이제 집으로 돌아가서 맛있는 추어탕 먹고 나면 싹 나을 거구먼요."

욧샹은 밭에서 캐낸 우엉과 부추를 바구니에 넣고 움막 쪽으로 향했다. 나는 소변 묻은 우엉 잎으로 얼굴을 문지르며 그 뒤를 따랐다. 걸으면서도 오늘은 정말 재수가 없는 날이라고 생각했다. 율목이한테 손을 물리지 않나 쌍말벌한테 얼굴을 쏘이지 않나 이거야말로 '우는 얼굴에 벌'(설상가상이라는 뜻의 속담_옮긴이)이 아닐 수 없었다. 이제 슬슬 도쿄로 돌아갈 때가 온 걸까. 심한 통증 때문인지 점점 우울한 기분에 빠져들었다.

야미조의 산 속에 들어와 많은 것을 배우고, 무엇보다 즐거웠기에 큰 의미가 있었던 것만은 사실이다. 그런데 나흘째 되어서 이 꼴을 당하고 말았다. 신이 나서 해이해진 마음에 자연을 만만하게 봤기 때문은 아닌지….

그런데 잠깐, 내가 무슨 잘못을 했단 말이지? 뱀에 물린 것도 벌에 쏘인 것도 단지 운이 나빴기 때문이 아니었을까? 어쨌든 결과적으로는 자연에 진 것이다. 그래, 다음에 올 때는 좀 더 긴장하기로 하자. 이런 생각을 하며 통증을 참고 걷다보니 어느새 움막에 도착했다. 바로 안으로 들어가 기둥에 걸린 조그만 손거울에 얼굴을 비춰보았다. 쏘인 지 15분쯤 지났는데 약간 붉게 부어올랐을 뿐, 그렇게 눈에 띌 정도는 아니었다. 그제서야 약간 안심이 되었다.

움막 밖으로 나가니 욧상은 아무 일도 없었다는 듯 간이 조리대에서 추어탕 끓일 준비를 하고 있었다. 커다란 냄비 안에서 미꾸라지가 콩과 함께 꿈틀거리고 있었다. 여전히 우엉 잎을 얼굴에 대고 있는 내게 그가 말했다.

"우엉 잎은 이제 버려도 돼요. 살짝 부을지는 모르겠지만 이젠 괜찮아요. 통증도 점점 없어질 거고요. 큰 모기한테 물렸다고 생각하면 별 문제없을 거구먼요."

나를 안심시키려고 살짝 놀렸다.

욧상은 미꾸라지가 든 냄비를 들어 소쿠리에 단번에 부었다. 물이 쏴 빠져나가고 미꾸라지와 수십 개의 콩만이 남았다. 미꾸라지의 움직임은 여전히 힘차서 낮게 튀어 오르기도 하고 몸을 비틀어대기도 했다.

욧상이 미꾸라지를 도로 냄비로 쏟아 담은 뒤부터가 굉장했다. 냄비에 사케를 반 되 정도 넣자 미꾸라지들은 대혼란에 빠졌다. 크게 튀어 오르는 놈, 빙글빙글 맴도는 놈, 괴로움에 몸부림치며 몸을 돌리는 놈 등 그야말로 미꾸라지의 생지옥과도 같은 광경이었다. 너무 높이 튀어 올라 냄비 바깥까지 나온 놈도 있었기에 욧샹이 바로 뚜껑을 덮어버렸다. 안에서 격렬하게 움직이는 듯 냄비가 흔들릴 정도였다.

"술을 넣으면 미꾸라지가 금방 취해서 뻗어버리죠. 그래서 요리를 하기가 쉬워져요. 그리고 술을 넣으면 뼈까지 부드러워져서 추어탕을 끓이면 먹기도 좋아져요. 또 흙 냄새하고 비린내도 없어지고요."

"아아, 그렇군. 그런데 안에 콩을 넣어두었던데 그건 왜 넣은 거지?"

"콩을 넣어두면 술을 넣었을 때처럼 뼈가 부드러워진대요."

그러는 동안 냄비 속이 조용해졌다. 뚜껑을 열어보니 그렇게 팔팔하던 미꾸라지가 알코올 때문에 축 늘어져 있었다. 욧샹은 우엉을 어슷하게 썰고 부추를 듬성듬성 썰어서 냄비와 함께 들고 이로리로 갔다. 조금 전까지만 해도 격렬한 통증이 느껴지던 관자놀이 부근도 추어탕 끓일 준비하는 것을 보는 동안 아픔이 많이 가라앉았다. 다행이다, 붓기도 그렇게 심하지 않을지 몰라, 하고 마음속으로 중얼거리며 약간 안심했다.

욧샹은 다른 빈 냄비 하나를 더 가져와 거기에 기름을 두르고 이로리의 갈고리에 걸더니 어슷하게 썬 우엉을 볶기 시작했다. 우엉의 떫은 맛을 빼지 않고 그대로 요리하는 것도 욧샹 특유의 방법이라 재미있었다. 우엉이 익자 미꾸라지와 술을 냄비에 전부 담왔다.

"이제 끓을 때까지 그냥 두면 돼요. 간단하쥬? 그 사이에 마실 술을 준비할게요. 아, 그리고 선생님께서는 오늘 율목이한테 물리기도 하고 쌍말벌한테 쏘이기도 해서 술을 많이 마시면 안 돼요. 어디 다시 한 번 봐요… 별 탈은 없구먼요. 거의 붓지 않았어요."

그 말에 손으로 만져보니 조금 튀어나왔을 뿐, 통증도 거의 느껴지지 않는다. 치석의 효과인지, 소변인지, 아니면 우엉 잎 때문인지 알 수는 없었으나 어쨌든 걱정했던 것만큼 심하지는 않아 안심이 되었다. 그 사이에 미꾸라지가 든 냄비도 부글부글 끓기 시작했다. 욧상이 냄비를 불에서 약간 떼어놓았다. 그리고 간장을 붓고 마지막으로 부추도 넣었다.

"제가 만든 추어탕 드셔보세요. 아주 맛있을 거구먼요."

배가 노란 큰장어미꾸라지와 등이 거뭇한 수놈이 통째로 들어 있는 추어탕 비주얼이 참으로 압권이었다. 국자로 뜨자 미꾸라지가 넘쳐날 듯 몇 마리 올라왔는데 그것을 사발에 담고 이번에는 우엉과 부추와 국물을 듬뿍 떠 넣었다. 그가 사발에 담아 내게 내밀었다.

우선 국물을 맛보았다. 첫맛은 술 냄새와 간장의 짭조름한 냄새, 부추의 상큼한 향, 우엉의 흙냄새 등이 풍겨왔다. 그 다음 미꾸라지가 가진 야생의 진한 감칠맛, 부추에서 우러난 달달한 맛, 술과 간장에서 배어나온 감칠맛과 깊은 맛이 어우러져 야생의 맛으로 가득한 절묘한 국물이 되어 있었다.

김이 모락모락 올라오는 추어탕 속에서 가장 눈에 띄는 미꾸라지 한 마리를 젓가락으로 집었다. 미끌하고 통통한 느낌이 입 안으로 미끌어지듯 들어왔는데 씹어보니 아주 부드러워서 흐물흐물 풀어지면서 그다지 딱딱하지 않은 뼈가 약간 느껴질 뿐이었다. 그리고 미꾸라지에서 깊은 감칠맛과 기름의 끈끈한 고소함이 배어나와 입 안 가득 퍼졌고, 또 통통한 배 부분에서인지 약간 쓴맛도 배어나왔다. 아마도 내장의 맛인 듯했는데 쌉쌀한 맛이 오히려 미꾸라지 전체의 감칠맛을 돋보이게 해서 야생의 맛을 한층 더 강조해주었다.

다음으로 부추를 씹어보니 아삭아삭한 식감의 달큰한 맛이 미꾸라지의 진한 감칠맛과 어우러져 절묘한 맛을 이루었다. 그리고 우엉은 근채답게 아삭아삭한 식감이었는데 이것 역시 국물이 잔뜩 배어 있어 씹을수록 단맛과 감칠맛이 배어나왔다. 절로 감탄이 나오는 맛이었다.

"정말 맛있는데? 술과 간장만으로 미꾸라지와 우엉, 부추가 이렇게 맛있게 변하다니…."

"맞아요, 그 외에는 아무것도 넣을 필요 없구먼요. 추어탕의 진짜 맛을 알고 싶으면 이렇게 먹는 게 제일 좋죠. 조미료를 넣으면 오히려 미꾸라지 맛은 없어지고, 조미료 맛으로 먹는 꼴이 되고 말아요. 그래서는 미꾸라지한테 미안한 일이죠."

"미꾸라지하고 우엉은 신기할 정도로 잘 어울려. 사람만이 아니라 요리도 궁합이 존재해. 오리에는 파, 어린 생선에는 무즙, 메밀국수에는 고추냉이. 고추냉이는 참치회에도 잘 어울리고, 멧돼지고기나 곰고기 같은 야생고기에는 된장이 아주 잘 어울리지."

"맞아요. 그럼 오늘 밤에도 한잔 할까요? 선생님께서는 술을 무리해서 드시면 안 되구요."

욧샹이 한 되들이 술병을 들어 내 잔에 조금 따르고 자신의 잔에는 가득 따랐다. 조금 전에 미꾸라지를 기절시키고 남은 술이었다.

우리는 이로리를 사이에 두고 술잔을 들어 건배 시늉을 한 뒤 단숨에 쭈욱 들이켰다. 술은 혀를 한번 훑고 식도를 흘러 내려가 위장에 도달했다. 그러자 언제나처럼 그 주위부터 원을 그리는 듯한 감각으로 천천히 뜨거워지며 역시 기분 좋은 취기가 오르기 시작했다. 몸이 따뜻해지자 기분도 상기되면서 뱀에 물리고 벌에까지 쏘였던 공포심은 어느덧 사라져버리고 밤의 취기와 같은 경지에까지 이르렀다.

옛날 사람들은 술의 본질을 잘도 꿰뚫어보았다. 그 가운데서도 으뜸은 무로마치(室町) 시대(1336~1573)의 '술의 열 가지 덕목'이라는 것으로, 술이 가지고 있는 효용 열 가지를 그 덕목으로 꼽았다.

첫 번째, '고독한 삶의 벗'. 술은 혼자 마실 때도 친구처럼 외로움을 달래준다.

두 번째, '만인을 화합케 한다'. 어떤 의견 차이가 있다 해도 술은 사람과 사람을 화목하게 해준다.

세 번째, '갑작스러운 방문에 편리하다'. 선물로 들고 가면 이것만큼 기쁨을 주는 것도 없다.

네 번째, '여행에 자애로움을 준다'. 여행에서의 술은 많은 사람들과 친해져 도움을 주기도 하고 받기도 하게 한다.

다섯 번째, '수고를 달래준다'. 지친 몸을 풀어준다.

여섯 번째, '근심을 잊게 하고 우울함을 달래준다'. 근심이나 답답함을 풀어준다.

일곱 번째, '인연을 맺어준다'. 술은 사람과의 관계를 강하게 해준다.

여덟 번째, '추위에 옷이 된다'. 겨울의 추운 날에는 따뜻한 옷이 되어준다.

아홉 번째, '수명 연장에 효험이 있다'. 잘만 마시면 수명을 늘려준다.

그리고 열 번째 덕목은 '백약의 장'. 적당히 마시면 약이 된다.

그런데 욧상과 나는 술을 너무 많이 마시니 아홉 번째, 열 번째 덕목은 해당되지 않을지 모른다. 그러나 야미조 산 속에서 둘이 마시는 술은 다른 덕목에는 해당된다.

욧상은 술을 단숨에 들이켜고 빈 잔을 내 앞으로 내밀었다. 나는 얼른 술을 따랐다. 그는 지금까지 하지 않았던, 아니 하고 싶지 않았던 말을 꺼냈다.

"그런데 선생님, 언제 내려가실 건가요?"

갑작스러운 질문에 나는 약간 당황했다. 이 야미조의 산에 들어온 지도 벌써 나흘째. 하루만 머물려던 것을 사흘이나 미루고 예정에 없는 행동을 하고 있다. 집으로 돌아가면 일이 산더미처럼 쌓여 있을 것이고, 또 이렇게 언제까지고 욧샹에게 붙어 있으면 폐가 될지도 모른다. 잠시 우물거리다 그 물음에 답하려는 순간 그가 손사래를 치며 말했다.

"아니, 아니. 저는 별로 문제될 게 없으니 언제까지 여기에 계셔도 상관없어요. 하지만 선생님의 도쿄에서의 일이 괜찮을까 싶어서요. 여기에는 훨씬 많은 산속 생활의 지혜가 있어서 앞으로도 보여주고 싶은 게 얼마든지 있지만 선생님께서는 이제 도쿄로 돌아가셔야 하는 거 아닌가 싶어서 실례인 줄 알면서도 여쭤본 거예요."

평소와 달리 아주 심각한 어조로 말했다.

"요시안냐, 사실은 나도 슬슬 돌아가야겠다고 생각했으면서도 이 산에서의 체험이 너무 재미있어서 하루하루 귀가를 미루고 있었어. 내일 정오쯤 내려가기로 하지."

"억지로 잡지는 않을게요. 그럼 오늘 밤은 '작별 모임'이네요. 멧돼지 사냥꾼들은 사냥철이 끝나는 마지막 날에 사냥한 멧돼지를 함께 먹으며 내년에도 힘을 내자, 올해의 사냥은 이랬다, 저랬다 하며 술을 마시는 '작별 모임'을 해요. 그때는 아주 떠들썩하지요. 이듬해까지 만나지 못하니까요. 마음속으로는 모두들 아쉬워하기 때문에 더 떠들썩한 거죠."

"그럼 그 '작별 모임'을 지금부터 시작하기로 하지. 둘이서 신나게."

"그러지요, 작별 모임 해유~."

술자리 분위기가 무르익던 중 욧샹이 갑자기 일어나더니 안쪽 방 낡은 장롱 서랍에서 묘한 물건을 가지고 왔다. 그것은 신사에서 신관(神官)들이 사용하는 홀과 부적이었다. 그리고 내 앞에 서더니 허리 숙여 인사하고 그 부적으로 내 머리 위를 슥, 슥, 슥 3번 훑은 다음 이번에는 홀을 두 손에 들고 가슴 앞에 세워서 갑자기 축문을 외기 시작했다.

"아아~ 야미조 산 모든 신들께 삼가 아뢰옵니다~ 올해도 산에 사는 용맹하고 강인한 멧돼지의 목숨을 저희가 신께 받아서… 아, 이게 아닌데 이건 멧돼지 사냥을 할 때 하는 거였지."

이렇게 일단 그 상주(上奏)를 멈추었다가 다시 고했다.

"아아~ 야미조 산 모든 신들께 삼가 아뢰옵니다~ 올 7월의 좋은 날 도쿄 시부야에 살고 있는~ 고이즈미 선생이~ 야미조로 들어와 며칠을~ 산의 진미를 얻는 은혜를 입으며~ 무사히 보냈습니다~ 감사와 행복을~ 삼가 아뢰옵니다~."

그 동안 뱀에 물리고 벌에 쏘이는 등, 며칠 동안 야미조의 신들께 약간 버림 받은 듯한 느낌이 들었으나, 지금은 이렇게 욧샹과 둘이 '작별 모임'을 하고 있으니 그 사실에는 감사하지 않을 수 없었다.

"이걸로 신에 대한 감사는 마치기로 하구요, 이번에는 저… 선생님께서 도쿄로 돌아가시면 부탁하고 싶은 일이 있는데, 말씀드려도 될까요?"

"물론이지 요시안냐, 어려워할 거 없어. 내가 할 수 있는 일이라면 뭐든 할게. 하고 말고."

"사실 제가 앞으로 저 뒷밭에서 약초를 재배해볼까 생각하고 있어요. 그러니까 약용식물이나 약초의 효능 같은 게 적혀 있는 책을 몇 권 찾아서 보내주셨으면 해요. 그리고 약초를 기르는 법에 관한 책도요."

"책을 찾는 건 내 전문이니까 아주 간단한 일이쥬~. 바로 보내줄 테니, 걱정 말고 마음 턱 놓고 기다리고 있으라고."

나는 야미조 사투리를 흉내 내어 말한 뒤 나만 믿으라는 듯 가슴을 툭 두드렸다.

"그런데 약초를 재배하겠다니, 아주 좋은 생각인데. 앞으로는 화학적 농약뿐만 생약과 같은 것도 중요해질 테니 보람이 있을 거야. 나도 가능한 한 힘을 보탤 테니 열심히 해봐."

"그렇게 말씀해주시니 호랑이에 날개를 단 격이쥬~."

"근데 어떻게 약초를 재배해야겠다는 생각을 한 거지?"

"이 야미조나 아부쿠마 산 속에서는요, 옛날부터 사람이 아프거나 다치면 대부분 식물의 잎이나 줄기나 뿌리, 땅속에 있는 벌레 같은 걸 약 대신 써왔어요. 예를 들면 오갈피나무 있잖아요, 그건 만병통치약이에요."

"맞아. 오갈피나무의 뿌리나 껍질 말린 걸 중국에서는 오가피라고 하는데 한방약의 왕이라 여기고 있어."

"그런가요? 그리고 삼백초도 만병통치약이구요, 용담과의 월년초는 위에 좋구요, 옻이 옮았을 때는 후박나무 잎을 쪄서 그걸 붙이면 낫구요, 감초 뿌리는 숙취하구 간의 병에 효험이 있어요. 그 외에도 작약이나 산마늘, 자리공, 산삼 등이 이 근처 산에는 수백 종이 있어요. 그래서 이 부근은 약초를 재배하기에 아주 적합할 거라고 생각해서 그럼 흔히 볼 수 없는 귀한 약초를 산속에서 찾아 그걸 길러보자고 생각한 거죠."

"기가 막힌 생각인데? 도전해볼 만한 가치가 있어."

"그런가요? 그럼 한번 해볼게요."

"좋았어. 그럼 우선은 도쿄에서 책을 찾아 보내는 것부터 시작하기로 하고, 요시안냐, 그런데 내일은 낮까지 뭘 하지?"

"내일 오전에는 산으로 들어가 이런저런 나무를 보여드릴까 하고요. 이 야미조와 아부쿠마의 산에는 삼목이나 상수리나무만 있는 게 아니고 여러 가지 나무들이 있어요. 옛날 사람들은 그 나무들 성질을 잘 알고 있었기에 재밌는 얘기가 많이 전해지고 있죠. 내일은 그런 걸 가르쳐드리려구요."

"그거 재밌겠는데. 요시안냐, 꼭 들려줘."

"그런데 선생님, 내일도 뱀하고 벌한테는 조심하셔야 해요. 아하하하!"

야미조에서의 마지막 밤은 맛있는 술과 추어탕, 그리고 약초 얘기로 무르익어갔다. 1되들이 술도 바닥을 드러낼 즈음 욧샹이 마음에 스미는 노래를 부르기 시작했다.

'하아~ 그대 떠나시나요. 안타깝구나, 아쉬움 담은 술~.'

미야기 현의 축가인 '작별주'다. 애수가 담긴 노래를 들으니 내일이면 이 야미조의 산을 떠나는구나 싶어 서글픈 마음이 들었다. 그런 기분을 날려버리기 위해 나는 힘차고 빠른 리듬의 노래를 불러주었다.

'자랑이라면 나도 지지 않지. 쌀이 좋아서 술의 본고장~.'

작별의 숲

이튿날도 아침부터 하늘이 맑았다. 이날 오후에 도쿄로 돌아가기로 결심을 한 터라 마음이 홀가분했다.

욧샹과 나는 오전 7시 반부터 산에 오르기 시작해서 지금까지와는 달리 북쪽을 향해 올라갔다. 밭을 지나자 울창한 삼목 숲이 나타났고 거기서부터 급경사가 시작됐다. 숨을 헐떡이며 올라 삼목 숲을 간신히 벗어나자 이번에는 상수리나무가 주를 이루고 있는 잡목 숲이 눈앞에 펼쳐졌다. 한동안 완만한 경사를 계속 올라가니 지금까지 본 적이 없는 큰 나무가 나타났다. 욧샹은 그 나무 아래서 발걸음을 멈췄다.

"선생님, 이건 전나무인데 다다미 밑에 까는 바닥으로는 제일 좋구요, 관을 만들 때도 이게 제일 좋대요. 그러니까 습기에 강한 거겠죠. 그리고 저쪽 굵은 나무, 저게 너도밤나무인데 가구를 만들 때 쓰면 아주 좋지만 옛날에는 철도 침목으로 썼기 때문에 그 대가를 지금 치르고 있대요. 너도밤나무(橅)는요, 한자로 나무목(木) 변에 없을무(無) 자를 쓰거든요. 거기에는 다 이유가 있다고 아버지께 들었어요. '나무가 아니다'라는 의미라는 거죠. 왜냐하면 이 나무를 써서 집을 지으면 그 집은 토대에서부터 기울어지기 때문에 건물을 지을 때 이 나무를 써서는 안 된다는 의미라고 가르쳐주셨어요."

"맞아. 너도밤나무는 잘 말려서 사용하면 좋은 건축 재료가 되지만, 함부로 베거나 써서는 안 된다는 사실을 가르쳐주려 한 거겠지. 너도밤나무는 가을이 되면 잎이 많이 떨어져 넓은 낙엽지대를 만들지. 그렇게 떨어진 잎은 보습성이 좋기 때문에 폭신폭신해서 마치 스폰지 같은 상태가 되었다가 점차 썩어서 비옥한 흙이 되는 거야. 그 흙이 새로운 식물을 키울 뿐만 아니라 열매를 떨어뜨려 곰, 사슴, 멧돼지, 새들의 먹이까지도 공급하고 있지. 실제로 옛날 사람들은 산으로 들어가 이 너도밤나무 열매를 가득 주워다 돼지 사료로 썼고, 그렇게 키운 돼지고기를 먹었어. 어쨌든 소중한 나무이니 함부로 베어다 집을 지으면 토대가 기울어 벌을 받게 된다는 가르침이겠지."

"저는 아버지한테 이 나무의 소중함을 배웠기 때문에 벌을 받는 게 무서워서 베기는커녕 상처 내기도 싫어할 만큼 소중히 여기고 있구먼요."

"독일에 갔을 때 너도밤나무 숲을 보았는데 거기서도 모두가 너도밤나무를 소중히 여기고 있더군. 독일에서는 곡물 상인이 너도밤나무에 새잎이 돋는 것을 보고 그해의 운을 점치기도 하고, 농민은 수확이나 기후를 점치기도 하고, 열매가 많이 열리면 자식이 많이 태어난다는 속설도 있다고 해. 다시 말해서 너도밤나무는 사람들의 풍성한 결실과 깊은 관계가 있다고 생각해서 소중히 여기고 있는 거야. 독일뿐만 아니라 기독교 전설에는 이 너도밤나무가 자주 등장하는데, 신성한 너도밤나무가 몸을 열어 적에게 쫓기던 성인을 숨겨 위기를 넘기게 했다거나, 너도밤나무가 고뇌하는 성모 마리아의 모습을 대신해서 나타나 교회 설립의 기원이 되었다든가, 예로부터 이 나무는 숭배의 대상이 되어 왔지."

완만한 경사를 올라가던 욧상이 또 다른 큰 나무 아래서 다시 발걸음을 멈췄다.

"선생님, 이건 도토리가 가득 열리는 졸참나무에요. 저도 이 나무 덕을 많이 보고 있네요."

"옛날에는 도토리의 떫은맛을 빼내 그 안의 전분을 구워서 먹기도 하고, 나무는 건축재나 연료로 사용했기에 아주 소중한 나무였어."

"지금은 대부분 숯으로 구워 목탄으로 쓰고 있어요. 그리고 누가 뭐래도 멧돼지의 먹이가 되는 도토리를 잔뜩 떨어뜨려주니 멧돼지 사냥꾼에게는 아주 고마운 일이지요. 덕분에 이 부근은 멧돼지의 보물창고라고 할 수 있어요. 그래서 우리 멧돼지 사냥꾼들은 이 나무를 특히 중히 여기고 있죠. 저 위를 한번 보세요."

욧상이 졸참나무 꼭대기를 가리켰다.

"잘 보세요. 머루예요. 저것도 멧돼지의 먹이가 돼요. 그리고 으름 덩굴도 뒤엉켜 있어요. 저기 조그맣고 둥근 열매 보이시쥬? 저게 으름 열매인데 조금 있으면 익어서 떨어져 멧돼지의 먹이가 돼요."

"앗 정말이네. 머루와 으름 덩굴이 서로 겹쳐 있는 것처럼 자라고 있군."

"옛날 사람들은 정말 머리가 좋았나봐요. 실은 머루하구 으름을 함께 사용해서 맛있는 보존식품을 만들었어요."

"정말이야?"

"아버지의 설명에 의하면 그 보존식품은 너도밤나무 숲이 널따랗게 펼쳐져 있는 도호쿠 지방 일대의 사냥꾼들 사이에서 옛날부터 널리 만들어졌대요. 그게 이곳 사냥꾼들에게까지 전해진 거구요."

그 보존식품에 대해서는 식문화 전문가인 나조차 전혀 들어본 적이 없는 얘기여서 나는 큰 흥미를 느꼈다.

"그건 어떤 식품이지? 만드는 방법을 알고 있는 사람이 있나?"

욧상이 순간 눈을 반짝이며 말했다.

"전 지금도 그걸 만들고 있구먼요. 작년에 만든 게 집에 아직 있어요. 아버지가 자주 만들어서 그걸 보고 배웠지유. 집에 가서 드셔보세요. 만드는 법도 가르쳐드릴게요. 오늘은 그걸로 점심 대신 먹어요."

이거 재미있는 것을 만나겠다 싶어 약간 흥분이 됐다.

그 뒤로도 욧상은 호두나무, 옻나무, 산딸나무, 단풍나무, 철쭉, 노송나무 등 차례차례 등장하는 활엽수의 이름을 일일이 가르쳐주었다. 또한 지상의 나무뿐만 아니라 땅속에 있는 뿌리줄기류와 양치식물이 자라는 곳에 다다르면 발걸음을 멈추고 설명해 주었다.

땅속의 뿌리줄기류는 대부분이 먹는 이야기여서 아주 재미있었다. 백합의 뿌리로 만드는 음식에 대한 이야기, 감초의 뿌리로 감차(甘茶)를 만드는 이야기, 얼레지와 칡뿌리로 만든 가루를 뜨거운 물에 타서 마시는 '걸쭉이탕'에 대한 이야기, 고사리 뿌리를 캐다 찧는 떡 이야기, 엉겅퀴 뿌리를 된장에 담근 '자리공 절임'의 맛, 참마와 보리밥의 궁합 등등. 그리고 상수리의 열매, 비자나무의 열매 등 나무 열매를 먹는 법, 셀 수 없을 정도로 종류가 많은 약초의 이름과 효용 등도 예로부터 전해 내려오는 그대로 가르쳐주었다. 나는 그가 들려주는 얘기들을 하나도 놓치지 않고 수첩에 메모했다.

활엽수림 사이에 3평 정도의 평평한 땅이 있어서 잠시 쉬어갈 겸 자리에 앉았다. 구마도 배를 깔고 엎드려 혓바닥을 내민 채 숨을 헐떡였다. 나는 욧상의 애장품인 군용 수통의 물을 마신 뒤 하늘을 향해 큰대자로 누웠다. 넓게 펼쳐진 너도밤나무와 졸참나무 가지 사이로 파란 하늘이 보였다. 무성한 나뭇잎 위로 햇빛이 쏟아지며, 그 빛이 잎을 통과해 선명한 녹색의 엽록소를 도드라져 보이게 했다. 녹색 잎 사이로 찌를 듯한 햇빛이 새어나와 눈을 부시게 했다. 코로는 풀냄새가 물씬 풍겨와 마음속까지 상쾌한 녹색으로 물든 것 같은 느낌이 들었다. 바쇼의 하이쿠가 떠올랐다.

아침의 차 마시는 승려

고요하구나 국화꽃

아침 산책을 마친 선승이 정원 앞에서 조용히 차를 마신다는 이 17글자의 시 속에는 청명한 공기와 아침 차의 향과 맛이 깃들어 있다. 바쇼가 노래한 분위기가 바로 이런 것이었구나! 마음이 편안해졌다.

내 옆에서 깍지 낀 두 손을 베개 삼아 누워 있던 욧샹이 조용한 목소리로 야미조 산에서 옛날부터 전해오는 이야기를 들려주었다. 오래 전 아버지한테 들은 얘기라고 했다.

산의 규율을 지키지 않은 자에게는 죽은 영(靈)과 살아 있는 영이 나타나 재앙을 내린다는 이야기며, 무시무시한 요괴 이야기였다. 야미조와 아부쿠마 산에 살고 있는 요괴는 산할멈, 둔갑한 여우, 너구리, 거대 두꺼비, 커다란 땅강아지, 큰 지네, 커다란 뱀 같은 것들이라고 했다.

깊은 밤 부자(父子) 단둘이 사는 적막한 움막에서 어린 아들을 상대로 두런두런 이야기를 들려주며 밤을 보냈으리라. 무서운 애기를 듣는 어린 욧상의 겁먹은 모습이 떠올라 빙긋 웃음이 났다. 그는 재미있는 이야기 하나를 들려주었다.

옛날에 도읍의 돈 많은 사무라이의 딸이 병에 걸려 밥도 먹을 수 없어 하루하루 야위어갔다. 의사가 와서 진찰해도 나쁜 데가 없었다. 그래서 무당을 불렀더니 야미조의 산속에 살고 있는 나무꾼과 인연이 있으니 그 사람이라면 병을 고칠 수 있다는 것. 그래서 아버지는 지참금으로 금덩이를 잔뜩 들려 야미조의 산에 사는 사스케라는 나무꾼에게 딸을 시집보냈다. 그랬더니 단번에 병이 나았다. 그런데 그 사스케라는 사내는 약간 모자란 사람이었는데, 병이 나은 아내가 읍으로 가서 축하 선물을 사달라고 하자 지참금으로 가져온 금덩이를 가지고 집을 나섰다. 그런데 길옆 연못에서 오리 떼를 보자 가지고 있던 금덩이를 던져 오리를 잡으려 했지만 모두 빗나갔다. 결국 금덩이를 연못 속에 전부 던져버린 뒤라 집에 돌아가면 아내에게 야단맞을 걸 생각하며 머뭇머뭇 집으로 돌아갔다. 빈손으로 왔으면서 금덩이는 어쨌냐고 아내가 따지자 사스케는 그런 금덩이는 뒷산을 파면 얼마든지 나온다며 큰소리를 쳤다. 놀란 아내가 함께 뒷산으로 가서 땅을 팠더니 금덩이가 끝도 없이 나왔다. 그렇게 해서 사스케와 아내는 행복하게 살았다는 이야기. 그런데 사실은 사스케가 열심히 일해서 모은 돈을 아내를 위해 뒷산에 묻어 숨겨둔 거였다는 것.

다소 억지스럽고 계몽적인 내용인데도 욧상은 진지하게 이야기를 했다.

"저희 아버지는 이 얘기 끝에 꼭 두 가지 말씀을 하셨어요. 알겠지? 사람은 겉모습만으로 판단해서는 안 되는겨. 입고 있는 옷이 남루해도, 살고 있는 집이 초라해도, 먹는 음식이 거칠어도 그런 사람을 무시해서는 안 돼. 그리고 요시마사야, 잘 들어라. 이 사스케처럼 열심히 일하면 돈을 잔뜩 모을 수 있는 법이야. 그게 행복으로 이어지는 법이니 하루 하루 열심히 일을 해야 하는겨, 라구요. 그런 말씀을 자주 하셨어요."

야미조의 산에 전해오는 설화를 이곳 말고 또 어디서 들을 수 있을까.

"그럼 슬슬 집으로 가죠."

우리는 구마를 앞세우고 산을 내려가기 시작했다. 움막으로 가는 동안에도 여러 식물과 작은 동물을 만날 때마다 욧샹은 그에 얽힌 이야기를 들려주었다.

움막에 도착하니 오전 11시 반 경이 되었다. 욧샹이 커다란 항아리를 끌어안고 밖으로 내왔다.

"이거예요. 아까 말했던 머루하고 으름으로 만든 보존식품이라는 게."

설화와 식물에 대한 이야기를 듣느라 보존식품에 대해서는 까맣게 잊고 있다가 반가움이 밀려왔다.

"아, 맞다. 정말 보고 싶었어. 어디 좀 볼까."

욧샹이 자랑스럽다는 듯 뚜껑을 열었을 때 순간 나는 숨이 멎을 듯했고 내 눈을 의심했다. 항아리 속 음식의 크기는 초등학생의 주먹만했는데 그 색이 얼마나 선명하고 아름다웠는지! 붉은빛이 도는 자주색에는 기품 있고 천연의 아름다운 빛깔이 감돌고 있었다.

"와우! 색이 정말 고운데. 정말 좋은 색이야, 요시안냐. 놀라워. 설마 이렇게 기품 있는 색의 음식일 줄은 생각지도 못했어. 솔직히 말해서 놀랐어."

"그렇쥬? 색이 아주 좋지유?"

"어떻게 이렇게 고운 색이 나는 거지?"

머루의 색이라고 했다. 그리고 만드는 법을 설명해주었기에 한 마디도 놓치지 않고 메모를 했다.

우선 산에서 딴 으름을 20개 정도 준비해서 안의 씨를 제거하고 껍질만 남겨 끓는 물에 살짝 데친다. 머루는 알맹이를 떼어내 깨끗이 씻은 뒤 물기를 말린다. 찹쌀 한 되를 씻어 밥을 짓는다. 밥이 다 되면 식힌 다음, 머루를 대략 200그램 넣고 잘 섞는다. 그것을 으름 속에 채워 넣는다. 속을 채운 으름을 항아리 바닥에 깔고 그 위에 머루를 섞은 찹쌀밥을 덮고 그 위에 다시 찹쌀밥으로 속을 채운 으름을 겹쳐서 늘어놓고 제일 위에 찹쌀밥을 얹어 뚜껑을 덮은 뒤 발효시키는 것이다. 가을에 이렇게 담근 것을 이듬해 1월 경부터 꺼내어 동그랗게 썰어서 그대로 먹는다. 이것이 욧샹이 가르쳐준 만드는 법이었다.

그 이야기를 듣는 동안 오우미 지방의 붕어식해가 떠올랐다. 일단 소금에 절였다가 적당히 삶은 붕어를 담금통 속에 밥과 함께 넣어 뚜껑을 덮고 그 위에 무거운 돌을 올려 몇 개월 동안 발효를 시킨 음식이다. 이런 종류의 발효식품을 식해(食醢)라고 하는데 욧상의 식해에는 소금을 쓰지 않지만 만드는 방법이 매우 흡사했다. 냉장고가 없던 시절, 이렇게 발효를 해두면 오랫 동안 보존할 수 있고, 영양가도 높아진다. 특히 산속의 겨울에는 신선한 야채가 없기 때문에 비타민류를 섭취하기 어렵다. 하지만 발효미생물은 많은 비타민을 대량으로 만들기 때문에 비타민류를 보충할 수도 있다. 옛 사람들의 지혜에 진심으로 감탄했다. 나는 즉석에서 이 귀한 음식에 '으름식해'라는 이름을 붙였다.

"작년에 만든 거지만, 드셔보실래유?"

그 말에 가슴이 더욱 설레었다. 욧상은 항아리에 주걱을 넣어 그 으름식해를 정성껏 파헤치더니 속에서 하나를 꺼내 작은 접시에 담아 건네주었다. 항아리 속에서 나온 그 식해는 햇빛을 받아 자줏빛으로 훨씬 더 아름답게 보였다. 만든 지 1년이 지났다고 했는데 끈적끈적한 것에 비해서는 형태가 잘 남아 있었다. 끝 부분을 칼로 잘라 안을 살펴보니 으름도, 안에 채워 넣은 찹쌀밥 알갱이도 자줏빛으로 고르게 물들어 있어서 요염할 정도로 아름다웠다. 냄새를 맡아보니 붕어식해와 같은 식해 특유의 강렬한 냄새는 없고, 새콤달콤함과 희미하게 알코올 냄새가 났다. 먹어보니 상큼한 신맛과 식혜 같은 달달한 맛이 있어서 마치 산에서 나는 요거트와 같은 느낌이었다. 소금을 넣지 않았는데도 변질이나 부패가 되지 않은 것은 머루의 신맛과 유산균에 의한 유산발효 때문이리

라. 강한 신맛 속에서는 부패균이 살 수 없기 때문이다. 참으로 주도면밀하게 계산된 훌륭한 지혜로 만들어진 보존식품이었다.

지금까지 내가 보아온 식해는 모두 생선이나 육류와 같은 동물성 재료를 사용한 것들뿐이었는데 이건 쌀과 머루와 으름 등, 전부 식물로만 만든다는 점이 매우 특이했다. 또한 모든 식해는 소금을 쓰는 데 반해서 이것은 소금을 전혀 쓰지 않는 무염발효라는 점도 특이했다.

진귀한 순식물성 식해를 천천히 음미한 뒤 곧 돌아갈 채비를 시작했다. 움막 안쪽 내가 묵었던 방으로 들어가 청소를 하고 짐을 정리했다. 보고 듣는 것 모두가 놀라움과 감동 그 자체여서 신선한 충격으로 가득한 날들을 보냈던 이 야미조의 산에서 내려갈 시간이 마침내 찾아온 것이다.

야미조의 산에서 보낸 닷새는 참으로 멋진 날들이었다. 사람들은 곧잘 '한 번밖에 없는 인생'이라는 말을 한다. 그러니 후회 없는 삶을 살라고 한다. 그것이 우리 삶을 충실하게 해주는 것이라면, 나는 지금부터 무엇으로 남은 삶을 채우면 좋을까? 이런저런 생각들이 머릿속을 스쳐갔다.

이로리 옆으로 가니 욧상이 직접 만든 약초차를 끓이고 있었다.

"선생님, 차 한잔 하시고 가세요. 그동안 매일 같이 산 여기저기를 돌아다니셨는데 이 야미조의 산이 조금은 좋아지셨나요?"

"좋아진 정도가 아니라, 아주 대만족이야. 재미있는 일, 신기한 일들만 가득해서."

"다행이네유. 이번에 고생만 하셨다고 생각하지 마시고 다음에 또 오세요."

"고생이라니? 가스토리 소주랑 구사야를 짊어지고 꼭 다시 올게."

"꼭 그렇게 하세요, 기다리고 있을게요. 그리고 다음에 오실 때는 소금에 푹 절인 임연수어를 사다주세요. 제가 어렸을 때 반찬으로 늘 그걸 먹었는데 요즘에도 가끔 그 맛이 생각나서 몹시 먹고 싶을 때가 있어요. 요즘 임연수어는 짠맛이 좀 약해서 맛이 없어요. 옛날에는 너무 짜서 입술이 얼얼할 정도였잖아요. 그거 한 토막만 있으면 밥을 몇 그릇이고 먹을 수 있었지요."

"알았어. 쓰키지 수산시장에 가서 제일 짠 임연수어를 찾아가지고 올 테니 기대하고 있어. 아, 그리고 약초에 관한 책도 꼭 보내줄게."

"그럼 부탁 좀 드릴게요."

"걱정 말라고. 또 필요한 거 있으면 어려워 말고 말해. 예를 들어서 약이나 통조림 같은 거."

"약은 필요 없시유. 산에 얼마든지 있으니까요. 그래도 통조림은 있으면 좋겠네요. 제일 좋아하는 건 싱겁게 익힌 고등어 통조림하고, 통째로 삶은 오징어 통조림, 양념구이 꽁치, 간장에 조린 정어리, 고래의 살코기요. 그리고 헌책방 거리에 옛날 영화잡지를 파는 가게가 있는데, 여배우들 사진이 실려 있는 그런 잡지도 있었으면 좋겠네요, 히힛."

"알았어. 내게 맡겨둬."

약초차를 마신 뒤 주섬주섬 자리에서 일어났다.

"그럼 난 갈게. 요시안냐, 정말 신세 많이 졌어. 꼭 다시 올 테니 그때도 산과 강을 안내해줘."

"그럼 조심해서 가세요."

내가 배낭을 메고 움막을 나서자 욧샹이 낡은 신문지에 싼 것을 건네주었다.

"아참, 이걸 놓고 가시면 안 되쥬~."

토끼의 재 구이와 훈제, 미꾸라지 양념구이 등이었다. 나는 고맙게 받아 배낭에 넣었다. 그가 다시 움막으로 들어가더니 엽총 2자루를 들고 나왔다. 그가 애용하는 총을 이때 처음 보았다. 한 자루는 구형이었지만 반짝반짝하게 잘 손질이 되어 있었다. 다른 하나는 얼핏 보기에도 매끈한 신식 총이었다. 욧샹은 그 중 낡은 총을 들어보이며 무라타(村田)의 18년식이라고 했다.

무라타 총은 메이지 시절 옛 일본군이 처음 정식으로 채용한 국산 총이다. 1880년에 무라타 쓰네요시(村田経芳)가 발명한 뒤 몇 번의 개량을 거쳐 청일전쟁에서 주력으로 사용한 총으로, 18년식은 후장 단발이고 구경 11밀리. 포금(砲金)으로 된 약협(藥莢)을 쓰며 사격 후 지렛대를 당겨 뒤쪽 통을 열면 빈 약협이 획 튀어나오게 되어 있는 개량 총이다. 이 18년식은 그 후 군대 외에 사냥총으로도 전국에 보급되었다.

"이거 귀한 총인데?"

그에게서 받아들어 자세히 살펴보니 최근까지도 사용한 흔적이 보였다.

“응? 이 총 아직도 쓰고 있나본데?”

“맞아요. 이 총은 아부지가 쓰시던 거라 유품으로 가지고 있는 거예요. 아부지가 돌아가신 뒤에도 매일같이 손질을 해서 언제라도 쓸 수 있게 해두었어요. 지금도 이걸로 멧돼지를 잡아요.”

“그건 아버님에 대한 훌륭한 공양이 될 거야. 아버님도 틀림없이 기뻐하실 거야.”

“저도 늘 그렇게 생각하고 있어요.”

“새 것은 욧상이 산 건가?”

“네.”

욧상은 무라타 총을 받더니 이번에는 신식 총을 보여주었다. 그것 역시 번쩍번쩍 잘 닦아놓았다.

“이건 최신식 사냥총인데 선원생활을 해서 모은 돈으로 4년 전에 산 거예요. 12구경이에요.”

나는 총에 대해 약간의 지식이 있던 터라 더욱 흥미롭게 살펴보았다.

“이탈리아의 베레타로군. 산탄과 실탄 모두를 쏠 수 있는 기능을 가진 총이잖아. 일본에서 멧돼지나 곰을 잡기에는 이 총이 좋다던데.”

“네, 아주 좋쥬~.”

총을 돌려받은 욧상이 갑자기 주머니에서 약협을 꺼내 그 두

자루의 총에 장전했다.

"그럼 선생님께서 도쿄까지 무사히 돌아가실 수 있도록 축포 두 발을 쏘겠습니다!"

엄숙한 목소리로 말한 뒤, 먼저 무라타 총을 들어 개머리판을 어깨에 대고 하늘을 향해 한 발 쏘았다.

탕!

귀를 찢을 듯한 총성이 바로 옆에서 울리더니 곧 산으로 퍼져 나갔다. 뒤이어 여기저기서 탕~ 탕~ 탕~ 하고 메아리가 되어 돌아왔다.

무라타 총을 내려놓고 이번에는 베레타를 쥐고 하늘을 향해 두 번째 공포를 쏘았다. 이번에는 '퓽!'하는 금속음이었고 주위를 둘러싼 산들에서 그 샤프한 소리가 메아리로 되돌아왔다. 무라타가 총성은 투박하지만 중후하고 믿음직한 사무라이 같았다면 베레타는 날렵해서 빈틈이 없고 세련된 기사와 같은 느낌이었다.

나의 무사 귀가를 기원하며 공포 쏘기를 마친 욧샹이 깊게 고개를 숙여 인사했다.

"그럼 선생님, 건강하세요."

나도 그에게 감사의 말을 전하고, 또 만난 적은 없지만 염소의 젖 등으로 두터운 정을 보여준 도조 씨에게도 인사를 전해달라고 부탁했다. 이제 4박 5일에 걸친 야미조 산에서의 생활을 마치며 산 아래쪽으로 발길을 돌렸다.

5일 동안 참으로 여러 가지 일들이 있었다. 보고 듣는 것 모두 옛날 그대로의 전통과 가르침이 남아 있었으며, 욧상은 그것을 산 사람의 지혜로 고스란히 물려받았다. 오늘날 급격한 서구의 생활 양식의 유입으로 전통 생활문화가 사라져가고 있는 현실을 생각하면, 자연에 녹아든 욧상의 생활을 보고 늠름한 한 사람이 아직 여기, 야미조의 산속에 남아 있다는 사실에 위로를 얻은 듯한 느낌이었다.

"저하고 구마는요, 산 밑에까지 배웅하지 않을 거예요. 선생님 혼자서 돌아가셔요."

말을 마치기가 무섭게 욧상은 움막 안으로 들어가 버렸다. 내가 산을 내려가는 모습을 보고 싶지 않았던 것이리라. 움막 앞에 남겨진 나와 구마는 욧상이 들어간 움막을 멀거니 바라보았다. 그러다 나는 쭈그려 앉아 구마의 몸을 쓰다듬어주었다.

"너도 잘 있어. 욧상 곁에서 잘 지켜주고, 알았지?"

구마는 알아듣기나 한 듯 빤히 쳐다보더니 몸을 돌려 욧상이 있는 움막으로 느릿느릿 걸어 들어갔다.

움막을 뒤로 하고 걸어 내려오면서도 나는 몇 번이나 뒤를 돌아보았다. 오늘 밤도 희미한 램프 불빛 아래 이로리 옆에서 구마와 함께 밤을 보낼 욧상을 생각하자 마음이 애잔했다.

이제 도쿄로 돌아간다. 다시 문명 세계로.

2부

야미조의 겨울

2년 후

어쩌다 인연

'야미조(八溝)'의 '야(八)'는 '많다', '강하다'는 뜻을 가지고 있다. 고대 사람들은 일, 이, 삼, 사, 오, 륙, 칠, 팔까지밖에 헤아리지 않았기에 여덟을 뜻하는 '야'는 가장 많은 숫자로, '그 이상은 없는 다수'를 의미하며 힘의 상징이기도 했다. 따라서 '야'에서는 존경의 의미가 들어 있는데 예를 들어 '야구모(八雲) 신사', '야사카(八坂) 신사', '야마타노오로치(八岐大蛇)', '야오로즈(八百万)의 신', '야소(八十)', '야치요(八千代)', '야치구사(八千草)' 등은 '다수이자 강한 힘'을 의미한다.

'야미조'는 '산과 계곡이 많은 곳'이라는 뜻으로, 즉 '힘이 강한 여러 신들이 있는 산'에서 온 지명이다.

2년 전, 그처럼 경외스러운 산에 들어가 꿈만 같은 5일을 보냈다. 그로부터 2년이 지났고 나는 다시 도쿄의 번잡함에 점점 지쳐가고 있었다. 그 사이에 욧샹이 부탁한 약초 관련 책을 4권 보냈고, 그가 좋아하는 구사야와 가스토리 소주, 추억의 영화잡지도 보냈다. 그에 답하듯 욧샹도 산나물과 버섯, 말린 돼지고기와 된장절임, 훈제, 미꾸라지 양념구이 등 계절에 맞는 음식들을 때때로 보내주었다. 욧샹은 매사에 느긋한 태도를 보이면서도 이런 일에는 세심하게 신경을 쓰는 산의 젠틀맨이었다.

어쨌든 그로부터 2년 5개월이 지난 12월 초, 욧샹이 자기 손으로 직접 잡은 멧돼지고기로 만들었다며 된장절임을 보내주었다. 작년에도 맛을 보고 세상에 멧돼지고기 절임만큼 맛있는 음식도 없을 것이라고 생각했기에 나는 크게 기뻐하며 야미조 산이 있는 쪽을 향해 만세를 외쳤다. 포장을 풀어보니 된장에 절인 멧돼지고기와 함께 갈색으로 변색한 낡은 봉투가 들어 있고 거기에는 연필로 갈겨쓴 편지가 담겨 있었다.

'언제나 같은 물건이지만, 제가 잡은 멧돼지로 만든 된장절임 보내니 드셔보셔유. 그런데 아직 못 오시남유? 전에 오셨을 때는 여름이었쥬? 겨울의 야미조에는 선생님께 도움이 되는 것이 잔뜩 있으니 시간 내서 오셔유.'

편지에는 간단한 내용만이 적혀 있었다. 야미조 사투리를 그대로 쓴 구어체인 점 역시 욧샹다웠다. 기회가 되면 다시 야미조의 산으로 들어가야겠다고 늘 마음속으로 생각하고 있던 나는 몇 줄밖에 되지 않는 그의 편지를 읽은 직후 심장이 요동치기 시작했다. 그리고 야미조행을 결심했다.

욧상의 움막을 다시 찾은 것은 연말 분위기로 바쁜 12월 9일이었다. 이런 시기에 자유시간을 만들 수 있는 것도 학자 겸 글쟁이의 특권이라 생각하고 이번에는 처음부터 3박 4일 동안 묵기로 결심하고 출발했다. 야미조의 겨울은 여름과 전혀 달리 혹독한 날씨일 것이라 큰 배낭에 방한용품과 그 외에도 만반의 준비를 했다. 선물로는 가스토리 소주 2병과 생선 통조림 10개, 구사야 5개, 그리고 욧상에게 카레라이스를 먹이고 싶었기에 고체 카레 10개를 준비했다. 그리고 기가 막히게 맛있는, 소금에 절인 연어 한 마리.

욧상이 부탁했던 짜게 절인 임연수를 구하지 못해서 대신 염장 연어를 준비했다. 연어는 근처 백화점 생선 매장에 걸려 있던 것 중에서 특히 마음에 든 것을 골라 산 것이었다. 얼마나 컸던지 연어 머리를 아래로 해서 배낭에 찔러 넣었는데 꼬리 부분이 튀어나와 조금은 기묘한 모양새가 되었다. 그것을 둘러메고 드디어 출발!

2년 전과 마찬가지로 아침 일찍 출발해 똑같은 교통수단을 이용해 스이군 선(線) 야마쓰리야마 역에 도착하니 오후 3시 경이 되었다. 역에 걸린 온도계는 섭씨 7도로 약간 쌀쌀한 날씨였다. 산속 추위는 이것보다 더 혹독하리라. 역 앞에 서 있는 택시에 올라타고는 '고타카바야시 다키노구치'라는 주소를 댔더니 기사가 고개를 갸웃거렸다. 2년 전 택시 기사에게서 들은 욧상의 별명을 떠올려 "타잔이 있는 곳이요"라고 말하자 단번에 문제가 해결되었다. 그리고 전에 왔을 때와 마찬가지로 일반도로에서 산길로 접어들어 한동안 울퉁불퉁한 숲길을 지나 막다른 길에서 내렸다. 거기서부터는 걸어서 숲길을 올라가야 한다. 눈은 전혀 없었으며 맑은 날씨 때문인지 공기는 건조했다. 마른 낙엽을 사각사각 밟으며 계속 올라가는 동안 반대편에서 내려오는 사람은 한 명도 만날 수 없었다. 때때로 몇 미터 앞에서 갑자기 산비둘기가 꾸꾸꾸꾸~ 울며 날갯짓소리를 남긴 채 날아오를 뿐이었다.

상당히 높은 곳까지 올라와서 기온이 꽤 낮을 텐데도 무거운 배낭을 지고 산길을 오르느라 이마에 땀까지 날 정도여서 추위는 느껴지지 않았다. 예고도 없이 방문한 나를 보고 욧상이 어떤 반응을 보일까? 우선 놀라고, 다음으로 기뻐할 것을 생각하니 힘든 오르막길이었으나 오히려 발걸음이 빨라졌다. 그리고 마침내 멀리 욧상의 움막이 시야에 들어왔다.

그런데 이번에는 욧상이 있을지가 걱정이었다. 이 계절에는 멧돼지를 쫓아 야미조의 산에서 아부쿠마의 산지까지 사냥을 나가는 일이 잦고, 멧돼지 한 마리를 잡기 위해 3일 동안이나 움막을 비우기도 한다는 말을 들은 적이 있다. 만약 집을 비웠다면 오늘 밤에는 혼자서 잘 수밖에 없는데… 괜찮을까? 내게 그런 용기가 있을까?

불안한 마음을 품은 채 움막에 도착해보니 걱정이 그대로 적중했다. 욧상은 물론 구마의 기척도 없다. 추운 날씨임에도 움막에서는 연기가 오르고 있지 않았다. 실망한 기분으로 조심스레 움막의 문을 당겨보니 다행히 잠겨 있지 않았다. 어둑한 집 안은 고요했고 낡은 괘종시계의 초침 돌아가는 소리만이 째깍째깍 들릴 뿐. 미리 연락을 하고 왔어야 했던 걸까? 아니, 갑자기 찾아와 욧상을 놀라게 해주고 그 기뻐하는 얼굴을 보고 싶어서 그냥 온 건데….

일단 신을 벗고 이로리까지 올라가 넋 나간 사람처럼 멍 하니 서 있다가 일단 잠깐 쉬기로 했다. 배낭을 내려놓고 부젓가락을 재 안에 찔러 넣고 쑤셔보니 아직 빨갛게 타고 있는 불씨가 굴러 나왔다. 재 속에 불씨를 묻어두었던 것이다. 남아 있는 불씨에 재를 뿌려 덮어 두면 언제든 꺼내어 다시 장작에 불을 붙일 수 있다. 가만히 보니 불씨가 그리 약하지 않다.

2년 전 여름에 왔을 때도 욧상은 움막을 나설 때면 타고 있는 불에 재를 듬뿍 뿌려 불씨를 살려두는 것을 보았었다. 재 속에 불씨가 있다는 것은 욧상이 멧돼지 사냥을 위해 멀리 나간 게 아니라는 사실을 의미했다. 그렇게 확신하고 그가 돌아오기를 기다렸다. 그런데 그저 멍하니 앉아서 기다리기는 아깝다. 욧상이 돌아왔을 때 깜짝 놀라게 해주고 싶었다.

마음은 점점 설레고 어떻게 놀래줄까 궁리를 했다. 우선 이로리의 불씨를 꺼내 그 위에 장작을 올리고 대나무 풀무로 숨을 불어넣어 공기를 보내자 불길이 점점 더 세지면서 장작에 불이 붙었다. 다음으로 냄비에 물을 반쯤 담고 갈고리에 걸어 물을 끓였다.

그리고 움막 입구에 놓여 있던 상자에서 나뒹굴고 있던 양파와 감자 껍질을 벗긴 뒤, 듬성듬성 썰어 냄비에 넣었다. 또 갈고리의 위쪽에 찔러두어 말려놓은 곤들매기와 송어를 3개 내려 머리와 뼈를 발라내고 몸통만을 냄비에 넣었다. 물고기의 몸통은 감자와 양파 속에서 부드럽게 풀어져 나갔다. 부글부글 끓기 시작해 감자의 속까지 익어갈 즈음 준비해 온 고체 카레 3개를 넣고 바짝 끓여 '민물고기 카레'를 만들었다.

내 위장이 배고프다는 신호를 보내왔다. 그러고 보니 오늘 제대로 된 식사를 한 끼도 하지 못했다. 식욕을 돋우는 냄새가 피어올라 당장이라도 먹고 싶었지만, 욧샹이 돌아올 때까지 참기로 했다. 카레를 얹어 먹을 밥도 해두어야겠다며 아궁이에 걸려 있는 솥뚜껑을 열어보니 밥이 남아 있다. 아마도 오늘 아침에 지어서 주먹밥을 만들어 움막을 나섰고, 돌아와서 먹을 생각이었던 것이리라. 됐어!

배낭 밖으로 꼬리를 내민 채 먼 길을 함께 온, 극도로 짜게 염장한 연어를 꺼내 움막 입구에 매달았다. 아가미 사이로 줄을 꿰어 그 줄을 처마 끝에 묶어 매단 것이다. 몇 발짝 떨어져 바라보니 풍만하고 아름다운 연어와 허름한 움막이 묘한 조화를 이루며 한 폭의 그림 같았다. 욧샹이 집에 돌아온 순간 크고 맛있어 보이는 연어 절임이 눈앞에 매달려 있을 터. 그 훌륭한 연어를 보고 첫마디를 뭐라고 외칠까, 짜릿한 기쁨이 솟아올랐다. 그리고 3박 4일에 걸친 즐거운 체류, 욧샹과 행동을 같이하며 거기서 만나게 될 여러 가지 발견과 체험에 대한 기대감이 그 기쁨을 한층 더 크게 해주었다. 처음에는 장난을 좀 쳐볼까도 싶었으나 결국은 음식으로 욧샹을 놀라게 해주게 된 것에 진심으로 만족감을 느꼈다. 이제 그가 돌아오기를 기다리기만 하면 된다.

이로리로 돌아와 타오르고 있는 장작 불 앞에서 심호흡을 내쉬었다. 이로리 불은 움막 안뿐만 아니라 마음까지도 따뜻하게 해주었다. 시간이 흐르자 나른한 편안함이 온몸을 감쌌다. 탁! 탁! 장작 타는 소리가 자장가처럼 아련하게 들린다. 이런 기분은 도쿄에서는 절대로 맛볼 수 없는 마음의 극락정토였다. 그 정토에 2년 만에 돌아와 보니 하늘 위를 자유롭게 날아다니는 독수리 같다는 생각이 들기도 했다. 예전 몽골의 광활한 초원을 홀로 걸었을 때, 끝없이 펼쳐진 초록빛 지평선을 바라보며 느꼈던 소름이 돋을 정도의 도취감과도 비슷한 느낌이었다. 팔베개를 하고 누워 야미조의 산과 몽골의 초원이 겹쳐지더니 점점 몽롱해지며 스르륵 얇은 잠에 빠져들었다.

얼마쯤 지났을까.

타탕! 타타탕!

고막이 터질 듯한 총소리에 놀라 자리에서 벌떡 일어났다. 당황해서 밖으로 나가보니 수줍은 소년 같은 미소를 띠며 욧샹이 총을 든 채 서 있었다. 구마가 재빨리 내 발밑으로 달려와 신발과 바지를 핥고 끙끙 콧소리를 울리며 애교를 부렸다. 2년 전 고작 5일 동안 같이 살았던 것을 냄새로 기억하고 있었다.

"이건 환영의 축포여유~. 선생님, 잘 오셨어요. 슬슬 오실 때가 되지 않았나, 저도 뭔가 느낌이 있었나봐요. 제 직감인지는 모르겠지만, 그래서 그저께 떠난 멧돼지 사냥꾼들과는 함께 산에 들어가지 않았구먼요. 정말 잘 오셨시유~ 이렇게 기쁜 일도 없을 거구먼요."

욧상답게 터프하게 축포로 환영을 해주어서 나야말로 전율이 느껴질 만큼 감격했다.

"이렇게 건강하게 다시 만나게 된 것만 해도 반가운 일이야. 도쿄에 있으면 요시안나와 야미조의 산이 한없이 그리워져. 그래서 연말 인사도 할 겸 온 거야. 이번에는 3박 4일 동안 신세를 질 테니 잘 부탁해. 그런데 내가 온 걸 어떻게 알았지?"

"산에서 내려온 순간 알았어요. 지붕에서 연기가 피어오르고 있었으니까요. 그걸 보고 누가 왔구나, 도조 형님하고 치과 선생님은 멧돼지 잡으러 가서 없는데. 그럼 혹시 선생님이려나, 생각했던 거죠. 너무 기뻐서 구마하고 단숨에 달려와보니 지금까지 본 적이 없는 멋진 생선절임이 한 마리 매달려 있잖겠어요? 이건 선생님밖에 없다고 생각해서, 문을 살짝 열고 안을 들여다보니 역시나 이로리 옆에서 주무시고 계셨어요. 그래서 2년 전에 축포로 보내드렸으니 이번에도 축포로 환영을 한 거쥬~."

"뭐야, 산에서 내려온 순간 알아차렸다고? 역시 다르군."

"그 정도도 모르면 산에서 혼자 살아갈 수 없어요. 근데 선생님, 깜짝 놀랐구먼요, 저 생선절임. 지금까지 저렇게 큰 건 본 적이 없었기에 까무러치는 줄 알았다니까요. 선생님, 저거 아주 비싸쥬?"

"아냐, 욧상이 맛있게 먹어준다면 오히려 싼 편이지."

"그럼 소중하게 먹을게요. 저 생선절임만 있으면 연말연시도 아주 즐거울 거예요."

선물로 가져온 연어 한 마리에 이처럼 좋아하다니, 나 역시 기뻤다.

"그런데 선생님, 올 겨울은 유난히 따뜻해서요, 지금까지 눈이 아직 한 번도 안 왔어요. 그래도 밤에는 꽤 추우니까 감기에 들지 않도록 조심하셔야 해요."

"밤에는 바깥 온도가 어느 정도까지 내려가지?"

"어젯밤에는 영하 8도였는데, 오늘 밤에는 어쩌면 영하 10도 정도까지 내려갈지도 모르겄네요. 어쨌든 몸을 따뜻하게 하고 자는 게 제일 좋아요. 잘 때는 따뜻한 침낭을 드릴 테니 걱정 마세요. 자, 오늘 밤 술 마실 준비를 할까요?"

"벌써 준비 다 해놨어. 곤들매기 카레를 만들어놨고, 욧상이 좋아하는 야릇한 냄새의 구사야도 가지고 왔어. 생선 통조림도 있고, 가스토리 소주도 있어. 그러니까 오늘 밤에는 일찍부터 파티를 시작하자고."

"아이고, 아이고, 카레까지 만들어 놓셨슈? 어쩐지 아까부터 맛있는 냄새가 나더라니. 그럼 조금 이르기는 하지만 지금부터 바로 마시기로 하죠."

오후 4시 반이 조금 지났는데도 해가 빨리 떨어지는 겨울 산

속은 어느 새 어둑해지고 있었다.

“전 뒤꼍에서 장작을 잔뜩 가져올 테니, 선생님은 술자리 준비를 해주세요.”

“알았네, 알았어. 흥겹고 신나는 술자리 준비를 위해 출동!”

2년 만에 맞는 야미조에서의 파티를 앞두고 가벼운 흥분이 일었다.

이로리 주변은 부산해졌다. 욧샹은 장작을 한아름 가져다 쌓았으며, 나는 구사야를 굽고 가스토리 소주를 따를 술잔을 찾아 꺼내오기도 하고 젓가락과 접시를 준비해서 이로리 주위에 놓았다. 그리고 램프용 등유가 들어 있는 플라스틱 통을 불에서 멀리 옮겨놓는 일도 잊지 않았다. 혹시 술에 취해서 등유 통을 쓰러뜨리기라도 하면… 생각만 해도 아찔하다. 이런 사소한 데까지 신경 쓰는 건 ‘주당 프로페셔널’, 약칭 ‘주프로’들만의 자연스러운 행동이다.

준비를 마치자 욧샹과 나는 2년 전처럼 이로리의 갈고리를 가운데 두고 마주앉았다. 앉자마자 1되들이 가스토리 소주 병을 들어 욧샹의 잔에 가득 따랐다.

“그럼 2년 만의 재회를 축하하며 건배!”

“2년 만이라고는 하지만 왠지 매일 같이 마시고 있는 듯한 기분이 드네요.”

우리는 가스토리 소주를 단숨에 위 속으로 흘려보냈다. 가스토리 소주 특유의 마른 왕겨 냄새와 술지게미가 품고 있는, 추억을 자극하는 아련한 냄새, 마음을 들썩이게 하는 알코올 냄새가 코로 전해지는가 싶더니, 술은 식도에서 명치를 매끄럽게 지나 위장을 지그시 달구기 시작했다.

"정말 맛있네요. 가스토리도 맛있지만요, 혼자 마시는 것보다 둘이 마시는 술이 훨씬 더 맛있어요. 이렇게 추운 데까지 와주셔서 정말 기뻐요. 도쿄에서의 짜증나는 일 잔뜩 짊어지고 오셨으니 이 야미조의 산에 전부 버리고 가세요."

"고마워, 늘 즐거운 얘기만 들려줘서. 이 야미조의 산에서 마시는 술과 안주는 정말 일품이야."

갓 구운 구사야를 맛있게 먹던 욧샹이 갑자기 생각난 듯 말했다.

"아차, 중요한 말을 잊고 있었네요. 선생님께서 보내주신 약초책이요, 그거 정말 큰 도움이 됐어요. 올 봄에 4종류의 약초를 심었는데 아주 잘 자라서 가을에 베어다 말려놨어요. 하나는 용담과의 월년초인데 산에서 뿌리째 캐다가 밭에서 몇 백 그루나 길렀어요. 그리고 멧돼지 사냥꾼 동료인 치과 선생님이 도쿄에 갔을 때 자기가 나온 대학 약학 선생님한테 약초 3종류의 뿌리를 받아다 주셨는데 그것도 밭에서 길러봤어요. 하나는 황련이라는 건데 위장에 좋은 약이래요. 다른 하나는 황정이라는 건데 이건 정력제, 나머지 하나는 오미자라는 약초로 이건 기침을 멈추게 해준대요. 선생님께서 보내주신 책을 참고로 심어봤더니 전부 잘 자랐어요. 내년에는요, 더 많은 약초를 모아다 이 산에 제일 잘 맞는 놈을 정해서 재배를 시작할 생각이에요. 그리고 그걸 약초 가게에 팔아 돈을 모아서요, 선생님하고 또 이렇게 술을 마셔야겠다고 생각했어요, 하하하."

"그거 좋은 생각인데. 나도 도울 테니, 약초원을 꼭 성공시켜서 요시안냐도 그 돈으로 도쿄로 술을 마시러 오도록 해."

"넵! 꼭 그렇게 하겠습다!"

그때 아궁이 앞에 웅크리고 있던 구마가 갑자기 왁, 왁 하고 나직하게 짖기 시작했다. 그러더니 슬며시 일어나 꼬리와 귀를 세우고 바깥 동정을 살폈다. 처음 보는 이상한 행동에 혹시라도 구마가 들을세라 작은 목소리로 물었다.

"요시안냐, 구마 녀석 왜 저러는 거야?"

욧샹이 살짝 미간을 찌푸리더니 역시 목소리를 낮춰 소근대듯 말했다.

"저놈 말이죠, 발정이 났어요. 이 근처 산에 1개월쯤 전부터 들개 암놈이 돌아다니기 시작했어요. 그 개가 여기저기에 소변을 보고 다니는데, 구마 놈, 그 냄새를 맡고 하고 싶어서 참을 수가 없어진 거예요. 지난 이삼일 동안 그쪽에만 정신이 팔려서 제 말도 잘 안 들어요. 그래서 어젯밤에는 구마 놈을 때려줬어요. 적당히 좀 해, 나도 하고 싶은 걸 참고 있는 거야, 하면서요. 정말 골치 아픈 놈이라니까요. 그 암캐도 요즘 갑자기 발정이 났는지 소변 속에 호르몬을 잔뜩 섞어서 여기저기에 흩뿌리고 다녀요. 구마가 거기에 정신이 팔린 거지요. 지금 저 문밖에서 암캐가 이쪽을 향해 엉덩이를 대고 구마가 올라타기를 기다리고 있을걸요."

"하하하, 그거 재미있는걸? 구마도 자신의 자손을 남기고 싶겠지. 종족번식은 생물계의 본능이잖아. 그렇다면 왜 그 암캐를 쫓아버리지 않는 거지?"

"이럴 때는 내쫓지 않는 게 좋아요. 구마 놈한테는 미안한 일이지만, 그게 사냥개의 숙명이구먼요. 지금 이 시기는 멧돼지 사냥이 한창이어서 다른 곳에 정력을 쓰게 해서는 안 되죠. 지금 교미를 시키면요, 멧돼지를 쫓으려 하지 않아요. 암캐의 엉덩이 냄새만 머릿속에 들러붙어서 멧돼지 냄새는 맡으려 하질 않는다니까요. 그리고요, 지금 암캐에게 새끼를 배게 하면요, 태어난 강아지들이 근처 어딘가에 숨어 지내는데 그 강아지들 우는 소리 때문에 구마도 싱숭생숭하게 돼요. 무엇보다 제일 안 좋은 건, 그 강아지들이 자라서 이 산 가득 들개가 늘어나는 거예요. 그럼 멧돼지도 남아나지 못하게 되고, 그러니까 다른 멧돼지 사냥꾼들을 위해서도 절대로 시킬 수가 없구먼요."

흥미로운 얘기였다. 발정난 암캐를 근처에 얼쩡거리게 놔두어 구마를 흥분을 시킨 다음 사냥에 데려가면 정력의 분출구같이 되어서 물불 안 가리고 멧돼지에게 덤벼든다는 것. 구마에게는 미안한 일이지만 이대로 참게 하는 수밖에 없다고 했다. 하지만 올해 멧돼지 사냥이 끝나면 같은 사냥꾼 집의 암캐한테 장가를 보낼 거란다. 혈통 좋은 개라고 소문이 자자한 암캐에게 장가를 가면 구마도 시원해질 거라며, 욧상은 크게 웃었다.

"암캐를 못 만나게 하려고 구마를 집 안으로 들여놓은 거로군."

그런 얘기가 오가는 동안에도 구마는 자꾸만 밖의 기척을 살피고 있었다.

"그러니까 구마한테는 참으라고 할 수밖에 없어요. 구마! 이놈! 또 끙끙거리고 뭐하는겨! 오늘도 맞을래?"

이번에는 구마를 향해 소리를 질렀다. 그 목소리에 구마도 조금은 얌전해졌다.

1되들이 가스토리 소주도 이제 곧 바닥을 드러낼 판이었다.

"아참, 내일은 겨울 추어탕을 만들 테니 기대하세요. 전에 오셨을 때는 여름의 추어탕이었쥬? 하지만 겨울 추어탕도 아주 맛있구먼요."

"이렇게 추운 겨울에도 미꾸라지가 잡힌단 말이야?"

"잡히고 말고요. 저한테 맡겨두셔요. 팔팔한 큰장어미꾸라지가 잔뜩 있는 곳을 알고 있으니까요."

"냇물? 아니면 연못?"

"아니, 물속이 아니라 땅속이에요."

"정말이야?"

"뭐하러 거짓말을 하겠어요. 겨울에는 땅속에 있어요. 어쨌든 내일 저를 따라오면 아실 테니 기대하세요."

"그래? 내일도 기대가 되는군."

"아, 맞다. 내일 오전에는 토끼 덫을 둘러보고 낮에 미꾸라지를 잡으러 가요."

욧상은 2년 전 여름과 마찬가지로 다음날 할일을 전날 술자리에서 미리 예고했다. 내게 기대를 품게 해서 즐거움을 주기 위해서이리라. 가스토리 소주가 바닥을 드러낼 즈음 곤들매기 카레를 밥 위에 가득 얹어 욧상에게 건네주었다. 이보다 더한 진수성찬은 없을 거라며 욧상은 기뻐하며 단숨에 먹어치웠다.

"그럼, 오늘 밤은 이쯤에서 마치고… 그리고 내일 밤에는 맛좋은 미꾸라지하고 맛좋은 토끼고기를 먹기로 해요. 그리고 여기는 산속이라 아침에 아주 추워요. 저쪽 방에 제가 멧돼지를 잡으러 갈 때 쓰는 침낭을 갖다놓았으니 그 안에 들어가서 주무세요. 저는 평소처럼 이 이로리 옆에서 자면서 불이 꺼지지 않도록 할 테니 추위는 걱정하지 않으셔두 돼요."

"하나에서부터 열까지 정말 세심하기도 하군. 그럼 오늘의 잔치는 이만 마치기로 할까."

소변을 보러 문을 나서려는데 욧상의 말이 들려왔다.

"밖에 나갈 때 구마 놈이 따라 나가지 않도록 조심하세요. 빠져나가서 밤새 암캐 만나 돌아다니면 멧돼지 사냥에 쓸 수 없게 되니까요."

끙끙거리며 바깥을 살피는 구마가 안됐지만 밖으로 나가자마자 얼른 문을 닫았다.

디즈니랜드 타월

다음날 아침 눈을 떠보니 침낭 속의 온기에 비해 움막 안은 추웠다. 이로리 옆에도 욧샹의 모습은 보이지 않았다. 벌써 일을 시작한 건가? 밖은 더 추울 텐데 대체 뭘 하는 건지 궁금했다. 침낭 옆에는 두툼하게 솜으로 누빈 방한용 실내복이 얌전하게 놓여 있었다. 그것을 두 벌 겹쳐 입고 밖으로 나가보았으나 욧샹도 구마도 보이지 않았다. 뒤쪽 변소로 가서 2년 전과 마찬가지로 용변을 본 후 차가운 엉덩이를 마른 머위 잎으로 닦은 뒤 움막으로 돌아왔다. 이로리 옆에서 기다려도 그는 좀처럼 돌아오지 않았다.

이래저래 30분이 지났을까, 욧샹과 구마가 돌아왔다. 욧샹은 등에 지고 있던 바구니를 으쌰, 하며 내려놓았다.

"안녕히 주무셨시유? 배추랑 파, 우엉이에요. 오늘 밤 추어탕에 쓰려고 무덤에서 가져왔구먼요. 그리고 토끼 덫을 보러 갔는데 한 마리도 안 걸렸네요."

바구니에서 꺼낸 채소는 방금 밭에서 뽑아온 것처럼 하나같이 신선했다. 한겨울 야미조의 얼어붙은 밭에 신선한 채소가 있다는 것이 놀라웠다. 게다가 무덤에서 가져왔다는 기묘한 말은 뭐지?

"밭에서 캐온 건가?"

"맞아요. 밭의 굴에서 꺼내온 거예요. 옛날부터 이 부근에서는 땅속에 굴을 파고 거기에 채소를 넣고 왕겨나 볏짚으로 감싸두어요. 그렇게 하면 언제까지고 시들지 않고 싱싱하게 보관할 수 있죠. 가까운 곳에 있으니 보고 오실래요?"

움막 위쪽 밭 끝자락에 욧샹의 아버지 무덤이 있고 그 뒤로 돌아가면 굴이 있다며 위치를 알려주었다.

평상복으로 갈아입고 그 위에 방한 점퍼를 걸쳐 단단히 채비를 했음에도 밖으로 나가자 차가운 아침 공기가 뺨을 찌르는 듯했다. 심호흡을 하면서 걸으니 차고 맑은 공기가 전신에 스며들어 몸 전체가 싸늘해졌다. 딱딱하게 언 땅을 밟으며 밭고랑 사이로 완만하고 좁은 길을 올라가자 그 끝자락에 욧샹 아버지의 무덤이 있었다. 깨끗하게 정리된 무덤 앞에서 합장을 하고 다시 야미조에 온 사실을 보고했다.

무덤 뒤쪽으로 돌아가 보니, 산의 급격한 경사면에 흙벽이 있고, 옛날 방공호 같은 모양으로 굴이 파여져 있었다. 굴 입구에 커튼처럼 드리워져 있는 거적을 들추고 안을 들여다보았다. 깊이는 3미터 정도에 어른 몇 명이 들어가고도 남을 만한 공간이 나왔다. 바닥에는 대파와 배추, 당근, 우엉, 무, 호박, 감자 등이 흙과 왕겨, 지푸라기를 섞어놓은 곳에 묻혀져 살짝 모습을 내보이고 있었다. 채소들은 하나같이 신선했으며 겨울의 차가운 공기를 조금씩 호흡하고 있는 듯 보였다.

채소는 물론 식물은 대체로 0도 이하가 되면 세포가 파괴되어 흐물흐물해져서 맛이 없어지는 법인데 뿌리를 자르지 않아 살아 있는 상태로 보존하고 있었다. 그런 데다 0도 이하로 내려가지 않을 정도의 서늘한 공간을 만들어 감싸두다니 탁월한 보존법이었다.

야미조 같은 산골의 춥고 긴 겨울에는 과일이나 녹황색 채소가 부족하면 건강에 꼭 필요한 비타민군, 특히 비타민C 등을 섭취하기 어려워져 건강에 어려움을 겪곤 한다. 오래도록 신선하게 보관할 수 있는 이와 같은 보존법은 옛 사람들의 지혜를 잘 보여주고 있었다.

움막으로 돌아오니 곤들매기 카레에서 좋은 냄새가 났다.

"굴을 바로 찾으셨나요?"

"응. 옛날 사람들의 지혜는 정말 대단해. 옛날부터 계속 이런 방법을 써온 거겠지?"

"맞아요. 산 사람들은 옛 사람들의 지혜를 소중한 가르침이라 여기고 쭉 전수해왔어요. 이건 약초차인데 우선 이걸 마시고 카레를 먹어요. 어젯밤에도 먹었지만 선생님이 만드신 카레는 정말 맛있어요. 도쿄의 레스토랑에 가서 먹는 것 같다니까요."

그가 직접 만들었다는 약초 차를 잔에 따라주었다. 먼저 향을 맡아보니 약초 특유의 상큼하고 시원한 냄새와 약용식물이 햇빛에 건조되면서 생기는 마른 냄새가 코를 자극했다. 한 모금 삼키자 비어 있는 위 속이 뜨끈해지더니 위벽으로 서서히 스며들었다. 아침의 상쾌한 기분이 약초 향으로 더욱 시원해지면서 도쿄에서는 맛볼 수 없는 좋은 느낌이었다.

심신을 달래주는 수제 약초 차에는 심신을 달래주는 방향요법의 효과도 있는 것 같았다. 욧샹이 단 한 번도 병원에 간 적이 없다고 언젠가 자랑한 적이 있는데 어쩌면 이와 같은 약초의 음용과 자연식 덕분일지도 모르겠다.

약초 차를 음미하고 곤들매기 카레라이스를 먹은 뒤 이로리 옆에 눕자 나른함이 밀려왔다. 욧샹이 다시 재미있는 얘기를 시작했다.

"선생님, 전 아주 신기한 음식을 아부지께 배웠어요. 아부지는 그걸 할아부지한테 배웠다고 했어요. 선생님은 먹거리에 대해 연구하시니 약간은 참고가 될 것 같은데… 종이떡이라는 거예요."

팔베개를 하고 있던 나는 벌떡 일어나 앉았다.

"뭐? 종이로 떡을 만든다고?"

"네. 옛날에 먹을 것이 떨어졌거나 겨울 내내 눈이 내려 밖에 나갈 수 없을 때 먹었던, 말하자면 비상식량인데요, 겨울이 오기 전에 잘 만들어두었다가 겨우내 보존했어요. 지난 몇 년 동안 한 번도 만들지 않았지만 그 종이떡, 만들어볼까요?"

"오오, 요시안냐, 그거, 그거 만드는 거 꼭 보고 싶어."

흥분해서 목소리가 높아지며 몸을 들썩여 그를 채근했다.

"알겠시유, 선생님. 얼른 뒷산에 가서 재료를 가져올 테니 여기서 차를 드시며 기다리고 계세요."

그는 벌떡 일어나 행동을 개시했다.

욧상은 귀한 산촌문화의 계승자이다. 야미조의 산골에서 살며 거기서 살아가기 위해 고안해낸 여러 가지 생활의 지혜를 가능한 한 자세히 기록해야겠다고 생각해서 2년 전에도 그의 이야기를 기록했는데, 이번에도 기록해야겠다고 마음 먹었다. 사실 2년 전에 여기에 온 목적은 욧상의 얼굴을 보고 싶다, 그와 함께 술을 마시고 싶다, 야미조의 산과 자연을 접하고 싶다는 가벼운 마음에서였다. 그러나 자연에서 여러 가지 지혜를 이어받아 그것을 실천하는 욧상의 삶에서 크게 감동을 받은 나는 메모한 것을 도쿄로 돌아가 정리했는데 거의 노트 2권 분량이나 되었다.

욧상은 바구니를 짊어지고 구마를 데리고 뒷산으로 갔다. 나도 따라나서려 했으나 수풀 속으로 들어가야 하니 움막에서 기다리라고 해서 이로리 불을 쬐며 기다리기로 했다. 종이떡이란 대체 어떤 것일까? 온갖 상상을 하다 보니 더욱 흥미가 당겼다.

30분쯤 지나자 욧상이 돌아왔다. 그는 곧 아궁이에 장작을 지피고 큰 솥에 물을 붓고 끓이기 시작했다. 바구니 속에는 기다란 끈 모양의 줄기와 작은 나뭇가지 같은 것이 가득 담겨 있었다.

"이건 나무줄기랑 껍질이에요. 닥나무나 뽕나무, 졸참나무, 노송나무들인데요, 바람에 부러져 떨어진 것만 모아왔어요. 이걸 물에 담갔다가 절구에 넣고 찧는 거예요."

움막 밖으로 나가더니 처마 밑에 멍석으로 덮어두었던 절구와 절굿공이를 끄집어냈다. 우선 나뭇가지와 껍질을 손도끼로 잘게 자르고 그것을 대야에 담아 물을 뿌렸다.

"원래는 하룻밤 물에 담가둬야 하는데, 오늘은 시간이 없으니 흉내만 낼게요."

1시간쯤 물에 불린 뒤 나무줄기와 껍질을 건져내어 절구에 넣고 찧기 시작했다. 찹쌀밥을 찧을 때는 찰싹찰싹 맛있는 소리가 나지만, 나무줄기와 껍질을 찧을 때라 쿵쿵쿵 하는 둔탁한 소리가 났다. 그는 쉴새없이 절구질을 했다. 절굿공이의 무게도 만만치 않을 텐데 쉬지도 않고 잘도 하는구나, 감탄하며 구경했다. 중간 중간 조금씩 물을 부어가며 10분쯤 찧자 줄기와 껍질은 본래의 모습을 잃고 너덜너덜 찢어진 상태가 되었다. 그래도 찧기를 멈추지 않고 전체적으로 부드럽게 풀어질 때쯤에야 절굿공이를 놓았다.

"열심히 찧었더니 딱 알맞게 됐네요. 자, 한번 만져보세요"

촉촉하면서도 부드러워서 이게 조금 전의 그 딱딱했던 껍질과 나뭇가지였나 싶었다.

"이번에는 이걸 삶을게요. 이 절구 안에 있는 걸 바구니에 담아서 솥 앞에 놓아주시겠어요? 전 뒤에서 재를 가지고 올게요."

욧상은 빈 양동이를 들고 움막 뒤로 갔다. 으깨진 나무줄기를 솥 앞으로 가져가니 물이 벌써 끓고 있었다. 곧 욧상이 양동이에 절반쯤 재를 담아가지고 왔다.

"잘 끓고 있네요. 그럼 선생님, 이 찧은 걸 솥에 넣어주세요. 한꺼번에 전부 넣어서는 안 되고 조금씩 넣어야 됩니다."

"알았어. 걱정 말라고."

나는 욧상이 말한 대로 바구니에서 한 주먹씩 집어 끓는 물속에 넣었다. 다 넣고 나자 욧상은 양동이의 재를 전부 아궁이에 넣었다.

"이제는 뚜껑을 덮고 불을 조절해가면서 내일 아침까지 끓이면 돼요."

그는 아궁이 덮개를 열거나 재를 긁어내기도 하며 불의 강약을 조절했다.

"점심 전에 겨울 미꾸라지를 잡으러 가야 하니 불은 이 정도면 될 거예요. 아, 맞다! 미꾸라지 잡으러 갈 준비도 해야지."

욧상은 어느 새 움막 밖으로 나가 미꾸라지를 잡으러 갈 채비를 시작했다. 종이떡이란 어떤 걸까? 또 이렇게 추운 겨울에 팔팔하고 기운 넘치는 미꾸라지를 잡을 수 있다고? 야미조의 욧상은 언제나 내게 호기심과 모험심을 품게 한 뒤, 흥분하게 만들어버리는 마술사와 같았다.

오전 11시 무렵, 욧상과 나, 그리고 구마는 미꾸라지를 잡으러 출발했다. 욧샹은 허리에 미꾸라지를 담을 바구니를 차고 어깨에는 곡괭이를 걸쳤다. 물고기를 잡으러 가는데 웬 곡괭이?

산 아래 쪽으로 20분쯤 내려가자 평지가 나타났다. 2년 전 여름 미꾸라지를 잡았던 곳, 뱀에 물린 아픈 추억이 있는 곳이다. 냇물은 이전보다 수량이 훨씬 줄었고 논에는 추수를 끝내고 벼의 밑동만 남아 있었다. 흙은 마른 상태였으나 앞쪽 논에는 살짝 얼음이 얼어 있었다.

욧샹은 논두렁을 걸어가 물을 대는 도랑 부근까지 가서는 "이리 와보세요!" 라며 나를 불렀다. 급히 다가가보니 그는 곡괭이로 얼음을 깨고 흙을 파내고는 그 흙을 손으로 부수며 무언가를 주워 바구니에 담기 시작했다.

"보세요, 미꾸라지예요. 여기서도 저기서도 꿈틀대고 있쥬?"

이렇게 추운 겨울에도 꿈틀꿈틀 기운이 넘치는 미꾸라지를 보고 나는 놀랐다.

"미꾸라지 놈들이 흙 속에서 잠자코 있다가 갑자기 밖으로 나와서 혼비백산해서 몸부림을 치는 거예요. 미꾸라지는 이렇게 흙 속에서 겨울을 나는데요, 말하자면 겨울잠 같은 거쥬."

욧샹은 열심히 논 바닥을 파내면서 꿈틀대는 미꾸라지를 연신 주워담았다.

"그런데 이 논에만 미꾸라지가 모여 있는 것도 신기한 일이군."

욧샹은 그렇게 신기할 것도 없다고 했다. 미꾸라지가 모인 게 아니라 일부러 모은 거라며 그 방법을 설명해주었다. 벼 베기를 마치고 나면 우선 인근 논 대여섯 곳에 냇물을 끌어다 채우는데, 논 안쪽이 강의 상류처럼 되어 있어 거기서부터 물이 찬다. 그러면 냇물에 있던 미꾸라지들이 부드러운 흙 속에서 겨울을 나려고 거기까지 올라간다. 이렇게 논 전부에 물을 채운 다음, 논의 물이 냇물로 빠져나가지 않도록 막는다. 그런 다음 제일 앞쪽 논에서 천천히 물을 빼서 냇물로 흘려보낸다.

"저기를 좀 보세요. 대나무로 만든 가느다란 발 같은 게 보이시쥬? 그걸 세워서 미꾸라지가 냇물로 들어가지 못하도록 하는 거예요."

그가 가리키는 곳을 보니 냇물로 통하는 곳에 대나무 발이 세워져 있었다. 원리는 간단했다. 맨 위쪽 논의 물이 우선 빠지면 미꾸라지들이 큰일이다 싶어 그 아래 논으로 물과 같이 내려온다. 그런데 그 옮겨온 논에서도 물이 빠지니까 다시 그 아래 논으로 내려오고… 결국은 제일 아래 쪽 논으로 미꾸라지들이 전부 모여들게 된다. 그러나 물이 빠지는 곳까지 왔더니 발이 막고 있어서 미꾸라지들이 갈 데가 없어진다.

"그래서 미꾸라지들이 그럼 올해는 여기서 겨울잠을 자야지, 하며 흙 속으로 들어간 거예요."

지금 파내고 있는 것이 그렇게 모인 미꾸라지들이다.

"그렇게 된 거로군. 정말 놀라워."

"겨울이 되면 이 부근 사람들은 동물로부터 얻는 단백질이 부족해져요. 그래서 이런 생각을 해낸 거예요. 이제 막 겨울잠에 들어간 미꾸라지들이라 아직은 통통하게 살이 쪄서 영양도 잔뜩 품고 있어요. 덕분에 맛도 진하고 말로 표현할 수가 없어요."

"그럼 오늘 밤에는 2년 만에 미꾸라지 요리를 즐길 수 있겠네, 요시안나."

"그럼요, 그럼요. 기대하셔유~."

욧샹은 논의 흙을 척척 파서 진흙투성이 미꾸라지를 바구니에 잡아넣었다. 나도 미꾸라지 잡이에 손을 보탰다. 미꾸라지에는 진흙이 잔뜩 묻어 있어서 미끄러지지 않고 잡기 쉬워 한꺼번에 몇 마리씩 몰아 잡듯이 해서 바구니 안에 넣었다.

미꾸라지를 잡다보니 문득 한 가지 의문이 들었다. 이 논은 욧샹의 소유가 아닌데 어떻게 몇 개의 논을 자유롭게 쓸 수 있는 것일까?

"그런데 이 논의 주인은 누구지?"

"니스케네 논이에요. 옛날에는 미꾸라지가 소중한 겨울 식량이었기에 너나없이 잡았지만 지금은 이 근처에서 미꾸라지를 잡는 사람은 이제 없어요. 그래서 몇 해 전에 미꾸라지를 잡아도 되냐고 부탁했더니 니스케가 그러라고 해서, 그때부터 죽 이 논에서 미꾸라지를 잡고 있어요. 그 대신 잡은 미꾸라지 중 일부를 니스케의 집에 가져다줘요. 그랬더니 니스케네 사람들 얼마나 좋아했는지 몰라요. 지금도 제가 가지고 가는 미꾸라지를 기다리고 있을 걸요."

니스케는 인근 농가인데 논을 꽤 많이 소유하고 있다고 한다.

"이 정도면 얼추 된 거 같네요. 잔뜩 잡았어요. 나머지는 미꾸라지가 먹고 싶을 때 또 와서 잡으면 돼요."

욧상은 곡괭이를 메고 논두렁으로 올라갔다. 그리고 발아래로 흐르는 시냇물에 바구니를 담가 흔들자 진흙은 바구니 틈새로 빠져나가고 안에는 통통하게 살이 오른 팔팔한 미꾸라지만 남았다. 진흙이 묻었을 때는 몰랐는데 깨끗이 씻고보니 미꾸라지에서 광택이 났다.

"얼추 1되 정도는 될 거 같은데요? 3홉 정도 니스케네 집에 가져다주고 나머지는 둘이서 먹기로 해요."

그는 품속에서 면장갑을 꺼내 끼더니 바구니 안의 미꾸라지를 3분의 1정도 옮겨 담았다.

"저는 이 미꾸라지를 갖다주고 갈 테니, 선생님은 구마랑 먼저 돌아가 계십쇼. 그리고 종이떡 만들고 있는 아궁이에 장작을 더 넣어 불을 세게 해주시고요."

"그래, 알았어."

논두렁을 따라 걷는 내 뒤를 구마가 꼬리를 흔들며 따라왔다.

움막으로 돌아오자마자 물 담은 냄비에 미꾸라지를 옮기고 달아나지 못하도록 뚜껑을 덮었다. 그리고 아궁이에 장작을 넣어 불을 세게 한 뒤 그가 돌아오기를 기다렸다. 30분쯤 지나자 욧상이 묵직해 보이는 보따리를 들고 돌아왔다.

"아이고, 니스케네 집에 갔다가 오히려 제가 신세를 지고 왔네요. 뒷문으로 들어가서 누구 없슈? 미꾸라지 놓고 가니 드셔유! 라고 크게 말했는데도 아무 기척이 없지 뭐예요. 이상한 일도 다 있다고 생각해서 안채 쪽으로 가보니 모두가 앉아서 엄숙하게 의식 같은 걸 치르고 있더라구요. 저를 보더니 니스케네 아주머니가 다가오셔서 오늘이 그 댁 장남 요시하루의 약혼식날이라고 살짝 알려주셨어요. 저는 조그만 목소리로 미꾸라지 가져왔으니 드셔유, 라며 놓고 돌아오려 했는데 아주머니가 잠깐 기다리라더니 안으로 들어갔다가 나와서는 이 보따리를 건네주시기에 들고 왔어요."

보따리를 풀자 붉은 빛깔의 홍백떡이 들어 있었다. 경사스러운 날 홍백떡을 만들어 동네에 돌린다고 했다.

"연애였을까, 선이었을까?"

뜬금없는 궁금증에 내가 물었다.

"분명히 선일 거구먼요. 요시하루 아버지가 6월쯤에 논에서 우렁이 잡는 걸 봤으니 틀림없이 선을 본 거예요. 잡아온 우렁이를 선을 보는 날까지 정원의 조그만 연못 속에 넣어 살려둬요."

욧상이 알 수 없는 말을 했다.

"우렁이 잡는 걸 보고 어떻게 맞선이라는 걸 알 수 있지?"

"이 부근에서는 옛날부터 선을 볼 때 우렁이된장을 내는 관습이 있어요. 지금은 거의 없어졌지만 오래 된 농가에는 아직 남아 있는데 그걸 '알 먹기'라고 하죠."

남녀가 선을 보는 자리에서 우렁이를 먹는 풍습이 있는데 이

쑤시개로 살을 파먹은 뒤 껍데기 속에 남아 있는 국물을 먹으려면 아무리 수줍음 많은 여자라도 반드시 얼굴을 들어야 한다. 그때를 놓치지 않고 남자가 얼른 여자의 얼굴을 본다는 것이다.

"요즘에야 그렇게 수줍음 많은 여자를 아무리 찾아봐도 없을 테지만, 옛날에는 그런 여자가 많았을 거예요. 그런데 단지 흥미를 위해서가 아니라, 우렁이는 사실 흡인력이 아주 강해요. 교미할 때 수놈이 암놈의 몸에 찰싹 달라붙어서 한참 동안 떨어지지 않아요. 그리구 암놈은 한 번에 수백 마리씩 새끼를 낳는대요. 그러니까 찰싹 달라붙어서 새끼도 잔뜩 낳는 길한 놈이라 선을 볼 때 우렁이를 내는 거죠."

재미있는 풍습이라 생각하며 잊지 말고 적어두어야지 싶었다. 그러다 문득 종이떡 생각이 났다.

"아참, 아궁이에 장작을 넣었어."

"맛있는 진짜 떡이 생겼는데 종이떡을 만든다는 것도 우습네요. 뭐, 선생님의 연구를 위해서 하는 거니 어쩔 수 없지만요, 하하하…."

그의 말에 의하면 아궁이에는 더 이상 장작을 넣지 않고 내일까지 그대로 솥을 걸어둔다고 한다.

벌써 오후 2시가 지났다. 곤들매기 카레라이스로 아침을 먹은 후로 종이떡 만들 준비를 하고, 또 겨울잠에 들어간 미꾸라지를 잡느라 점심 먹는 것조차 잊고 있었다. 그 사실을 깨달은 순간 갑자기 배고픔이 밀려왔다. 얼른 눈치 채고 욧상이 니스케 네 집에서 받아온 떡을 내놓았다. 먹기 좋은 크기로 잘라진 떡은 아직 말랑말랑하고 쫄깃했으며 달달했다.

잔치 떡으로 점심을 해결하고 한 시간 정도 쉰 뒤, 욧샹은 저녁 준비에 들어갔다. 산 속이라 해가 빨리 저물어 어둑해질 무렵에야 저녁 상이 차려졌다.

그리고 그날 밤 다시 행복의 시간이 찾아왔다. 오늘의 안주는 한겨울의 추어탕. 아침 일찍 뒷산 굴에서 가져온 배추와 우엉, 파를 넣어 끓인 욧샹만의 독특한 레시피였다. 추운 겨울 야미조의 산속에서 입이 델 정도로 뜨거운 추어탕을 후후 불어가며 먹는 맛이란! 그 맛에는 도쿄에서는 맛볼 수 없는 각별한 운치가 있었다. 1병 남은 가스토리 소주와 추어탕의 야생적 풍미가 어우러져 혀와 목에 한층 더 강한 자극을 주었다. 서로 '맛있다!'를 연발하며 가스토리 소주를 위 속으로 척척 부어나갔다. 빈속인 탓에 소주의 기운이 더 빨리 돌아 급속히 취기가 오르는 것 같았다. 욧샹과 나는 노래를 부르고 어깨를 들썩이며 춤을 추기도 하며 둘만의 흥겨운 파티를 즐겼다. 안주는 추어탕밖에 없지만 몸도 마음도 크게 만족스런 밤이었다.

그날 밤도 가스토리 소주 1되를 해치우고 욧샹은 평소처럼 이로리 옆의 얇은 담요 위에 벌렁 누웠으며 나도 침낭 속으로 들어갔다. 아궁이 속에서는 장작 불꽃이 새빨갛게 타오르고 있었다.

이튿날 아침, 갈증과 요의(尿意)를 동시에 느끼며 눈을 떴다.

침낭 속에서 기어나와 어둑한 가운데서 손목시계를 보니 오전 6시 40분이었다. 무거운 몸을 추스르며 이로리 옆으로 가니 욧샹은 이미 나가고 없다. 종이떡 만드는 아궁이에는 새로 장작을 넣은 듯 불길이 세차게 치솟고 있었다.

나는 물을 끓이기 위해 쇠주전자에 물을 담아 이로리 위 갈고리에 매달았다. 이젠 내 집처럼 척척 일이 손에 익었다. 따뜻한 이로리 곁에 눕자 다시 졸음이 몰려왔다. 최근에 이렇게 한가로운 시간을 보낸 적이 있었던가! 도쿄에서의 몸과 마음의 긴장이 모두 풀어지는 듯했다. 달그락달그락 주전자 뚜껑을 울리며 물 끓는 소리를 들으며 정신이 아련해질 무렵 갑자기 움막 문을 여는 기척에 정신이 들었다.

"선생님, 일어나셨네요? 조금 전에 토끼 덫을 보러 갔더니 커다란 놈 하나가 걸려 있었어요. 밖에 뒀으니 한번 보세요."

잠이 확 달아나면서 벌떡 일어나 밖으로 나갔다. 문 옆에 커다란 흰 토끼가 몸을 축 늘어뜨린 채 누워 있다. 만져보니 약간 경직된 게 차가웠다. 올무에 걸려 잡힌 듯 목에는 철사가 걸린 채였다. 욧샹도 밖으로 나왔다.

"큰 수놈이에요. 근데 철사를 제대로 끊지 못했어요."

욧샹은 바로 토끼 해체에 들어갔다. 우선 목에서 철사를 풀고 목에 끈을 감아 처마 끝에 매달았다. 그리고는 토끼의 털과 살 사이의 얇은 막을 잘라가면서 능숙하게 모피를 벗겨냈다. 그때까지 따뜻하게 감싸고 있던 모피가 순식간에 벗겨지면서 토끼는 알몸을 드러낸 모습이 되었다. 그 모피는 나중에 가죽으로 만들어 쓴다고 했다.

욧샹은 토끼를 줄에서 내려 큰 도마 위에 올려놓았다. 그리고 작은 칼로 복부 아래서부터 위로 갈라 나가자 뱃속에서 내장이 띠처럼 연결되어 줄줄이 나왔다. 그것을 조심스럽게 걷어 올리고 그 사이로 손을 찔러넣어 식도와 심장을 떼어내듯 끄집어냈다. 해체가 끝난 토끼는 머리, 몸통, 내장 세 부분으로 깔끔하게 나뉘었다.

"머리하고 내장은 삶아서 구마에게 먹일 거예요. 몸통의 고기는 오늘 밤에 탕을 끓여 먹을 거구요."

이번에는 몸통 부분의 살을 발라내기 시작했는데 한 자루의 작은 칼만으로 솜씨 좋게 가죽과 뼈와 살과 내장을 분리해 나가는 손놀림에는 감탄하지 않을 수 없었다.

"이 뼈는 말이죠, 토끼탕 국물을 낼 때 쓰고 국물을 내고 나면 구마에게 먹여요. 토끼는 버릴 것이 하나도 없어요."

그리고 부산물 중에서 굵고 커다란 대장과 가느다란 소장을 빼내 손으로 짜내듯 훑은 뒤 양동이 물 속에 넣어 세게 문질러 속을 완전히 비워냈다. 두 개의 창자에 물을 넣었다가는 빼고, 뺐다가는 다시 넣기를 몇 번 반복해서 씻었다. 하도 정성껏 씻길래 저것까지 먹으려고 하나? 의아심이 들 무렵 그가 말했다.

"이 내장도 삶아서 구마한테 줘요. 장 속에 똥이 든 걸 그대로 먹이면 냄새가 나서 구마가 가엾잖아요. 그래서 깨끗이 씻어 주는 거예요. 그리고 여기를 좀 보세요."

내장 가운데 있는 고무처럼 생긴 반투명한 주머니를 가리켰다.

"이게 오줌보인데 이 안에 오줌만 있는 게 아니고 지독한 냄새도 들어 있어서 냄새주머니라고 부르기도 하죠. 멧돼지한테두 있는데 영역을 표시할 때 써요. 이건 냄새가 너무 지독해서 구마도 먹지 못하기 때문에 그냥 버려요."

대충 설명을 하면서도 꽤 커다란 수토끼 한 마리를 완벽하게 손질하는 데 채 20분도 걸리지 않았다. 그야말로 고수다운 재빠른 솜씨였다.

아침은 어제 받아온 잔치 떡을 굽고 거기에 간장을 듬성듬성 발라 먹었다.

욧상이 만든 약초차를 마시고 다시 이로리 옆에 누워 뒹굴거리고 있자니 이보다 더 편안할 수가 없다. 천국이 따로 없다.

"그럼 슬슬 종이떡을 만들어볼까요? 간단해서 만든다고 할 것도 없지만…."

욧샹은 줄곧 불을 지피고 있던 솥으로 가서 뚜껑을 열어보았다.

"보세요, 선생님. 나무껍질이 벌써 이렇게 끈적끈적 녹아버렸잖아요. 재하구 불의 힘이죠."

솥 안을 들여다보니 나뭇가지의 형태는 온데간데 없고 물속에서 솜덩이가 둥둥 떠다니는 것 같다.

"이게 종이떡이 되는 거예요."

"근데 이걸 먹을 수 있단 말이지?"

"잠깐 기다려보세요."

욧상은 아궁이에서 장작을 빼내어 불을 끈 다음 뒤곁에서 커다란 함지박과 빈 양동이, 국자를 가져오더니 함지박은 마당 가운데 내려놓고 국자와 양동이만 들고 움막 안으로 돌아왔다. 그리고 솥 안의 솜덩이 같은 것을 퍼서 양동이에 담았다. 양동이가 가득 차자 밖으로 나가 함지박에 쏟아붓고 다시 돌아오기를 반복했다. 이렇게 해서 솥 안에 있던 내용물이 전부 함지박으로 옮겨졌다.

"잠시 식혀야 해요. 겨울이니까 금방 식을 거예요."

그는 다시 움막 안으로 들어가더니 한동안 부스럭거리며 무엇인가를 준비하는 듯했다. 5분쯤 지나자 커다란 채반을 안고 나왔는데, 채에는 된장 덩어리와 새하얀 가루가 든 비닐봉투가 담겨 있었다.

"이 가루는 제가 만든 칡뿌리 가루예요."

"칡뿌리 가루라고? 야미조의 산에도 칡은 얼마든지 있겠지?"

"여기저기 칡투성이예요. 칡은 쓰임새가 아주 많아서 소중히 여기고 있어요. 칡잎은 소나 말을 기르는 농가에서는 먹이로 쓰는데요, 말려두면 겨울에 여물로도 쓸 수 있어요. 그리고 막 따온 잎으로 싸서 떡을 찌면요, 떡갈나무 잎에 싼 찰떡처럼 향도 좋고 맛이 좋아요. 칡덩굴은 며칠 동안 물에 불렸다가 두드려서 그대로 말려서 기다랗게 한 가닥 한 가닥 벗겨내면 실이 돼요. 그 실로 천을 짠 게 갈포(葛布)예요. 그 천은 아주 질긴 데다 습기도 막아주고 바람도 잘 통해서 옛날부터 여름옷감으로 비싼 값에 팔렸다고 아버지가 가르쳐주셨어요. 그리고 이 가루는 칡뿌리 가루예요. 치과 선생님 말씀을 들어보니 한방약 중에 갈근탕이라고 있잖아요? 그 갈근탕을 이 칡(葛)의 뿌리(根)로 만든다니 칡은 정말 대단한 거 같아요. 갈근탕은 감기뿐만 아니라 숙취에도 좋대요."

"칡은 정말 쓸모가 많군. 그런데 이 가루는 어떻게 만든 거지?"

"1개월 전쯤 늦가을 무렵 뿌리를 잔뜩 캐다가 잘 씻어서 절구로 찧었구먼요. 그걸 포대에 담고 함지박에 물과 같이 넣어서 문대면 하얀 가루가 가라앉아요. 전분가루인데 그걸 모아서 몇 번이고 씻으면 곧 새하얗게 되고 그걸 말린 게 이 가루예요."

이야기를 하면서 그는 함지박 속에 손가락을 살짝 넣어보았다.

"이 정도 식었으면 됐네요. 이젠 걸러낼 거예요."

욧샹은 국자로 함지박 안의 내용물을 떠서 옆에 있던 채반에 몇 번이고 부었다. 물은 촘촘한 채를 빠져나가 땅 속으로 스며들고, 채반에는 옅은 초콜릿색의 섬유소가 층을 이루며 빽빽하게 남았다.

"이젠 씻으면 돼요."

대나무 관을 통해 샘물이 흘러들어오는 간이 조리대로 가서 함지박에 물을 받기 시작했다. 물이 가득 채워지자 그 속에 채를 담갔는데 채의 반쯤만 담가 섬유질이 물과 함께 흘러나가는 일이 없도록 했다.

"이렇게 하루 종일 물로 씻어야 하는데, 오늘은 양도 적고 선생님께 만드는 법을 보여드리는 것이 목적이니 대충 점심때까지만 이렇게 씻기로 하지요. 선생님, 점심까지 아직 시간이 있는데 또 뭐 보고 싶은 거 없으세요? 뭐든 상관없으니 걱정 말고 말씀하셔유."

"음… 글쎄… 한번쯤 물어보고 싶었는데 추운 겨울엔 목욕을 어떻게 하지?"

질문 형식이지만 실은 내가 목욕을 하고 싶은 마음에서 그렇게 물었다. 역시 눈치 빠른 욧상이었다.

"아, 맞다. 이틀 동안 밤늦게까지 술 마시느라 선생님은 목욕을 못 하셨쥬? 겨울에는 대략 사흘에 한 번씩 목욕을 하는데 오늘 밤에도 술을 마셔야 하니 지금부터 물을 데워서 목욕하기로 하지요."

듣던 중 반가운 소리였다.

"그럼 목욕을 한번 해볼까."

"지금부터 준비를 할 테니 도와주실래유?"

"물론이지. 오랜만에 하는 아침 목욕이니, 틀림없이 기분이 좋을 거야."

욧상은 이번에도 가벼운 몸놀림으로 움직이기 시작했다. 우선 조금 전까지 나무껍질을 삶던 커다란 솥을 헹궈내더니 아궁이에 걸었다. 그 큰 솥에는 물이 대략 100리터 정도 들어갔다.

"선생님은 양동이로 물을 길어다 솥에 넣어주세요. 저는 장작을 가져올 테니."

"오케이! 바로 할게."

대나무 관을 통해 졸졸 흘러 내려오는 물을 양동이에 받아 큰 솥에 옮겨 부었다. 10번 정도 반복하자 8할 정도 물을 채울 수 있었다. 그러는 동안 욧샹은 처마 밑에 쌓여 있던 장작더미에서 대여섯 개를 가져와 아궁이에 불을 지피기 시작했다. 볼 때마다 감탄하는 일인데, 아궁이에 불을 붙이는 솜씨, 장작을 지피는 솜씨, 불의 강약을 조절하는 솜씨 등은 불필요한 동작 하나 없이 능숙했다. 아궁이에는 금세 불이 붙어 점차 활활 타오르기 시작했다. 불편한 산속 생활을 통해 살아가는 데 절대적으로 필요한 불을 다루고 사용하는 법을 자연스럽게 몸에 익히게 된 것이리라. 15분쯤 지나자 물이 끓기 시작했다.

욧샹은 방의 안쪽에서 크고 두툼한 플라스틱 통과 둘둘 말아 놓은 멍석, 그리고 짚신 한 켤레를 가지고 나왔다. 그 커다란 플라스틱 통은 2년 전 여름에 왔을 때도 목욕할 때 썼던 것으로, 속이 깊고 함지박처럼 생겼다. 큰 통을 솥 앞 토방에 놓고 그 옆에 멍석을 깔더니 다시 방 안으로 가서 낡은 장롱에서 목욕타월 하나와 수건을 가지고 나왔다. 목욕타월은 산속에 홀로 사는 남자의 소지품으로는 어울리지 않은 것인 듯 그는 멋쩍어하며 타월을 펼쳐서 내게 보였다. 거기에는 미키마우스와 도날드덕 그림이 있고, '디즈니랜드 관광기념'이라고 적혀 있었다.

"이건 동료 멧돼지 사냥꾼인 치과 선생님의 딸들이 디즈니랜드에 놀러 갔다가 사온 건데요, 어찌 된 일인지 저희 집에 있네요. 치과 선생님이 멧돼지 사냥을 왔을 때 여기서 하룻밤 주무신 적이 있거든요. 아마 그때 놓고 가신 것 같아요. 귀찮아서 돌려주지 않고 그냥 쓰고 있지유."

"아주 귀여운데? 욧상에게 아주 잘 어울려."

"무슨 말씀이세요. 말도 안 되는 소리 하지 마세요."

짓궂은 농담에 욧상은 펄쩍 뛰었다. 그런 순진한 모습이 더욱 그를 좋아하게 만들었다.

다른 낡은 수건에는 '마루야마 개점 15주년'이라고 인쇄되어 있었는데 2년 전에도 쓰던 것이다. 산에서 생활하기 때문인지 욧상은 사소한 물건도 소중히 오래도록 쓰는 것 같았다.

"그럼 솥의 물을 이 대야로 옮길게요."

그는 솥에서 끓고 있는 물을 양동이로 떠서 플라스틱 통에 옮겨담기 시작했다. 통은 상당히 두껍고 튼튼해 보였는데 내열성이 있어 끓는 물 정도로는 찌그러지지 않는 제품인 듯했다. 욧상은 매우 익숙한 손놀림으로 부지런히 물을 퍼 담았다. 뜨거운 물에서 피어오른 김이 움막 안에 안개처럼 퍼져서, 아궁이 주위는 1미터 앞도 보이지 않을 정도였다. 솥의 물이 바닥을 드러낼 정도까지 퍼내더니 이번에는 양손에 양동이를 들고 밖으로 나가 물을 새로 받아서 다시 큰 솥에 부었다. 몇 번이고 물을 날라 솥을 채운 뒤 아궁이에 장작을 새로 넣어 불을 세게 했다. 그리고 다시 찬물을 담아와 이번에는 플라스틱 통에 부어 적당한 온도로 맞추어 나갔다.

양손에 양동이를 들고 움막 안 아궁이와 밖의 샘물 사이를 부지런히 오가는 모습은 지켜보는 사람조차 어지러울 정도로 압도

당하는 느낌이었다. 마지막으로 떠온 두 양동이의 물을 절반 정도 남겨 멍석 위에 놓더니 욧상은 홀렁홀렁 옷을 벗어 알몸이 되었다. 잔근육으로 이루어진 참으로 탄탄한 몸이었다.

"선생님, 그럼 제가 시범을 보일 테니 잘 보세요."

욧상은 간이 목욕통에 두 발을 담그고 먼저 커다란 나무 국자로 물을 떠서 전신에 뿌린 다음 수건에 비누칠을 한 뒤, 몸 전체를 벅벅 문지르기 시작했다. 가슴, 배, 등, 얼굴, 목, 겨드랑이, 사타구니, 엉덩이, 다리 등을 정성스럽게 씻었다. 그것이 끝나자 비누거품과 함께 통 속에 웅크리고 앉아 국자로 몸 전체에 물을 뿌렸다.

"아아, 기분이 아주 좋네요. 제가 먼저 해서 죄송해요."

그렇게 한동안 통 속에 몸을 담그고 있었다.

"이제 마무리해볼까… 선생님, 어떻게 하는지 잘 보세요. 지금부터가 중요하니까요."

그는 목욕통에서 나와서 절반쯤 남겨두었던 2개의 양동이 물에 솥에서 끓고 있는 물을 몇 국자 떠 넣어 적당한 온도로 맞추었다. 그리고는 양손에 양동이를 들고 알몸인 채로 밖으로 나갔다. 바깥은 한겨울 영하의 날씨였다. 놀라서 뒤따라 나가보니 욧상은 움막 문 앞에서 첫 번째 양동이의 물을 머리에서부터 뒤집어쓰고, 뒤이어 두 번째 양동이의 물도 머리 위로 쏟아부었다.

"이렇게 마무리를 하는 거예요. 아셨쥬~?"

그러고는 움막으로 서둘러 돌아와 멍석 위에 서서 미키마우스 목욕타월로 머리부터 발끝까지 꼼꼼하게 물을 닦았다.

"아아, 시원하다. 그럼 선생님, 일단 이 물을 버리고 제가 한 것처럼 해보세요. 아주 시원하고 좋아요."

그는 어느새 옷을 입기 시작했다. 얼마나 완벽한지 그저 감탄할 뿐이었다.

욧상은 자신이 쓴 목욕 통의 물을 버리고 사용한 디즈니 목욕타월로 깨끗하게 닦았다. 그리고는 솥에서 끓는 물을 퍼 담고 밖에서 길어온 찬물을 섞어 적당한 온도로 맞추었다.

"자, 이번에는 선생님 차례예요. 새 목욕타월하고 수건을 가져다 드릴게요."

그는 다시 방 안 낡은 장롱에서 수건을 가져왔다. 이번엔 디즈니 캐릭터 그림이 아니라 영어로 'HOTEL SINGAAR'라고 적혀 있었고 그 아래에 'KANYAKUMARI 629702'라는 주소까지 인쇄되어 있었다. 나는 깜짝 놀랐다. 내가 알고 있는 호텔이었다.

"욧상, 이 수건 어디서 난 거지?"

"이곳으로 돌아오기 전에 인도에 갔는데 그때 묵었던 호텔 거예요. 인도 제일 아래쪽이 삼각형으로 뾰족하잖아요. 그 끝에 카니야쿠마리라는 도시가 있는데, 그곳에 있는 싱가르 호텔 수건이에요. 그 도시는 아라비아 해와 인도양과 벵골 만이 만나는 곳인데 정말 아름다운 곳이에요. 이 목욕타월은 가방 속에 넣어 슬쩍 가지고 온 거예요, 히힛."

그와의 예사롭지 않은 인연을 다시 한번 실감한 순간이었다.

사실 나도 그 호텔에서 묵은 적이 있었다. 타밀나두 주의 최남

단 케이프 코모린에 있는 도시인데 아라비아 해 바다가 아주 아름다운 곳이었다. 호텔 종업원들이 아주 친절해서 기억하고 있었다.

"호텔 직원이 그 도시에 일본인은 지금 3명밖에 없다고 했어. 그것도 모두 싱가르 호텔에 묵고 있다고. 그 사람들 무엇하러 여기에 온 거냐고 물었더니, 참치를 사들이러 왔는데 방금 전에 나갔다더군. 혹시 그 사람들 중에 요시안냐가 있었던 거 아니야?"

"맞아요, 참치를 사서 일본으로 오는 배에 실었어요. 틀림없이 우리 일행이 맞네요. 정말 깜짝 놀랄 일이네요. 선생님도 그 호텔에서 묵으셨다고요? 이거 정말 기막힌 우연이네요. 로비 같은 데서 딱 마주쳤으면 서로 기절초풍했을 텐데."

"그러게 말이야. 난 그 호텔에서 3일 동안 묵고 비행기를 타고 뭄바이로 가서 만날 기회는 없었지만, 요시안냐하고는 그 넓은 인도에서 간발의 차로 어긋난 거네."

정말 신기한 일도 다 있다고 생각했다. 지금 이렇게 고요한 야미조의 산속에 있는 두 사람이 멀리 인도 아라비아 해에 있는 소도시의 호텔에서 같은 날 스쳐 지났다니, 소설 같은 얘기였다.

"아, 물이 식겠어요. 얼른 들어가세요."

그는 이른바 '인연의 목욕타월'과 수건 한 장을 건네주었다. 이번엔 또 뭐가 나올까 설레며 수건을 펼쳐보니 '축! 구순 네모토 이쿠, 쇼와 63년(1988년_옮긴이) 10월 길일'이라고 새겨져 있었다. '축'이라는 빨간 글씨가 아주 인상적이었고, 나머지 글자는 검은색이었다. 상당히 오래 된 수건이었기에 천 전체가 누렇게 바래

있어서 어딘지 고풍스런 느낌을 주었다.

"그럼 나도 목욕을 해볼까."

욧상이 했던 대로 나도 멍석 위에서 옷을 벗고 알몸이 되었다.

"전 종이떡을 담은 채반을 휘젓고 올 테니 천천히 씻으세요. 계속해서 젓지 않으면 떫은 맛이 안 빠지거든요."

욧상의 뒷모습을 보며 호쾌하고 대범한 성격과 함께 세심함도 가지고 있는 사내라고 생각했다. 나는 욧상이 가르쳐준 대로 몸을 씻고 마지막에는 밖으로 나가 물을 뿌렸다. 몸이 온기가 있어서인지 의외로 춥지 않았다. 인도 호텔의 목욕타월로 몸을 닦고 옷을 입으니 더 이상 상쾌할 수가 없다. 현대식 목욕탕에서의 목욕과는 비할 바가 아니었다.

목욕이란 원래 몸을 청결하게 하는 것만이 목적이 아니다. 부락생활을 하던 옛날에는 매일 목욕물을 데우는 일은 거의 없고 손님이 왔을 때 물을 끓이거나 동네사람, 혹은 연고자끼리 서로를 불러 이용하는 것이 대부분이었다. 그것을 '부름목욕', 혹은 '동냥목욕'이라고 불렀는데 서로의 유대와 친목, 그리고 농사나 신변의 정보를 교환하는 장소로 이용되기도 했다. 지금은 그런 풍습도 사라져 대부분 사람들이 욕조에 한가로이 몸을 담그지만, 이 야미조 산속에서 욧상에게서 대접받은 '동냥목욕'에는 목욕 본래의 전통과 형태가 깃들어 있었다.

한바탕 목욕으로 상쾌해진 우리는 정원 구석에 놓여 있던 통나무 위에 걸터앉아 모닥불을 피웠다. 모닥불 속에는 욧상이 가을에 주워온 밤과 수확해서 가마니에 넣어두었던 고구마가 들어 있었다. 그걸 점심 대신 먹기로 했다.

모닥불 속에서 펑! 펑! 하며 밤이 터지는 소리가 들리자 욧샹이 구워진 고구마와 밤을 막대기로 끄집어냈다. 밤은 시중에서 파는 것보다 알이 작았다. 그 중 하나를 집어들고 후후 불어가며 까먹었다. 쫀득쫀득하고 달콤한 맛이 진했으며, 입 안으로 찰진 부드러움이 퍼져갔다.

"작아도 맛있는데?"

"밤 중에서 제일 맛있는 거예요. 산밤이라고 하는데요, 너무 맛있어서 벌레가 먼저 먹어치우는 경우가 많아요. 보세요, 밤에 작은 구멍이 뚫려 있쥬? 이 속에 벌레가 들어 있시유."

자세히 보니 작은 구멍이 있었다. 욧샹은 껍데기째로 입 안에 넣고 파직~ 소리를 내며 밤을 깨물어 손바닥에 뱉어냈다. 그리고 오른손 검지로 헤집듯 파헤쳐 "보세요, 벌레가 여기 있네요" 라며 죽은 벌레를 집어 보여주었다. 5밀리 정도의 자벌레처럼 길쭉했다.

"요렇게 작은 벌레가요, 밤송이 가시를 뚫고 딱딱한 껍데기 속으로 들어가 밤을 아삭아삭 갉아먹으며 살고 있으니 정말 대단하쥬? 그것도 혼자서 모든 일을 해치우니 정말 존경스러워요."

"무슨 소리야, 요시얀냐야말로 존경스러워. 이 야미조의 산속에서 혼자 꿋꿋하게 살아가고 있으니 말이야."

"저는 이 야미조의 공기, 산, 강, 계곡, 나무, 꽃, 흙, 물, 생물 모든 것들하고 매일 함께할 수 있어 혼자라는 생각이 조금도 들지 않아요. 하루하루가 꽤 바빠서요. 그렇게 보면 이 벌레가 훨씬 외로울 거구먼요. 밤 껍데기 속에 들어가면 깜깜해서 아무것도 보이지 않고 매일 같은 것만 먹잖아요. 그걸 생각하면 제가 훨씬 더 행복한 거 아닐까요, 하핫핫."

"맞는 말이야. 그리고 욧상이 더욱 부러운 건 주위에 번잡한 일이 하나도 없다는 사실이야. 누구에게도 방해받지 않고 자유스럽게 자신이 생각한 대로 살고 있잖아. 얼마나 행복할까, 하고 나는 늘 요시안냐의 삶을 동경하고 있어."

욧상과 나는 군밤 속의 벌레 한 마리를 시작으로 묘한 인생론을 전개했다.

종이떡

그날 오후, 본격적으로 종이떡 만드는 법을 배웠다. 욧샹은 흐르는 물에 담가두었던 잡목 섬유소를 채반으로 건져내어 흔들어 물을 뺐다. 그리고는 섬유소 일부를 건져 주먹밥처럼 둥글게 다지며 힘껏 물을 짜냈다.

그렇게 만들어진 섬유소 덩어리 7개를 다시 하나로 뭉친 뒤, 거기에 된장을 넣고 잘 섞었다. 된장의 양은 섬유소의 약 4분의 1 정도였는데 고루 잘 섞은 뒤 칼로 구석구석 다지기 시작했다. 섬유소와 된장은 더욱 곱게 섞여 걸쭉한 느낌이 되어 갔다. 손목이 아프지 않을까 걱정될 정도로 한참을 두드린 뒤 칡가루를 뿌렸다. 순간 눈이 내린 것처럼 하얗게 변했는데 그것을 부드럽게 반죽한 뒤 골프공 크기의 경단으로 만들었다. 욧샹이 느닷없이 내게 물었다.

“선생님도 하실 수 있겠쥬? 저처럼 이걸 동그랗게 뭉쳐서 경단을 만들어보세요.”

나는 기다렸다는 듯이 도전해보았다. 처음에는 끈적끈적하고 부드러운 줄만 알았는데 실제로 경단을 만들어보니 의외로 찰기가 있어서 동그랗게 뭉치기가 어렵지 않았다.

“된장은 맛을 내는 거구요, 칡가루는 찰기를 더해주죠. 그래서 동그랗게 뭉치기 쉬워진 거쥬.”

“아아, 그렇군. 그래서 동그란 경단으로 빚어지는 거로군.”

기묘한 종이떡 만들기로 모두 24개의 경단이 완성되었다. 마지막으로 그 경단 전체에 칡가루를 다시 한 번 슥 뿌려 표면을 까끌까끌하게 했다.

“이걸 햇빛에 며칠 말려두면 완성돼요. 이게 바로 보존식품인 종이떡이에요. 어떻게 먹냐 하면요, 된장국에 넣어서 먹는데요, 냄비에 된장을 풀어 보글보글 끓기 시작하면 이 종이떡을 넣고 한소끔 끓여서 먹는 거에요.”

“이거 아주 진귀한 음식이라 놀랐어. 난 처음 보는 거야. 근데 이 종이떡, 언제 먹는 거지?”

“먹을 것이 떨어졌을 때를 대비해서 비상식량으로 만들어놓는 것이라고 아버지께서 말씀하셨지만요, 사냥꾼들 사이에서는 배탈이나 소화불량으로 설사를 할 때 먹었더니 딱 멈췄다는 경우가 제일 많아요. 저도 몇 번인가 설사를 한 적이 있었는데 이걸 두어 번

물에 풀어서 먹었더니 나았어요."

"종이를 뱃속에 집어넣어 대변을 강제적으로 딱딱하게 펄프화하는 거로군."

그날 밤, 종이떡을 된장국에 넣어 맛을 보았다. 원래는 햇빛에 말려서 먹는다고 했지만 어떤 맛이 나는지, 어떤 식감인지를 알고 싶었다. 하지만 솔직히 말해 별로 맛있는 음식은 아니었으며, 또 입 안에 꺼끌꺼끌한 섬유질이 남아서 그것을 삼키기란 쉬운 일이 아니었다. 하지만 옛날 사람들은 섬유질이 다량 함유되어 있는 고사리나 고비 같은 산나물, 우엉, 연근, 마와 같은 뿌리식물을 식생활의 중심으로 삼았기에 먹기가 그다지 힘들지 않았을지도 모르겠다. 섬유질이 풍부한 식사를 했으면서도 잡목에서 섬유소를 취해 그것까지 먹은 옛날 사람들의 집념이 놀라울 따름이다.

욧샹은 완성된 종이떡을 오후의 햇볕에 말리기 시작했다.

"모처럼 이렇게 만들었으니 이걸 말려서 보존해둬야겠구먼요. 날씨가 좋은 날에 하루 종일 말렸다가 저녁에 해가 지면 집 안으로 들여놨다가, 이튿날 다시 말려요. 그럼 지금부터 저녁때까지 시간이 있으니 선생님께 꼭 보여드리고 싶었던 걸 보여드릴게요. 저를 따라오세요. 보시면 아마도 깜짝 놀라서 까무라치실걸요."

욧샹은 내 얼굴을 보며 싱글벙글 웃었다. 지금까지 한 번도 본 적 없는 장난스런 미소였다. 그 웃음 속에 무엇이 숨겨져 있는 것인지, 대체 무엇을 보여주겠다는 것인지 도무지 감을 잡을 수가 없었다. 내가 놀라서 까무러칠 것이라고 했으니 상당히 자신 있는 모양이었다. 이번에도 엔돌핀이 슬슬 작동하기 시작했다.

"대체 뭐지, 요시안나?"

"어쨌든 따라오시면 알게 됩니다아~ 다른 사람한테 들키면 안 되기에 비밀로 해두었지요. 선생님한테만 보여드릴 테니 다른 사람한테는 절대로 말하면 안 됩니다."

슬쩍 약을 올리는 투로 수수께끼처럼 말하는 통에 궁금증이 더해갔다.

"그래, 알았어. 죽어도 말하지 않을 테니 꼭 안내를 해줘."

"알겠시유~."

"그럼, 어서 가보자구…."

나는 자리에서 벌떡 일어났다.

"선생님, 그렇게 서두르지 않아도 돼요. 발이 달려서 도망가는 게 아니니까요. 그리고 그 비밀의 장소는 집 바로 뒤에 있구먼요."

"2년 전 여름, 내가 여기에 왔을 때도 있었나?"

"있었지만, 없었시유."

알 수 없는 말만 했다.

"재미있는 소리를 하는군."

"비밀 장소는 있었지만, 비밀의 것은 만들지 않았다는 말이지요. 어쨌든 따라와 보세요."

더욱 흥미가 당기며 소년 시절의 모험심이 되살아나는 기분이었다. 욧샹은 안달하는 나의 마음을 즐기듯 약간 뜸을 들이다가 "그럼 가볼까요" 라며 발을 옮겼다.

비밀의 장소는 움막 바로 뒤에 있었다. 입구가 상당히 커다란 동굴이었는데 볼일을 보러 가는 변소에서 10여 미터쯤 떨어진 곳에 위치한, 산의 경사면이 급격히 끝나는 절벽 아래에 파놓은 것이었다. 지금까지 그 앞을 몇 번이나 지나쳤지만 동굴의 존재에 대해 전혀 깨닫지 못했던 것은, 입구를 살짝 가려놓았기 때문이었다. 위장술에 상당히 신경을 쓴 듯 4개의 나무 궤짝에 흙을 담고 거기에 사람 키 정도의 관목을 촘촘하게 심어 놓아 입구를 교묘하게 은폐해 두었다.

나무를 심어놓은 궤짝 중 2개를 앞으로 끌어내자 동굴 전체가 모습을 드러냈는데 방공호와 비슷한 크기의 동굴이 입을 벌리고 있었다. 잠깐 들여다보니 안쪽을 향해 여러 모양의 옹기들이 뚜껑이 덮인 채 좌우로 줄줄이 늘어서 있다.

"자, 안으로 들어가보세요."

욧상이 동굴 입구의 선반에서 손전등 2개를 집어 하나를 내게 건네주었다. 손전등을 비추자 동굴 안이 선명하게 모습을 드러냈다. 동굴 내부는 상당히 깊고 예상 외로 넓었다. 입구 근처는 어른이 허리를 구부려야 들어갈 수 있을 정도였지만, 안쪽은 더욱 넓어서 폭은 약 3.6미터가 넘었고 높이도 2.5미터쯤 되는 듯했다. 놀라 벌린 입을 다물지 못하고 있는 나.

"그럼 안내해 드릴게요. 어두우니 발밑을 조심하셔유."

욧상이 앞장서서 천천히 안쪽으로 들어갔다. 좌우에 나란히 늘어서 있는 옹기와 항아리, 곰팡이가 피어 있는 동굴 벽 등은 몇 해

전 독일 남부의 뉘른베르크 교외에서 본 프랑켄 와인의 지하 숙성고와 비슷했다. 그리고 우연이었을까? 이 동굴에서도 술 냄새가 희미하게 감돌고 있어서 뉘른베르크 교외와 야미조의 산속이 묘하게 오버랩되었다.

“이 옹기 가운데 8개는 탁주예요. 그리고 3개는 쌀로 담근 술, 나머지 5개는 머루주고요. 잘 아시겠지만 탁주는 밀주예요. 그래서 드러내놓고는 만들 수 없기에 이렇게 비밀스러운 동굴에서 만드는 거쥬. 아무한테도 말하면 안 돼유, 히힛.”

“당연하지. 요시안냐의 소중한 비밀을 다른 사람한테 말하다니, 절대로 있을 수 없는 일이야. 그건그렇고 정말 규모가 크네.”

“이 술을 저 혼자 전부 마시는 건 아녜요. 이 동굴은 멧돼지 사냥꾼들의 공동 탁주공장 같은 건데요, 그 사람들도 탁주에 관해서는 남들한테 절대 말하지 않아요. 비밀을 지키는 것도 멧돼지 사냥꾼들의 의리니까요.”

욧상은 탁주 만드는 과정을 상세히 설명해주었다. 탁주는 욧상이 모든 것을 맡아서 하고 있는데 쌀은 사냥꾼들이 각자 가져온다고 했다. 쌀을 쪄서 지에밥을 만들고 마을의 가게에서 사온 누룩과 산에서 끌어온 물로 담근다는 것. 발효가 되면 베보자기로 걸러 항아리에 담고 뚜껑을 덮어둔다. 여름에 담그면 부글부글 끓기 때문에 시어서 도저히 마실 수가 없어 겨울에만 담근다고 했다.

“저 항아리 속 머루주도 전부 제가 만들었어요. 이곳 야미조의 산은 가을이 되면 여기저기 머루 천지예요. 바구니를 짊어지고 산으로 들어가면 오전 중으로 바구니가 가득 차는데, 돌아올 때는 무거워서 어깨가 빠질 만큼 딸 수 있어요. 3일만 따면 술 담글 항아리가 모자랄 정도라 그 정도만 따요."

"머루주는 어떻게 담그지?"

"꼭지를 따서 물에 슥 씻어서 항아리에 넣은 다음 통나무 절구로 찧어서 뭉개요. 그냥 그렇게 놔두면 돼요. 그러면 부글부글 끓기 시작하는데 3주쯤 지나서 무명천으로 걸러서 짜면 꽤 맛있는 머루주가 돼요. 선생님께서 2년 전에 오셨을 때는 여름이었쥬? 여름에는 탁주를 담그지 않고, 머루주는 가을에 담그기 때문에 마실 수 없었던 거예요."

"그랬군. 그래서 있지만 없었다고 말한 거였군. 오늘 밤에는 이 야미조 술을 마시게 해줄 건가?"

"당연하쥬. 술만 보여주고 대접하지 않을 수는 없지요."

"그거 고마운 얘기로군. 그런데 요시안냐, 나머지 항아리에는 뭐가 들어 있지?"

"여러 가지인데… 우선 식초가 있어요. 쌀로 탁주를 빚잖아요, 부글부글 끓도록 발효해도 그걸 몇 개월쯤 내버려두면 시큼해지면서 아주 좋은 식초가 돼요. 어디 보자, 아, 이 항아리에 들어 있는 게 쌀식초예요."

가만히 뚜껑을 열어 안을 보여주었다. 흑갈색 식초가 절반 정도 들어 있었는데 코를 강하게 찌르는 냄새가 훅! 하며 올라왔다. 집에서 만들었다고 하기에는 너무나도 훌륭한 식초였다.

"그리고 저쪽 구석에 큰 항아리 3개가 보이시쥬? 거기에 들어 있는 건 된장이에요. 콩을 삶아 으깨고 거기에 쌀누룩이랑 소금을 넣어서 만들었어요. 저 된장도 멧돼지 사냥꾼들의 공유물이에요."

"된장까지도 공유한다고?"

그의 설명은 이랬다. 팀을 이뤄 멧돼지를 사냥한 후 해체해서 나누고나면 뼈에 살이 꽤 붙어 있다. 멧돼지 뼈를 된장 넣고 끓이면 기가 막힌 술안주가 된다는 것. 그리고 식초는 요리할 때는 거의 쓰지 않고 사냥에 나가기 전에 뜨거운 물에 식초를 타서 한 사발씩 마시면 몸이 따뜻해질 뿐만 아니라 산을 오르내릴 때 몸이 아주 편해진다고 한다. 예로부터 사냥꾼들 사이에 전해 내려오는 지혜라고 했다.

"아마 식초가 관절을 부드럽게 해주는 거 같아요. 그리고 이건 제 경험인데 식초를 마시면 머리가 맑아져요. 이건 틀림없는 사실이에요. 머리가 맑아지면 몸의 움직임도 가벼워지고 눈치도 빨라지고, 감각도 좋아져서 다치지를 않아요."

욧상은 항아리 앞에서 하나하나 설명한 뒤 더 안쪽으로 들어갔다. 동굴은 입구에서 안쪽으로 15미터 정도 이어지다 막다른 곳에 이르렀는데, 거기서 다시 좌우로도 구멍이 파여 있었다. 아래로 파내려간 굴뿐인가 싶었는데 다시 양 옆으로도 굴이 이어져 있어 깜짝 놀랐다.

"이 토굴은 저의 보물창고예요."

"정말 굉장한 동굴인데. 설마 내부가 이렇게 넓고 또 여러 갈래로 나뉘어 있을 줄은 꿈에도 몰랐어."

거기에는 여러 가지 물건들이 가지런히 잘 정돈되어 있었는데 나는 동굴의 크기와 물건을 보관해놓은 상태의 완벽함에 감탄했다. 우선 오른쪽을 손전등으로 비춰보니 거기에는 5자루의 엽총이 정연하게 놓여 있었으며, 그 외에 화약과 약협, 실탄, 산탄 등도 상자에 담겨 있었다. 욧상이 총 앞으로 다가가 일일이 설명을 해주었다.

"이 낡은 총은 아부지가 쓰시던 무라타 총이고, 이건 제가 처음 썼던 외국제 총인데 구식 윈체스터, 이건 미토의 총포점 사장님이 저한테 맡기면서 쓰라고 한 총, 그리고 이거하구 이게 제가 지금 쓰고 있는 총이에요."

총들을 하나같이 새것처럼 반짝반짝 빛나게 닦여져 있었다.

"언제라도 쓸 수 있도록 3일에 한 번 정도는 손질을 해둬요. 총에서 영혼이 달아나버리면 무서워서 쓸 수가 없거든요."

"총에 영혼이 있다고?"

의아해 하는 나에게 그가 설명해주었다. 사냥꾼들은 총에 영혼이 깃들어 있다고 믿는다는 것. 그래서 총을 소홀히 다루면 재앙이 내린다고들 생각한단다. 그리고는 실제로 있었던 일을 들려주었다.

3년쯤 전, 낡아도 아직 사용할 수 있는 총을 소홀히 방치한 채, 새로 산 총으로만 멧돼지를 잡은 사람이 있었다. 새로 산 총을 친구에게 잠깐 빌려주는 바람에 그는 오랜만에 낡은 총을 꺼내어 멧돼지를 쐈는데 방아쇠를 당기는 순간 폭발하여 얼굴 절반이 날아가 버렸다는 것. 욧상은 비슷한 얘기를 줄줄이 들려주었다. 시오사와라는 곳의 사냥꾼이 어차피 내일 또 산에 올라와야 하니 무거운 총 들고 다닐 필요 없겠다 싶어서, 그 총을 산에 숨겨두고 집으로 돌아갔다. 다음날 그곳에서 총을 가져와 사냥에 나섰는데 갑자기 큰 멧돼지가 정면으로 돌격해 들어왔다. 너무 가까이 공격해와서 방아쇠를 당길 겨를도 없이 배와 등을 송곳니에 찔려서 평생 장애가 되었다는 이야기.

"그리고 이건 아부지께 들었는데요, 멧돼지 사냥꾼 동료 중에 총을 제대로 손질하지 않는 아주 게으른 사람이 있었대요. 그 사람이 하루는 동료들과 사냥을 나갔는데, 개에게 쫓겨 도망치는 멧돼지를 절벽 아래서 기다리고 있었대요. 그런데 도망치던 멧돼지가 발을 헛디뎌서 절벽 아래로 미끄러졌는데 그 사람 머리 위로 떨어져버렸나봐요. 근데 운이 없을 때는 어쩔 수가 없나봐요. 총을 든 그 사람 위에서 멧돼지가 몸부림을 치는 바람에 방아쇠가 당겨졌고, 총알이 그 사람의 턱을 관통했다는 거예요. 오래 병상에 누워 있었지만 결국은 그것이 원인이 돼서 목숨을 잃고 말았대요. 그런 일이 흔히 일어나기 때문에 총에는 역시 혼이 들어 있는 거라고 사냥꾼들은 모두 말해요. 그래서 저도 총만은 소중히 다루는구먼요."

"그래서 총들이 전부 번쩍번쩍 잘 닦여 있는 거로군."

"그렇쥬. 그리고 멧돼지도 이왕 총알에 맞을 바에는 이렇게 깨끗하게 손질된 총에 맞아야 성불할 수 있을 거예요. 영혼이 깃들어 있는 총이니까요. 아, 그리고 상자에 담은 화약이나 총알, 약협이 잔뜩 쌓여 있쥬? 사실은 이것도 법률 위반이에요. 한 곳에 모아두는 건 무기단속법, 화약단속법 위반이고요, 요즘에는 파괴활동방지법이라는 법이 생겨서 발각되면 체포돼요. 하지만 여기에 이렇게 모아두면 편리하다고 사냥꾼들이 아주 고마워하며 사냥철이 되면 모두 여기로 모여들어요. 멧돼지 사냥꾼들은 모두 입이 무거워서 절대로 밖으로 새나가지는 않아요."

"그런데 이렇게 많은 총알과 화약을 대체 어디서 구한 거지?"

"여기서 50리쯤 떨어진 마을에 총포 · 화약상이 있는데, 그곳 사장님도 멧돼지 사냥꾼 동료예요. 그래서 사냥꾼들이 돈을 모아 사서 밤에 함께 여기로 옮긴 거예요, 히힛."

순간 그는 겸연쩍은 표정을 지으며 싱긋 웃었다.

이번에는 맞은편 굴을 보기로 했다. 손전등으로 비춰가며 자리를 옮기자 조금 전에 본 총탄 창고와는 분위기가 완전 달라서, 평화롭고 예술적이고 학술적인 분위기가 나는 공간이 눈에 들어왔다. 무엇보다 놀란 것은 정성스럽게 꾸며놓은 장식이었다. 반으로 쪼갠 어린 대나무를 삼나무 노끈으로 단단히 묶어 직접 만든 대나무 발을 천장과 벽에 온통 둘렀으며, 바닥에는 판자를 깔아 마룻바닥처럼 만들었다. 정면 벽에는 흙벽을 파서 불단을 만들고 그곳에 위패를 안치하고 향로와 징도 놓여 있었다. 불단에는 욧상의 아버지 위패를 모셔놓았다.

"집 안에도 있지만 여기에도 모셔놨어요. 아부지는 돌아가셔서 땅속에 계시니, 여기에 위패를 모셔놓으면 언제든 아부지를 만날 수 있을 것 같다는 기분이 들어서요."

"요시안냐, 기특한 생각이야. 아버지도 요시안냐가 여기에 오면 틀림없이 기뻐하실 거야."

그런데 불단 앞의 바닥에는 이국적인 물건들이 가지런히 놓여 있었다. 터키석을 박은 중동 지역의 아름다운 화병, 인도의 향신료 분쇄기, 아프리카 소수민족이 흑단에 조각한 동물 장식품, 대만에서 볼 수 있는 조그만 대리석 장식품, 틀림없이 스페인 것이라 여겨지는 투우사의 청동 부조, 리우 데 자네이루라고 커다랗게 적힌 은 방패, '세인트 마리 곶'이라고 써 있는 것으로 봐서 아프리카 마다가스카르 섬에서 사온 것이라 여겨지는 흑인 여성 청동 인형, 그리고 욧샹이 직접 만든 것이라는 사실을 바로 알 수 있는 유리 상자에 넣은 색색의 보석 원석 등등. 온갖 물건들이 빼곡하게 놓여 있었다.

그 중에서도 가장 눈에 띄는 것은 벽면에 걸어놓은 장식이었는데 왼쪽에는 2미터쯤 되는 돛새치의 나무 조각품, 오른쪽에는 자바 섬이나 미크로네시아 부근에서 흔히 볼 수 있는 화려한 목판화가 걸려 있었다. 그것 역시 2미터가 넘는 크기였다. 특히 활짝 펼친 돛새치의 등지느러미 모습과 군청색이 절묘했으며, 전체를 페르시안블루로 농담(濃淡)을 달리해 칠한 몸통의 아름다움에는 숨이 멎을 정도였다. 나는 욧샹의 컬렉션을 보면서 야미조의 산속, 그것도 동굴 속에 아라비아 해나 지중해, 인도양, 남태평양 부근의 아름다운 장식품이 놓여 있다는 사실에 상당한 이질감을 느끼면서도 재미있는 일이라고 생각했다.

"제가 돈을 벌기 위해서 배에 탄 적이 있었잖아요? 그때마다 마음에 든 것을 사온 거예요."

"정말 놀라운데. 하나같이 굉장한 미술품과 공예품들뿐이야. 이거야말로 살롱 드 욧상이라고 부를 만해."

"그런가요? 그거 정말 고마운 말씀이시네요. 선생님께서 그렇게 말씀해주신다면 이놈들도 틀림없이 기뻐할 거구먼요."

"그런데 이렇게 크고 무거운 물건을 이 산까지 어떻게 가져온 거지?"

"현지에서 마음에 든 물건을 사면 배에 싣고 일본까지 가져와서 고베나 야이즈나 요코하마나 후쿠오카나 배가 도착한 항구에서 일단 도조 형님 댁으로 보내놔요. 그걸 여기까지 훌쩍 가져온 거예요, 간단해요."

"아아, 그렇군. 그거 좋은 방법인데."

"근데 이제 와서 보니 이 물건들이 가엾어요. 얼마 전부터 그런 생각이 드는구먼요."

"어째서?"

"이놈들은 태어날 때부터 사람들의 눈에 띄어야 할 것들이잖아요. 아름답다는 소리를 듣고 기뻐해왔던 것들이고 사람들도 이놈들을 보고 마음이 평화로워졌을 거구요. 그런데 이런 야미조의 산속에, 그것도 아무도 오지 않는 어두운 동굴 속에 놓인 채 시간을 보내야 한다고 생각하니 왠지 가엾다는 생각이 들었어요. 총에도 영혼이 깃들어 있다고 했듯이 이 물건들에도 영혼이 깃들어 있는 것 같다는 생각이 들어요."

"나 역시도 비슷한 생각을 하곤 하지. 나도 그렇게 대단한 걸 가지고 있는 건 아니지만 마음에 드는 미술품을 보관해 두었다가 가끔 그걸 바라보며 자기만족에 빠져 있으면, 이래도 괜찮을 걸까 하고 왠지 찜찜한 기분이 드는 경우가 있어. 창작한 사람이나 그 작품한테 미안하다는 생각이 들어서…."

"맞아요, 선생님도 그렇게 생각하시쥬? 하지만 선생님은 그나마 도쿄에 계시니까 조금은 나은 편이에요. 저는 산속의 굴에 처박아두고 있으니까요. 대체 무엇을 위해서 아프리카나 멕시코나 남중국해나 지중해 같은 데서 데려온 건지 알 수가 없다니까요. 어쩌면 이놈들 저한테 화가 나 있을지도 몰라요. 제가 죽고 나면 이놈들 고아처럼 되어버리잖아요. 그래서 조만간 이 물건들을 초등학교나 중학교, 마을의 주민회관, 요양원 같은 데 기부할까 생각 중이에요."

"그것도 좋은 생각이지만, 요시안냐의 마음에 드는 것 몇 개는 곁에 두고 평생 소중히 여기는 것도 좋을 거라 생각해. 매일 여기에 와서 그걸 보며 마음을 달래면 그것들의 영혼도 위로를 얻지 않을까?"

"그런가요? 그럼 조금 더 생각해보기로 하죠, 뭐."

그런데 동굴에 들어온 이후, 이상한 사실 하나를 깨달았다. 이렇게 깊고 어두운 동굴 속인데도 습기 하나 없이 공간 전체가 묘하게 메말라 있었다. 물론 겨울이라고는 하지만 이런 동굴은 늘 온도와 습도가 높아서 축축한 것이 당연한데 공기 조절이 이렇게 이상적으로 유지되고 있다니 아무리 생각해도 신기했다. 습도가 낮아 욧샹의 보물에도 곰팡이가 슬지 않는 것이리라. 여기에는 틀림없이 어떤 장치가 있을 듯했다.

"요시안냐, 아까부터 신기하게 생각하고 있었는데, 이 동굴은 습도가 낮은 거 같아. 지금은 겨울이니까 그럴지도 모르겠지만 장마철이나 여름에도 이런 상태가 유지되나?"

"선생님, 잘도 알아차리셨네요. 1년 내내 이런 상태예요. 높은 산 위라 많이 덥지는 않지만 여름에도 이 굴 속에 자리를 깔고 낮잠을 자면 시원하고 기분이 아주 좋아요."

"정말 신기하군. 이렇게 막혀 있는 동굴인데 어째서 공기가 신선하고 바람이 잘 통하는 거지?"

욧샹은 동굴을 파게 된 이유를 설명해주었는데 아버지에게서 들은 것이라고 했다.

그냥 땅굴을 파놓기만 해서는 습해서 견딜 수가 없어 메이지 시대 태어난 노인의 지도를 받아 3년에 걸쳐서 이 동굴을 팠다고 한다. 아이즈에서 온 땅굴파기 달인은 먼저 산을 살펴본 뒤 지하수맥을 조사한다. 그래서 수맥이 지나지 않는 산의 경사면에서 검은 흙이 아니라 붉은 흙이 있는 곳을 찾아낸다는 것. 이 부근의 붉은 흙은 점토질이기 때문에 파기도 쉽고 천장에서 물이 떨어지거나 무너질 염려가 거의 없다는 것이다.

"그때 아부지가 아주 재미있는 얘기를 들려주셨어요. 그 아이즈 사람과 땅굴을 파러 온 인부들한테 준 임금이 매달 멧돼지 2마리였대요. 아부지는 잡아온 멧돼지를 해체하고 고기에 소금을 잔뜩 발라서 주면 그 사람들은 그걸 마을로 가지고 가서 돈하고 바꿨대요. 땅굴을 파는 데는 겨울이 제일 좋은데 멧돼지를 잡는 철하고 딱 겹치잖아요. 정말 절묘하쥬? 3번의 겨울에 걸쳐서 팠으니 인부 5명에게 매달 10마리, 겨울인 11월부터 3월까지 5개월 동안 50마리, 그게 3번의 겨울 동안이었으니 전부해서 150마리예요. 그 정도로 많은 멧돼지를 잡아다 주었으니, 이 동굴을 만드는 데 상당한 돈이 들어간 셈이지유, 하핫. 그도 그렇지만 옛날에는 이 야미조 주변에 멧돼지가 아주 많았다는 말도 되고요."

"정말 흥미로운 얘기야. 그런데 요시안냐의 아버님은 어째서 3년이나 걸려서, 그것도 그렇게 많은 멧돼지를 건네주면서까지 이 동굴을 만들고 싶어 하셨던 거지?"

"그, 그게 말이죠… 아부지가 엉뚱한 생각을 하고 계셨기에 이런 땅굴을 판 거쥬. 다른 게 아니라 여기서 멧돼지 새끼를 기르겠다고…."

욧상이 들려준 얘기는 엉뚱하면서도 감동적인 얘기였다.

멧돼지 사냥을 나가면 개나 몰이꾼에게 쫓겨 어미 멧돼지는 도망을 간다. 사냥꾼은 그놈을 쏘는데, 그런데 때로는 그 근처에서 어미를 잃은 놈들이 몇 마리 발견되곤 한다. 어린 멧돼지 새끼는 그냥 산에 내버려두고 내려오면 얼마 못 가 들개나 여우, 독수리한테 잡아먹힌다. 그게 가엾어서 견딜 수가 없었던 욧상의 아버지는 그 고아들이 눈에 띄면 데리고 와서 굴 속에서 길러보겠다고 생각했던 것이란다. 그렇게 해서 겨울이 되어 사냥철에 들어섰을 때는 어미 잃은 고아 14마리 정도를 동굴에서 기르기 시작했다.

아버지는 고아들이 추울까봐 농가에서 볏짚을 얻어다 잔뜩 깔아주고 새끼들에게 먹일 사료를 농가 곳곳을 돌아다니며 음식물 찌꺼기를 모아다 먹였다.

"정성이 대단하셨군."

"저도 어릴 적 봤는데 굉장했어요. 몇 마리나 되는 새끼 멧돼지들이 여기서 끽끽, 꽥꽥 신나게 뛰어다녔어요."

하지만 역시 야생에서 자라야 할 놈들이었다. 3일쯤 지나면 땅에 구멍을 파기도 하고 동굴 입구 나무 울타리를 부수기도 해서 전부 사라져버린 것. 그걸 본 아버지는 '지들 맘대로 산에 돌아갔으니 하는 수 없는 일이지. 그리고 여기서 더 자라면 사료 값만 해도 집안이 망할 테니 잘된 일인겨…'라며 아무렇지도 않은 듯 말했지만 산 쪽을 바라보면서 눈물을 흘리기도 했다. 아버지는 이듬해에도 그 이듬해에도 또 어미 잃은 새끼를 데려다 굴 속에서 키웠지만 3일이면 도망을 쳤다.

"아부지도 결국은 포기하시고 어미 잃은 새끼를 데려오는 대신 이번에는 도망가지 않는 동물을 기르기 시작하셨어요. 150마리나 되는 멧돼지를 줘가며 판 굴이니 사용하지 않으면 손해라고 생각하셨던 거쥬. 선생님, 그 동물이 뭐였다고 생각하세요?"

"음, 꽤나 어려운 질문인데. 살아 있는 거겠지? 천장의 높이나 넓이로 봐서 말은 아닐 테고, 혹시 소 아니야? 소라면 젖도 짤 수 있을 테니."

"소는 아녜요. 하지만 비슷하기는 하네요. 암염소예요. 염소는 젖을 얻을 수 있으니까요. 지난번 오셨을 때, 도조 형님 댁에서 염소를 빌려다 젖을 짜서 마셨잖아요. 그거랑 같은 거예요. 도조 형님 댁에서는 옛날부터 염소를 길렀는데 도조 형님 아부지와 우리 아부지가 형제처럼 사이가 좋았기에 암염소 1마리하고 멧돼지 2마리를 바꾸기로 하고 그 염소를 여기서 길렀어요. 그 다음부터 저는 매일 염소젖을 먹으며 자랐어요. 그리고 새끼를 밸 시기가 됐을 때는 마을로 데려가 도조 형님네 수놈 염소하고 교미를 시켜서 새끼를 받았어요. 그리고 새끼 중 암놈을 길러서 다시 젖을 짜고… 수놈도 정성껏 길러 고기를 먹었구요."

"요시안냐의 아버님은 아주 다정하고 또 꽤나 야무진 분이셨군."

"맞아요."

욧샹이 기쁘다는 듯 웃으며 크게 고개를 끄덕였다.

"그런데 요시안냐, 도중에 얘기가 다른 곳으로 빠졌는데, 이 동굴에 습기가 차지 않는 비결이 대체 뭐지?"

"아아, 그걸 가르쳐드리는 걸 깜박 잊었네요. 이리 와보세요."

욧상은 동굴의 끝까지 가더니 머리 위를 손전등으로 비추어 가리켰다. 거기에는 판자로 막은 네모난 미닫이 문 같은 것이 있었다.

“이건 말이쥬, 천창(天窓)이라고 해요.”

네모난 굴뚝처럼 생긴 천창의 끝은 굴 밖으로 연결되어 있었는데 미닫이를 열자 바람이 얼굴에 닿는 게 느껴졌다. 미닫이 문으로 공기의 양까지 조절해 습도를 맞출 수 있는 구조였다. 공기가 건조하다 싶으면 미닫이를 활짝 열어두면 건조한 공기가 들어와 굴 속을 지나 천창으로 빠져나가게 되어 있고, 반대로 습도가 높은 날이나 비가 내리는 날에는 천창을 꼭 닫고 입구도 방수 문짝으로 막아두면 동굴 속의 공기가 움직이지 않아 습도가 오르지 않는다. 그리고 맑은 날에 다시 천창을 열고 동굴 입구 문짝을 열면 마른 공기가 들어와서 언제나 쾌적해지는 원리였다.

“오, 정말 과학적인 장치가 되어 있었군. 어쨌든 옛날 사람들이 고안해낸 것은 참으로 이치에 합당하고 또 그게 전부 생활에도 커다란 도움이 돼. 정말 감탄, 또 감탄이야.”

“그렇쥬? 정말 대단허쥬?”

“욧상의 아버님도 정말 지혜가 뛰어난 분이셨던 것 같아.”

“옛날 사람들은 여러 가지 일을 하지 않으면 살아갈 수 없었기 때문에 무슨 일에나 열심히 했던 거 같아요.”

이런 데까지 보여주다니, 진심으로 감사하며 동굴 밖으로 나왔다. 밝은 햇빛을 받자 겨울 해라고는 하지만 눈이 부셨다.

움막으로 돌아와 이로리 옆에서 약초차로 차가워진 몸을 덥히며 욧샹은 아버지에 대해 못다한 얘기를 들려주었다. 그러던 중 갑자기 욧샹의 얼굴이 굳어지며 찻잔을 내려놓고 가만히 귀를 기울여 바깥을 살폈다. 그러더니 자리에서 벌떡 일어나더니 더욱 긴장한 얼굴로 날카롭게 소리쳤다.

"앗, 이거 큰일인데!"

그는 눈 깜빡할 사이에 밖으로 뛰어나갔다. 대체 무슨 일인가 싶어 나도 황급히 뒤따라 나갔다. 2년 전 여름에 닷새, 그리고 이번에 3일 동안 야미조의 산에 들어와서 늘 욧샹의 곁에 머물며 행동을 같이 했지만 이렇게 긴박하게, 그리고 낭패스런 기색을 보인 적은 한 번도 없었다. 뭔가 큰일이 벌어졌다는 사실을 금방 알아차릴 수 있었다. 밖으로 뛰쳐나간 욧샹은 구마의 집을 향해서 곧장 달려갔다. 그러고 보니 아침부터 구마가 보이지 않았다.

욧샹은 개집 앞에서 흠칫 멈춰섰다. 발밑에는 구마가 쓰러져 있었고 몇 초 동안 넋 나간 사람처럼 서 있던 그가 곧바로 움막을 향해 전속력으로 뛰어갔다. 나는 구마를 가만히 바라보았다. 그렇게 씩씩하던 구마가 몸의 힘이 전부 빠져나간 듯 축 늘어져서 숨만 간신히 내쉴 뿐이었다. 등에는 커다랗게 찢긴 상처가 있고 거기서 피가 뚝뚝 흐르고 있었다. 구마는 혀를 반쯤 늘어뜨린 채 눈을 감고 누워 있었다. 숨만 간신히 붙어 있다는 건 바로 이럴 때 쓰는 말이리라. 내가 웅크려 앉아 얼굴을 가만히 쓰다듬어주어도 구마는 아무 반응도 보이지 않았다.

"구마, 아프겠지만 조금만 참아. 욧상이 곧 돌아올 거야. 기운 내야 해. 죽어서는 안 돼. 욧상하고 내가 곁에 있을 테니 힘을 내."

나직이 말하며 구마의 얼굴을 부드럽게 쓰다듬어주었다. 그러자 아주 살짝, 희미하게 꼬리를 흔들어 내게 답하는 동작을 취했다. 그것을 보자 눈물이 쏟아졌다.

급한 발걸음으로 욧상이 응급상자를 들고 달려왔다. 그는 곧바로 주사기와 투명한 액체가 든 조그만 병을 꺼내고 상자 안에서 초를 꺼내 불을 붙인 다음, 그 불꽃으로 주사기 바늘을 슥 달구었다.

"선생님, 이 병 뚜껑을 좀 열어주세요."

나는 약간 떨리는 손으로 유리병의 코르크 마개를 땄다. 욧상이 주사바늘을 찔러 넣어 약을 조용히 빨아들였다. 그리고 구마의 앞다리 허벅지 안쪽을 손으로 쓰다듬어 혈관을 찾아 주사를 놓았다. 주사바늘을 찌른 순간 움찔 움직였으나 이후로는 아무런 움직임이 없었다. 주사를 놓고나자 이번에는 둥근 양철통에 들어 있는 연고와 과산화수소 병을 꺼냈다. 우선 병 뚜껑을 열어 탈지면에 묻힌 뒤 상처에 대고 부드럽게 닦아내듯 했다. 약이 스며들어 따끔했는지 구마가 몸을 꿈틀거렸다. 다행히도 피는 멈추었고 더 이상의 다량 출혈은 없을 듯했다. 몇 번이고 같은 동작을 반복해서 닦아내자 상처 부위에서 희고 자잘한 거품이 계속 일었다.

그동안 한마디도 않고 치료에만 집중하던 욧상이 비로소 입을 열었다.

"많이 아프지만 구마가 참고 있는 거예요. 조금 있으면 방금 놓은 마취약이 퍼질 테니 조금은 편해질 거예요."

욧샹의 얼굴이 조금 안정을 되찾았고 마음이 가라앉은 듯 평소의 냉정함으로 돌아가고 있었다.

과산화수소로 몇 번이고 소독을 한 뒤, 이번에는 둥근 양철통 뚜껑을 열어 기름덩어리와 같은 하얀 젤리 상태의 약을 검지로 듬뿍 떠서 상처 부위에 부드럽게 발랐다. 상처는 깊은 듯했으나 생각보다 크지 않아서 7센티 정도 세로로 찢어져 있었다. 벌써 몸 전체에 마취제가 돌기 시작했는지 구마는 아까보다도 더 축 늘어져서 잠을 자고 있는 것 같았다.

"바셀린이에요. 바셀린 속에는 지혈제와 항생물질이 들어 있어요."

바셀린을 상처에 꼼꼼하게 바른 뒤 욧샹은 응급상자에서 바늘과 실을 꺼냈다. 그리고 낚싯줄과 같은 실을 바늘귀에 끼우더니 바늘 끝을 다시 촛불로 달구어 살균하고 그것으로 상처를 정성껏 꿰매기 시작했다. 구마는 이제 꿈쩍도 하지 않았다. 욧샹은 손가락에 정성을 담아 세심한 움직임으로 한땀 한땀 봉합해나갔다. 그리고 마지막 부분에 이르자 실끝을 단단히 매듭지은 뒤 가위로 실을 잘랐다. 마무리로 튜브에 든 새하얀 점성 물질을 듬뿍 발랐다. 그런 다음 비로소 크게 숨을 내쉬었다.

"이걸로 수술은 끝났어요. 마지막에 바른 건 항생물질이 들어 있는 말기름이에요. 이제 걱정할 거 없을 테지만, 나머지는 구마의 체력에 달렸어요. 구마는 멧돼지한테 당한 거예요. 그것도 아주 큰 놈이에요, 이건. 30관 정도는 될 거 같네요."

30관이라면 120킬로그램 가까이 된다.

"그렇게 큰 멧돼지가 있나?"

"몇 년에 한 번씩은 그렇게 괴물 같은 놈을 잡아요. 개의 상처를 보면 대략적인 크기를 짐작할 수 있어요. 멧돼지는 송곳니를 쳐올리고 공격해 들어오기 때문에 개에 난 상처의 크기가 대략 송곳니의 크기가 되는데 말하자면 송곳니의 크기로 멧돼지의 크기를 짐작하는 거죠."

"그런데 요시안냐, 정말 대단해. 수의사 못지 않을 정도의 치료 솜씨와 수술 솜씨를 가지고 있다니."

"그렇게 대단한 건 아녜요. 이 정도도 못하면 사냥꾼으로는 먹고 살 수 없쥬. 약이나 수술도구는 동료 멧돼지 사냥꾼인 치과 선생님이 조달해 줘요. 그리고 응급처치도 그 선생님이 전부 가르쳐 주셨어요. 멧돼지를 사냥하는 현장에서는 오늘의 구마처럼 멧돼지 공격을 받아 배에 구멍이 뚫리는 개도 있어요. 거기서 치료하는 걸 몇 번이고 봐왔기에 어려울 건 없어요. 저도 외국 다니는 화물선에 탔었잖아요, 그때 의사 흉내를 낸 적이 있었는데 동료들의 상처를 꽤나 많이 치료해줬어요."

"어쩐지 조금도 당황하지 않는다 싶었어. 정말 대단해."

욧상이 평정심이 되찾은 것을 보고 구마의 상태를 잠시 잊고 있다가 문득 물었다.

"그나저나 구마는 괜찮을까?"

"걱정할 거 없시유. 마취가 풀리면 밥을 먹을 놈이에요. 상처는 아플 테지만 이 개는 결코 소리를 내지 않고 꾹 참아요. 좋은 사냥개는 그런 성격을 가지고 있어요."

"그러고 보니 구마는 개집 앞에 쓰러져 있을 때부터 수술이 끝난 지금까지 한 번도 짖거나 으르렁거리지 않았군."

"맞아요. 소리를 내지 않아요. 소리를 내면 사냥개로서 자격이 없는 거쥬. 멧돼지하고 격투를 벌일 때도 마찬가지여서 절대로 소리를 내지 않아요. 집단으로 멧돼지 사냥을 할 때 개들한테는 각각의 역할이 있는데, 처음부터 끝까지 계속 짖어서 멧돼지에게 겁을 주며 쫓는 개도 있구요, 구마처럼 혼자서도 용감하게 멧돼지에게 덤벼들며 쫓는 개도 있어요. 그래서 멧돼지를 쫓아서 산에 들어가면 사냥꾼들은 다른 개들의 성격을 먼저 파악한 다음에 멧돼지를 잡으러 가요."

"구마의 근성도 정말 대단하군."

"맞아요. 인간으로서는 도저히 따라갈 수 없는 부분이 개한테는 있어요. 주인한테 충실하고 투지 강하고 근성 있고 머리 좋고 한결같고 불평을 하지 않아요. 전 가끔 인간보다 개가 훨씬 더 훌륭한 삶을 살고 있다고 생각하는 적이 있구먼요. 이건 정말이에요."

"맞는 말이야. 나도 구마에게서 배운 게 아주 많았어. 구마는 얼마쯤 지나야 마취에서 깨어나지?"

"글쎄요… 앞으로 1시간쯤 있으면 그럭저럭 정신을 차릴 거예요. 그리고 구마를 공격했던 멧돼지 말인데요, 그놈은 분명 부상을 입은 놈일 거예요. 그것도 아주 커다란 부상을요."

"부상을 입은 멧돼지라고?"

"구마의 몸을 보고 알았어요. 멧돼지의 억센 털이 구마의 몸에 몇 개 붙어 있었는데, 자세히 보니 구마의 피가 아닌 검붉은 피가 꼬리털 주위하구 배 같은 데도 끈적하게 묻어 있었어요. 선생님께서는 전부 구마의 피라고 생각하셨쥬? 하지만 저는 그 차이를 금방 알아볼 수 있어요. 놈은 총을 여러 방 맞아서 커다란 부상을 입었어요. 그리고 빳빳한 털의 굵기와 길이로 크기와 나이를 대충 짐작했어요. 구마를 공격한 놈은 8살쯤 됐어요."

"그런데 누가 쏜 걸까?"

"제 동료들이에요. 나흘 전에 도조 형님하고 치과 선생님하고, 다다미 만드는 사람, 그리고 바토 야마탄의 장남, 이렇게 넷이서 야미조 산 동쪽 능선 대략 7부쯤 되는 곳에 있는 짓켄 폭포 부근으로 해서 산에 들어갔어요. 그 근처에 커다란 멧돼지가 있다고 해서 작년부터 모두가 쫓았는데 아직 못 잡았어요. 만약 산 위에서 상처를 입은 거라면 강변의 급경사면으로 달아나 그대로 이쪽 산까지 내려온 걸 거예요. 그러면 우리 집 뒷산으로 나오게 돼 있거든요. 작년 겨울에도 한 마리가 산 아래로 내려와 이 근처에서 허둥지둥하고 있는 걸 제가 쐈어요. 그 멧돼지는 그렇게 크지 않아서 대충 15관 정도였어요."

다친 멧돼지만큼 위험한 것도 없다. 그러니 30관 정도 되는 놈이 길길이 날뛰면 당해낼 재간이 없을 터.

"구마를 공격한 놈, 상처가 아주 깊으니 틀림없이 이 근처에 있을 거예요. 분명히 이 근처 수풀 속에 숨었거나, 구멍 같은 데 들어가 있을 건데, 어디에 있는지 곧 알 수 있을 거예요."

욧상은 구마가 멧돼지와 사투를 벌인 곳이 그리 멀지 않다고 짐작했다. 구마가 비틀거리며 여기까지 왔을 정도니까. 그 장소를 찾아내어 핏자국을 따라가거나, 도망간 흔적인 부러진 나무나 얼룩조릿대를 따라 추적하면 간단히 찾아낼 수 있다고 했다.

"구마는 아마도 뒷산에서 멧돼지의 기척이 들려오자 본능이 살아나서 냉큼 달려간 거 같아요. 그런데 그렇게 커다란 멧돼지에, 또 부상까지 당한 놈인 줄 모르고 갔기에 갑자기 공격을 당한 거지유."

"요시안냐, 그렇게 부상을 당한 멧돼지가 이 근처에 숨어 있다면 멧돼지가 먼저 공격해올 염려는 없는 건가? 그러면 위험하잖아."

"그럼요. 가까이에 있으면 반드시 돌진해 들어올 거예요. 왜냐하면 죽을 정도의 아픔과 공포 때문에 제정신이 아니어서 아무 거나 보면 공격을 해요."

"정말 섬뜩한 얘긴데? 그럼 지금부터 어떻게 할 거지?"

"전 물론 지금부터 잡으러 갈 거예요. 도조 형님 일행이 산에서 쫓아 내려오면 거기서 합류할 거구먼요. 그 전에 멧돼지 있는 곳을 찾아내면 저 혼자 잡을 거구요. 구마를 데려갈 수는 없지만 멧돼지도 상처를 입었으니 어떻게든 잡을 수 있을 거예요."

"요시안냐, 혼자서는 위험하지 않을까? 조금 더 기다렸다가 그 사람들이 여기에 온 다음에 잡는 게 좋을 거 같은데…."

"아뇨, 기다릴 수 없어요. 저도 사냥으로 먹고 사는 놈이에요. 말하자면 프로라고 할 수 있는데, 이럴 때 동료들이 쏴서 부상을 입힌 멧돼지가 이 근처를 어슬렁거리고 있는데 그냥 지켜보기만 한다면 웃음거리가 될 거구먼요. 그리고 구마의 원수도 갚아야쥬. 구마를 장래를 위해서도 아주 중요한 일이에요. 잡은 멧돼지를 가져와서 구마한테 씹게 해줘야 해요. 네가 이겼어, 그래서 그 멧돼지고기를 지금 먹고 있는 거야, 라고 가르쳐주면 순간 자신감을 회복해서 덥석덥석 먹고 다시 투지를 불태울 거구먼요."

나는 아무 말도 할 수 없었다.

"그럼 저는 지금부터 멧돼지 잡으러 갈 준비를 할 테니, 선생님은 집 안에서 구마를 보고 계세요. 절대로 밖에 내보내서는 안 돼요. 밖에 있다가 멧돼지가 습격하면 돌이킬 수 없는 일이 벌어질 테니까유."

욧샹은 축 늘어져 있는 구마를 끌어안고 움막으로 향했다. 대략 35킬로그램쯤 되는 구마의 몸무게 때문에 발걸음이 약간 비틀거렸다. 나는 앞질러 움막으로 들어가 아궁이 앞 토방에 담요를 깔았다. 욧샹은 담요 위에 구마를 가만히 눕혀놓은 뒤, 안쪽 방에서 멧돼지 사냥용 옷이 든 대나무 고리짝을 가져와 서둘러 옷을 갈아입기 시작했다. 나는 그때 야미조 사냥꾼의 복장을 처음 보았다. 흥미롭게 그 모습을 관찰하고 있는데 욧상이 눈치 채고 한마디 건넨다.

"구마는 거기에 눕혀놓으면 걱정할 거 없으니, 이리로 와서 제가 옷 갈아입는 걸 지켜보세요."

그는 역시 세심한 사내였다.

가까이 다가가서 보니 프로 사냥꾼의 고전적인 복장을 갖춰나가고 있었다. 우선 무명으로 된 속바지를 입고 그 위에 곰의 모피로 만든 통 넓은 바지를 입었다. 정강이에는 각반을 두르고 그 위에 긴 끈과 같은 줄각반을 둘둘 감은 뒤, 발에는 무명 버선을 신고 모피로 만든 장화를 신었다. 그리고 상체에는 긴소매 속옷 위에 두툼하게 솜을 넣은 옷을 입고 그 위에 다시 가죽으로 만든 긴소매 외투를 둘렀다. 익숙한 손놀림으로 욧상은 순식간에 멧돼지 사냥꾼으로 변신해나갔다. 구마를 공격한 멧돼지를 기필코 잡고야 말겠다는 날카로운 눈빛, 옷을 갈아입는 과묵하고 기민한 동작 때문에 비장한 기운마저 느껴졌다.

약 10분 만에 준비가 완전히 끝났다. 어깨에 총을 메고 총알과 약협을 나란히 꽂은 가죽벨트를 장착하고 등에 배낭을 짊어진 완벽한 사냥꾼 모습이었다. 배낭 속에는 사냥을 나갈 때면 언제나 휴대를 하는 물건들, 예를 들면 응급치료 도구나 물통 외에도 단도, 성냥, 라이터, 회중시계, 나침반, 호루라기, 알루미늄 깡통에 섞어 담은 말린 밥과 말린 고기, 매실장아찌, 소금 등이 들어 있었다.

"그럼 선생님, 다녀올 테니 걱정 말고 계세요. 그리고 구마를 잘 돌봐주세요. 조금 있으면 눈을 뜰 텐데 절대 밖에 내보내지 말고 선생님이랑 집 안에 있어야 해요. 이럴 때는 또 무슨 일이 벌어질지 모르니까요. 아, 그리고 어쩌면 오늘 중에 못 돌아올지도 몰라요. 그때는 밥을 짓고 통조림이라도 따서 구마하고 같이 드세요. 될 수 있으면 바로 돌아오도록 할 테니 걱정 말고 기다리고 계세요."

이렇게 말하더니 뒤도 돌아보지 않고 밖으로 뛰어나갔다.

욧샹이 나가고 나자 움막 안은 갑자기 정적에 싸였다. 이로리에서 장작 타는 소리와 갈고리에 걸어둔 주전자 뚜껑이 수증기에 들썩여 달그락거리는 소리만이 작게 들려왔다. 구마는 누운 채 거의 움직이지 않았으며 가끔 움막 밖에서 묘하게 높은 소리를 올리는 까마귀 울음소리만 스산하게 들려올 뿐이다.

그저 멍하니 있어봐야 뾰족한 수도 없기에 이로리로 가서 찻주전자에 약초차를 우렸다. 그런데 욧샹은 괜찮을까? 상대는 꽤 큰 놈인 듯한데…. 게다가 부상을 입었기 때문에 난폭해져 있다. 구마 없이도 무사히 잡을 수 있을까? 이런저런 생각들이 머릿속을 스치고 지나갔다. 욧샹은 오늘 중으로 돌아올까? 만약 돌아오지 않는다면 구마와 함께 남겨진 나는 어떻게 해야 되나? 점점 불안해지기 시작했다.

한동안 그렇게 불안에 잠겨 있자니 욧샹의 존재가 야미조와 나를 연결하는 끈과 같은 것이었다는 사실을 깨달았다.

욧상이 늘 곁에 있어주어 깨닫지 못했을 뿐, 그가 있기에 야미조도 매력적인 것이지, 욧상이 없으면 야미조는 단지 공포의 대상에 지나지 않는다는 사실을 깨달았다.

이로리의 장작이 거의 다 타들어가서 장작을 가져와야 했다. 아궁이 앞에 누워 있는 구마를 깨워서는 안 되겠기에 살금살금 움막을 나와 장작더미를 끌어안고 다시 들어와 구마 옆을 지날 때 힐끗 쳐다보았다. 그러자 구마가 두 눈을 뜨고 나를 가만히 올려다보고 있었다.

마취에서 깨어난 듯 눈빛이 똘망했다. 나는 묶여 있던 장작 더미를 풀어 두어 개를 불 속에 넣었다. 그리고는 구마에게 다가가 천천히 목덜미와 배를 쓰다듬어주었다. 그러자 구마는 기분 좋다는 듯 눈을 감고 한동안 나의 손길에 몸을 맡기고 있다가 다음 순간, 천천히 몸을 일으켰다. 억지로 말릴 수도 없었기에 그저 바라볼 수밖에 없었다. 그렇게 큰 상처를 입고 봉합수술까지 받았으면서도 신음소리 한 번 내지 않고 자리에서 일어선 것이다. 상처 부위를 보니 출혈은 완전히 멈췄으며, 봉합을 마치고 바른 말기름이 그대로 두껍게 발라져 있었다.

구마는 일어선 순간 잠시 비틀거렸으나 이후부터는 네 다리로 꼿꼿하게 서서 문 쪽을 응시했다. 나는 구마가 이렇게 빨리 일어설 것이라고는 예상도 하지 못했기에 이건 환상이 아닐까 생각했을 정도였다.

"구마야, 괜찮은 거냐? 너무 무리하지 말고 조금 더 누워 있는 게 좋을 거야."

구마는 들은 척도 하지 않았을 뿐만 아니라 내 존재조차 무시하듯 그저 움막의 문을 뚫어져라 노려보기만 할 뿐이었다. 물을 담은 대야를 가져와 구마의 앞에 놓았으나 마시려 하지도 않았다. 담요에 눕히려고 가볍게 밀어보았지만 네 다리를 꼿꼿하게 세운 채 조금도 움직이려 하지 않았다. 어떻게 해야 좋을지 몰라 나는 구마 옆에서 팔짱을 낀 채 가만히 생각에 잠겼다. 그러다 곧 좋은 생각이 떠올랐다. 그래, 구마에게 맛있는 먹이를 주는 거야.

안쪽 방으로 가서 내 배낭에 남아 있던 고등어 통조림을 꺼내 구마 앞으로 가져갔으나 이것 역시 쳐다볼 생각도 하지 않았다.

우리 사이에는 한동안 침묵 상태가 이어졌다. 그 후에도 구마는 선 채로 소리 하나 내지 않고 문 밖의 상황을 끊임없이 엿보고 있었다. 1시간 가까이 지났을 무렵, 구마에게 변화가 일어났다. 갑자기 코를 킁킁 울리며 옆에 있는 내 얼굴을 올려다보았다.

"구마야, 왜 그래? 괜찮아?"

조그만 목소리로 말하자 구마는 다시 밖의 상황을 살폈다. 그러다 다시 킁킁거리며 내 얼굴을 자꾸만 올려다보았다. 그래, 이건 생리현상 때문이야, 라고 직감했다.

"쉬를 하고 싶은 거구나. 그래, 알았어. 조금만 기다려, 곧 데리고 나갈 테니."

나는 다친 구마를 놓치면 큰일이라고 생각했기에 삼끈으로 만든 목줄을 걸어 움막 밖으로 데리고 나갔다. 걷는 모습을 보니 특별히 다리를 끌지도 않았으며, 다리와 허리 뼈, 갈비뼈 등에도 이상이 없다는 사실을 일반인인 나도 금방 알 수가 있었다.

밖으로 나온 구마는 어디서 그런 힘이 솟아나는지 신기할 정도로 힘껏 나를 끌며 개집 쪽으로 가려 했다. 위험하니 움막 밖으로 나와서는 안 된다던 욧샹의 말을 떠올리며 줄을 더욱 세게 쥐어 움직임을 막아보려 했다.

"소변이든 대변이든 얼른 볼일을 봐라, 구마야."

하지만 구마는 조금도 말을 들으려 하지 않았다. 하는 수 없이 포기하고 일단 움막 안으로 돌아가기 위해 줄을 힘껏 끌어 구마를 움막 쪽으로 끌었다. 신음소리 하나 내지 않고 다리에 힘을 주어 고집스럽게 저항했으나 다친 상태로는 계속 버틸 수 없었던지 구마는 결국 움막 앞까지 질질 끌려오고 말았다.

간신히 구마를 움막 안으로 데리고 돌아와 문을 닫은 뒤에야 목줄을 풀어주었다. 그러자 구마는 다시 문 앞에 서서 가만히 밖을 엿보는 자세를 취했다.

"에라 나도 모르겠다. 어쨌든 움막 안에 있기만 하면 안전해. 오줌이고 똥이고 움막 안에서 싸든지 말든지 마음대로 해."

절반쯤 포기한 채 이로리 옆에 앉아 장작을 넣기도 하고 주전자를 갈고리에 걸기도 하는 등 가능한 한 구마를 무시하는 태도를 취했다. 그래도 여전히 구마는 끄응 끙~ 끄응 끙~ 계속해서 코를 울리며 나를 힐끗힐끗 보았다. 계속 무시하고 약초차를 끓이기도 하고 부젓가락으로 장작불 위치를 바꾸기도 하고 있는데 갑자기 쿵! 하는 소리가 들렸다.

놀라서 돌아보니, 앗! 사라졌다! 조금 전까지 거기서 코를 울리고 있던 구마가 밖으로 빠져나간 것이다. 아차!

이로리에서 굴러 떨어지듯 밖으로 나가보니 구마는 개집 앞을 지나 산 쪽을 향해 쏜살같이 달려가고 있었다. 움막 문의 조그만 틈새에 코를 쑤셔 넣어 그곳으로 빠져나간 것이다. 다친 개라고 만만하게 보고 방심한 나의 실수였다. 문을 꼭 닫고 버팀목이라도 세워놨다면 이런 일은 일어나지 않았을 텐데… 후회해봐야 소용없다. 어쨌든 내 책임이다.

나는 힘없이 어깨를 늘어뜨린 채 조금 전까지 구마가 있던 토방에 맥없이 주저앉고 말았다. 변명의 여지가 없는 실수를 저질렀다는 데 대한 반성과, 그렇게 큰 상처를 입은 구마가 괜찮을지에 대한 걱정이 마음속에서 뒤엉켰다.

아마도 구마는 끈끈한 정으로 맺어진 욧상의 뒤를 본능적으로 따라간 것이리라. 그 본능에 구마의 충실함이 더해져 상처의 아픔과 체력이 떨어졌다는 사실도 잊고 달려간 것이리라. 상처를 입은 구마에게는 너무도 슬픈 본능이지만 충견이란 바로 이런 것인가 싶었다.

시간이 흐를수록 나는 점점 우울한 상상에 휩싸였다. 상처를 입은 구마가 욧상이 있는 곳까지 무사히 갈 수 있을까? 만약 그 전에 다시 거대한 멧돼지가 습격해온다면 어떡하지? 아니 잠깐만, 어쩌면 구마는 욧상이 있는 곳으로 달려간 것이 아니라 그 멧돼지를 쫓으러 간 것일지도 모르지 않는가? 개는 후각이 발달해 있으니 부상 입은 멧돼지의 피냄새를 맡으며 달려가면 그리 시간을 들이지 않고 찾아낼 수 있을 것이다. 거기서 다시 사투를 벌인다면 상대가 다쳤다고는 하나 커다란 부상을 입은 구마에게 승산은 없을 것이다.

아아, 정말 한심하다. 욧상이 그렇게 신신당부했는데 이 꼴이라니. 어쩌다 이 지경이 된 것인지, 생각할수록 나의 한심스러움에 화가 나서 이대로 여기에 앉아 있을 수 없다는 생각이 들었다. 가만히 죽치고 앉아 있어봐야 불안만 깊어질 뿐이라면, 차라리 구마의 뒤를 따라 나도 산으로 가보는 것이 좋겠다. 그랬기에 '밖에 나가서는 안 된다'는 욧상의 말을 어기고 나는 이로리 근처에 벗어둔 욧상의 작업복을 걸치고 움막 밖으로 뛰쳐나가 구마가 사라진 쪽으로 정신없이 달리기 시작했다.

멧돼지와의 사투

서리가 내려앉은 밭을 지나 산으로 통하는 좁은 언덕길을 오르자 숨이 점점 차올랐다. 심장이 터질듯하고 두 다리의 근육이 경직되어 비틀거리기 시작했다.

거기서 잠시 멈추고 귀를 기울였으나 구마의 기척은 어디서도 들려오지 않았다. 잠시 숨을 돌린 뒤 다시 달렸다. 갑자기 발밑에서 산비둘기가 구구구구~ 하며 날아올라 화들짝 놀랐다. 다시 달리기 시작한 직후 '타탕! 탕!'하는 2발의 총성이 서쪽에서 들려왔다. 나는 순간 발걸음을 멈췄다. 그것은 마른 금속음으로 욧샹의 소총 소리가 틀림없었다.

총성을 듣자 그때까지의 답답했던 기분에서 조금 벗어나 안정을 되찾기 시작했다. '됐다!'라며 혼잣말을 중얼거릴 여유까지 부리며, 그 총소리가 멧돼지를 해치웠음을 직감했다. 멧돼지 사냥꾼들 사이에서도 사격 솜씨는 최고라고 일컬어지는 욧샹이 실수를 했을 리 없기 때문이다.

총소리가 난 곳은 서쪽의 완만한 산등성이 아래에 있는 연못 근처였다. 다시 정신없이 경사면을 올라 산등성이 꼭대기까지 올라갔다가 이번에는 잠시도 쉬지 않고 서쪽 경사가 급한 숲 속을 단번에 내려가 목적지인 연못으로 향했다. 빨리 가서 상황을 보고 싶다는 마음이 머릿속에 가득했으나 정작 중요한 두 다리가 다급한 마음을 따라주지 못했다. 때로는 발이 엉키기도 하고 엉덩방아를 찧은 채 미끄러져 내려가기도 하면서 간신히 산등성이 아래까지 도착했다.

좁은 계곡물을 왼쪽으로 두고 물을 따라 거슬러 올라가자 계곡이 크게 오른쪽으로 꺾어진 곳이 나타났다. 그런데 거기는 산 쪽에서 커다란 바위가 삐져나와 있어 더 이상 상류로 올라갈 수가 없었다. 그 바위를 우회하기 위해서 일단 물가에서 멀어져 산 쪽으로 올라가 조릿대 숲을 걸어 바위를 넘은 뒤 다시 물가 쪽으로 내려갔다. 그러자 시야가 확 트였다. 지금까지 봐왔던 작은 연못과는 달리 아주 밝고 전망이 좋은 곳이었다. 한숨 돌리며 상류 쪽으로 고개를 돌리는데 멀리 앞쪽 연못에서 무엇인가 움직이는 것이 보였다. 순간 심장이 덜컥 내려앉았다. 자세히 보니 욧샹과 구마인 듯했다. '잡았다!'고 큰 소리로 외치고 굴러 떨어지듯 전속력으로 달려갔다.

연못 근처까지 한달음에 달려 욧상과 구마가 있는 곳에 도착해보니 욧상의 발아래에는 거대한 멧돼지 한 마리가 눈을 부릅뜬 채 쓰러져 있고, 그 옆에선 입과 목 주변이 피로 얼룩진 구마가 숨을 헐떡이며 땅바닥에 엎드려 있었다. 그런데 구마의 봉합한 상처 부위에서 피가 흐르고 있었다. 하지만 욧상은 아무런 말도 하지 않고 멧돼지의 경동맥에 날카로운 칼을 들이댔다. 피가 콸콸 흘러나오기 시작하자 피의 온기 때문에 하얀 김이 안개처럼 피어올랐다. 그 다음에는 멧돼지의 아랫배를 갈라 고환 가까이에 있는 손바닥만한 장기를 떼어내 멀리로 휙 던져 버렸다. 욧상이 늘 말하던 냄새주머니이리라. 그제서야 내게로 눈길을 돌렸다.

"선생님도 오셨군요. 구마 놈이 여기서 멧돼지를 찾아서는 격투를 벌였어요. 부상당한 멧돼지 놈이 틀림없이 이 연못의 물가에서 어슬렁거리고 있을 거라고 생각했어요. 부상을 당하면 멧돼지는 물 있는 곳으로 가기 때문에 산등성이에서 바로 여기로 내려왔어요. 그런데 갑자기 근처에서 꿰엑, 꿱 하는 멧돼지의 비명이 들려왔기에 바로 총을 쏠 수 있도록 준비한 뒤 이곳에 와보고는 맙소사, 까무러치는 줄 알았다니까요. 집에 있어야 할 구마가 멧돼지의 목덜미를 물고 늘어진 채 빙글빙글 돌며 싸우고 있잖아요. 멧돼지 놈이 많이 지쳐서 비틀거리기는 했지만 꿰엑, 꿰엑 비명을 올리며 필사적으로 몸부림을 치고 있었어요. 구마를 떼어놓으려고 송곳니를 쳐들기도 하고 물려고도 했어요. 하지만 구마는 절대로 놓지 않아요. 저는 언제라도 총을 쏠 준비를 해서 여기로 왔잖아유? 구마는 정말 훌륭한 사냥개예요. 저를 힐끗 보더니 멧돼지에게서 획 떨어져 제가 편안히 쏠 수 있게 해줬어요. 멧돼지도 체념을 한 듯 그때까지의 요란한 비명이 갑자기 꿀꿀하는 집돼지와 같은 울음소리로 바뀌더니 몸을 둥글게 말고 부들부들 떨기 시작했어요. 그래서 전 멧돼지를 조금이라도 빨리 편하게 해주려고 급소인 정수리와 심장에 2발을 쐈어요."

나는 흥분해서 발아래 쓰러져 있는 거대한 멧돼지를 가만히 내려다보았다.

"그건 그렇고 정말 큰 돼지네…."

나는 이렇게 가까이서, 그것도 조금 전까지 살아 있던 야생 멧돼지를 본 것은 이번이 처음이었다. 게다가 이처럼 처참한 현장에 있다는 사실이 꿈처럼 느껴져 발이 붕 떠 있는 느낌이었다. 욧샹이 구마의 상처 부위를 살폈다.

"우선 구마를 집으로 데려가 치료를 해줘야겠어요. 멧돼지를 쓰러뜨려서 기분이 좋아져 있으니 괜찮을 거예요. 구마는 정말 강한 개예요."

그는 총을 어깨에 멘 다음 구마를 두 팔로 끌어안아 대여섯 걸음 걷기 시작했다. 그런데 구마가 벗어나려는 듯 몸부림을 치자 욧샹도 그 움직임과 무게를 견딜 수 없어 도로 땅에 내려놓았다. 그러자 구마는 발을 질질 끌면서도 이빨을 드러내고 얼굴에 주름을 지어가며 이미 숨통이 끊어진 멧돼지에게 다시 덤벼들기 시작했다. 본능이라고는 하지만 무서운 집념이었다. 욧샹이 큰 소리로

'구마, 그만둬!'라고 화난 듯 외치자 구마는 귀를 늘어뜨리고 발을 끌며 욧샹의 뒤를 따라 걸었다.

나는 구마의 그런 모습에 다시 눈물이 났다. 힘들게 걷는 모습이 안쓰러워서가 아니라 구마가 가진 존경스러울 정도의 복종심, 그리고 슬픔이 느껴질 정도의 본능에 눈물이 난 것이다. 구마는 자신에게 부상을 입힌 멧돼지에게 좀 더 복수를 하고 싶었을 것이다. 그러나 욧샹의 단호한 목소리에 중단하고 아픈 몸을 끌며 걷는 그 모습에 연민을 느낀 것이다.

아무 말 없이 걷고 있지만 욧샹의 머릿속은 온통 구마에 대한 걱정으로 가득했을 것이다. 치료를 해주어야 한다. 그러니 한시라도 빨리 움막으로 돌아가야 한다. 구마의 기력이 더 이상 떨어지지 않도록 안고 가고 싶지만 구마가 스스로 걸어가는 것을 택했으니 그냥 내버려두는 것이리라. 욧샹과 구마는 말을 하지 않아도 서로 통하고 있는 것이다. 나는 그런 생각을 하며 구마의 뒤를 따라 걸었다.

움막에 돌아오자마자 욧샹은 바로 몇 시간 전에 했던 것처럼 구마를 치료하기 시작했다. 마취로 축 늘어져 있는 구마를 능숙한 손놀림으로 상처 부위를 소독하고 터진 부분은 다시 꿰맸다. 그렇게 치료를 마무리 짓고 나서야 드디어 입을 열었다.

"상처는 꽤 깊지만 이 개의 강인함은 보통이 아니니 괜찮을 거예요. 그건 그렇고 선생님도 그 계곡 아래까지 잘도 오셨네요."

내가 구마를 나가게 했다는 사실에 대해서는 한마디도 하지 않고, 그는 태연하게 말했다.

"정말 미안해, 구마도 제대로 돌보지 못하고… 방심한 틈에 구마가 밖으로 뛰쳐나가서 서둘러 뒤쫓아간 거야. 요시안냐, 무슨 말을 해야 좋을지 모르겠지만, 정말 미안해. 하지만 그렇게 큰 부상을 입었으면서도 투쟁심을 그대로 드러낸 채 멧돼지를 향해 달려가는 모습에는 놀라기도 했고, 또 한편으로는 감동하기도 했어."

"맞아요. 바로 그게 멧돼지 사냥개의 훌륭한 점이에요. 구마는 그런 근성이 특히 강해서 부상을 당해도 결코 물러서지 않기 때문에 오히려 제가 놀랄 정도예요."

"정말이야. 그런데 멧돼지를 그냥 놓고 왔는데 괜찮을까? 아니면 지금이라도 가지러 가야 하나?"

"아, 신경 쓸 거 없시유. 겨울의 이 정도 추위면 절반은 냉동한 것처럼 되어버리니까요. 그리고 그 근처에는 곰도 없고 여우나 너구리도 없어요. 내일 오후쯤이면 동료 사냥꾼들이 여기로 짊어지고 올 거예요."

"산으로 들어간 동료들에게 그 위치를 알려주지 않아도 될까?"

"그 사람들 내일 정오쯤에 그 계곡 아래를 지나게 돼 있어요. 멧돼지를 쫓다가 거기서도 찾지 못하면 쫓기를 멈추고 물을 따라서 내려오거든요. 그러면 틀림없이 그곳을 지날 테니 개들이 멧돼지를 찾아낼 거예요. 제 특유의 방식으로 피를 뽑고 냄새주머니까지 떼어냈으니 제가 잡은 거라고 금방 알 수 있을 거구요. 이렇게 큰 멧돼지를 저 혼자 가져갈 수 없어 그냥 두고 간 것이라고 생각해 여럿이서 짊어지고 여기로 가져올 거구먼요."

그러면서 재미있는 얘기를 덧붙였다. 이렇게 잡은 멧돼지를 산에 그냥 두고 오면 산신이 노하기 때문에 원래 그런 일은 거의 없다는 것. 하지만 오늘은 구마의 목숨이 위험했고, 멧돼지는 엄청나게 컸고, 사냥꾼은 그 혼자였기에 이렇게 할 수밖에 없었다며 산신령도 이해해주실 거라며 선하게 웃었다.

"맞아, 산신도 처음부터 끝까지 다 보았으니 이해해주실 거야. 그보다 구마는 정말 괜찮을까?"

"걱정 안 하셔도 돼요. 앞으로 2시간만 지나면 눈을 뜰 거예요. 그러면 구마에게 맛있는 걸 먹게 해줄 생각이구먼요."

"아, 그 삶은 토끼고기 말인가?"

"맞아요, 어제 잡은 토끼의 내장과 뼈를 냄비에 넣고 부글부글 끓인 걸 구마가 제일루다가 좋아해요. 그걸 먹이면 기운을 차릴 거예요."

나는 비로소 마음을 놓았다. 오늘 마음고생과 중노동을 한 욧상을 위해 계획을 세웠다. 그것은 역시 흥겨운 술자리.

"요시안냐, 조금 쉬고 있어. 내가 준비할 테니. 나는 내일 아침에 이곳을 떠날 예정이니 오늘 밤에는 성대한 잔치를 하고 싶어."

"아아, 내일 도쿄로 돌아가실 생각이신가요?"

그의 얼굴에 얼핏 아쉬움이 스치는가 싶더니 이내 천진한 미소를 지었다.

"그럼 오늘 밤에는 마음껏 마시기로 해요."

욧샹은 자리에서 벌떡 일어나 사냥에서 돌아온 뒷정리를 하기 시작했고 나는 아궁이로 다가가 마른 삼목 잎을 넣고 불을 붙였다. 탁탁 소리를 내며 곧 불이 피어오르기 시작했고 아궁이 주위로 보라색 연기가 모락모락 피어올랐다. 그 위에 장작을 넣어 화력을 키운 뒤, 전날 먹다 남은 추어탕 냄비를 올려 데우기 시작했다. 불이 셌기에 추어탕이 금세 끓어 연기 대신 맛있는 냄새가 사방으로 퍼졌다.

이제 나의 주방처럼 익숙해져서 손놀림이 자연스러웠다. 구운 토끼고기는 꼬챙이에 꽂아 이로리의 불 옆에서 데우고, 아궁이에서 추어탕을 내린 뒤 다른 커다란 냄비에 물을 끓이기 시작했다. 어제 토끼를 해체하고 난 뒤 밖에 매달아두었던 머리, 내장, 위 등의 부속물을 삶기 위해서였다. 구마를 위한 특별 보양식이었다.

나는 밖으로 나가 토끼 부속물을 가지고 왔다. 차가운 바람을 맞아 겉은 약간 마른 상태였으나 속은 언 상태로 딱딱해져 있었다.

"요시안냐, 이 부속물은 끓는 물에 그냥 넣으면 되는 건가?"

"아뇨, 그대로 넣으면 안 돼요."

욧샹이 얼른 다가왔다. 어느새 사냥꾼 복장에서 평상복으로 갈아입고 있었다.

“도끼로 듬성듬성 잘라서 넣어야 돼요. 제가 지금 썰 테니 놔두세요.”

그는 묵직한 손도끼를 힘껏 휘둘러 얼어붙은 토끼 머리와 뼈, 내장 등을 쪼개기도 하고 가르기도 했다. 도끼로 내리찍을 때마다 쿵! 쿵! 하는 소리가 들려 지금까지 어둡고 조용했던 움막 안이 갑자기 활기를 띠기 시작했다.

그 옆에서 나는 주먹만한 크기로 자른 부속물을 끓는 물 속에 차례차례로 넣었다. 차가운 것이 들어가자 끓던 물이 단번에 조용해졌다가 곧 부글부글 다시 끓기 시작했다. 이윽고 부속물은 전체적으로 흰빛을 띠기 시작했으며, 물의 표면에서는 찌꺼기와 함께 회백색 거품이 일어났다.

“그 찌꺼기는 건어낼 필요 없어요. 구마의 기운을 북돋아 주니까요.”

욧상은 이렇게 말하고 술자리 준비를 시작했다. 움막 안쪽에서 멧돼지 사냥꾼이 즐기는 토주(土酒)와 꾀죄죄한 유리잔을 이로리 옆으로 가져왔다. 그러는 동안 고기 삶는 맛있는 냄새가 움막 안으로 퍼져 식욕을 자극했다. 어쨌든 오늘도 너무 많은 일들이 일어나 아침과 점심을 먹었는지 말았는지조차 잊어버렸을 정도였기에 몹시 배가 고팠다.

문득 구마가 있는 쪽을 바라보니 조금 전까지만 해도 누워 있던 녀석이 언제부턴가 보이지 않았다.

“어? 요시안냐! 구마 녀석, 또 어딘가로 사라져버렸는데.”

내가 놀란 목소리로 말하자 욧샹도 구마의 움직임을 깨닫지 못했던 듯 놀란 표정이었다.

"얼씨구, 진짜로 없네. 이놈 어디로 간겨?"

그때 움막 한 구석에서 할짝할짝 조그만 소리가 들려왔다. 대야에 물을 받아 구마가 언제라도 물을 먹을 수 있도록 해둔 곳이었다. 우리가 분주히 술 마실 준비를 하는 사이에 마취에서 깨어난 구마가 비틀비틀 그곳까지 가서 물을 먹고 있었던 것이다.

"역시 구마로군. 벌써 깨어났단 말이야?"

욧샹이 스윽 바라보며 말했다.

"두 번째 마취는 첫 번째처럼 강한 걸 쓰지 않아요. 쇼크사하는 경우도 있기 때문에 이번에는 약하게 주사를 놨어요. 그래서 빨리 깨어난 거구요."

그는 구마에게 다가가 상처를 살펴보고 몸을 쓰다듬어주기도 했다. 물을 마시고 난 구마는 비틀거리듯 아궁이 가까이에 와서는 토끼를 삶는 냄비 근처에서 킁킁 냄새를 맡기 시작했다.

"구마가 벌써 식욕이 돌기 시작했나봐."

"그래도 아직은 먹이면 안 돼요. 배는 고프겠지만 조금 더 기운을 회복해서 꼬리가 휙 위로 올라가야 먹일 수 있어요. 보세요, 구마의 꼬리가 아래로 축 쳐져 있쥬? 아직은 완전히 회복된 게 아녀유."

다정하게 쓰다듬으며 신중하게 말했다. 구마의 모든 것을 훤히 꿰뚫고 있는 욧샹의 애정이 느껴졌다. 구마는 토방 쪽으로 돌아가 다시 몸을 눕혔다.

욧상과 나는 언제나처럼 이로리를 가운데 두고 서로를 마주보고 앉아 술잔을 가득 채우고 이별의 아쉬움을 달래기로 했다.

"요시안냐, 시간이 너무 빨라. 내일이면 벌써 산을 내려가야 해. 이번에도 너무 많은 일들이 있어서 사흘이 눈 깜빡할 사이에 지나가 버리고 말았어."

"맞아요. 어제 오신 거 같은데 벌써 사흘이 지났네요. 이번에도 고생만 하셨다고 생각하지 마시고 여름이 되면 또 오세요."

우리는 토주가 가득 든 잔을 한손에 들고 그 손을 앞으로 내밀어 건배 동작을 취한 뒤 단숨에 쭉 들이켰다. 첫번째 술은 언제나처럼 순식간에 식도를 타고 내려가 살아 있는 생물처럼 위 주변을 천천히 맴도는 것 같이 움직였다. 아아, 좋다. 오늘도 드디어 이런 시간이 찾아왔구나… 도취감이 밀려왔다.

하지만 아직 이 야미조의 움막에 머물고 있다는 생각과 내일이면 산을 내려가야 한다는 생각 사이에는 커다란 간극이 있었다. 산에 온 첫날 밤의 술은 소년과 같은 모험심, 해방감, 상쾌한 도전심, 놀라움과 새로운 발견과의 만남 등이 마음속에서 소용돌이쳐 첫 번째 잔만으로도 벌써 마음 깊은 곳까지 흥분하게 만든다. 그러나 오늘 밤처럼, 다음날 아침이면 이 정겨운 곳에서 내려가 다시 도시의 번잡함, 바쁜 일상, 복잡한 인간관계 등에 시달려야 할 것을 생각하면 마음이 우울해진다.

이런 마음은 욧상도 마찬가지인 듯했다. 내가 처음 온 날 밤 그는 기뻐서 한껏 들떠 있었으며 그 기분이 사흘 내내 계속되었으나, 오늘 밤에는 말도 별로 없다. 그런데 점차 술이 몸 안으로 흘러들어가자 그런 쓸쓸한 마음을 털어버리려는 듯 욧상이 갑자기 커다란 목소리로 건배를 외친다.

"선생님, 도쿄로 무사히 돌아가실 수 있도록, 건배!"

나는 술을 한모금 삼킨 뒤 냄비에서 부글부글 끓고 있는 뜨거운 추어탕을 사발에 덜었다. 한 입 넣자 미꾸라지는 형체도 없이 부드러워져서 흐물흐물한 느낌으로 풀어져버렸다. 하루 종일 여러 가지 일들이 일어나 밥다운 밥도 먹지 못한 빈 속에 술이 들어가 위에 미리 자극을 주었고, 몹시 배고픔을 느끼면서 먹는 추어탕 맛은 참으로 각별했다. 내 모습을 보고 욧상도 황급히 추어탕을 먹기 시작했다.

"정말 맛있네요. 옛날 사람들은 곧잘 국물 음식은 다음날 다시 데워먹는 게 제일 맛있다고 말하곤 하는데, 그 말이 사실이네유. 아아~ 맛있다, 맛있어."

우리는 아무말 없이 정신없이 먹었다.

그때 이로리의 옆에 꽂아 굽고 있던 토끼 고기에서 치익~ 하는 소리가 났다. 고기 표면이 불에 구워져 약간 마른 상태로 딱딱해졌고, 그 안에 갇혀 있던 수분이 가느다란 증기가 되어 뿜어져 나온 소리였다. 고소하고 맛있는 냄새도 솔솔 풍겨오면서 야미조산에서의 야성미 가득한 잔치가 무르익어갔다.

욧상이 대나무 꼬챙이 2개를 뽑더니 그 중 하나를 내게 건넸다. 앞니로 고기를 깨문 뒤 죽 찢으며 당기자 탱탱한 고깃덩어리가 입 안으로 굴러 들어왔다. 뜨거운 고기를 질겅질겅 씹으니 딱딱했던 고기가 점차 부드럽게 풀어졌다. 그 맛에 이끌리듯 분비되어 나온 침이 섞이자 더욱 흐물흐물해졌고 입 안은 고기에서 스며 나온 진한 감칠맛으로 넘쳐나는 듯했다.

"정말 맛있어! 야생에서 자란 동물의 고기 맛은 이래서 잊을 수가 없어."

"맞아요. 맛이 아주 진하쥬? 씹을수록 맛이 난다고 하는데, 정말 그래요."

"자연보다 더 뛰어난 맛은 없다는 말이 맞아."

우리는 구운 토끼 고기를 안주 삼아 연거푸 술잔을 비웠다. 구마에게 주기 위해 아궁이에 올려놓았던 야생 토끼 부속물 냄비는 진작부터 끓고 있었으나 구마는 아직 조용히 누워만 있다. 욧샹이 자리에서 일어나 냄비를 아궁이에서 내린 뒤 다시 이로리 옆에 앉자 기척을 느낀 구마가 천천히 몸을 일으켰다. 욧샹은 구마에게서 등을 지고 앉아 있어서 그 모습을 보지 못했다. 내가 반가운 목소리를 높였다.

"요시안냐, 거것 좀 봐. 구마가 일어났어!"

욧샹은 휙 뒤돌아보더니 자리에서 일어났다. 그리고 맨발로 토방으로 내려가더니 구마의 얼굴과 목을 쓰다듬으며 이리저리 살폈다.

"선생님, 이제 됐어요. 이 꼬리를 좀 보세요. 꼿꼿하게 서 있쥬?

이제 더는 걱정할 거 없네요."

틀림없이 구마의 꼬리는 꼿꼿하게 세워져 있었으며 끝이 동그랗게 말려 있었다. 회복이 정말 빠른 개였다. 움막으로 데려와 치료를 한 지 3시간. 벌써 일어나 꼬리를 세우고 있다. 다른 사냥개와는 비교가 되지 않을 정도로 강인하고 뛰어난 구마라고는 하지만 이 생명력은 거의 신이 내린 것이라고 나는 생각했다.

"그럼 구마가 좋아하는 걸 조금 먹일게요."

욧샹은 아궁이로 가서 빈 대야에 야생 토끼의 부속물 중에서도 특히 부드러운 간, 콩팥 등을 국자로 떠서 식힌 뒤 구마 앞에 놓아주었다. 그러자 구마는 잠시의 틈도 주지 않고 허겁지겁 먹기 시작했다. 먹는다기보다는 흡입하는 것처럼 보였다. 사냥개의 본능이라고는 하지만, 그리고 굶주린 동물의 습성이라고는 하지만, 또한 경악할 만한 생명력이라고는 하지만 나는 믿을 수 없는 광경을 눈으로 직접 본 느낌이었다.

멧돼지의 송곳니에 등을 찢겨 조금 전에 봉합수술을 받고 간신히 숨만 쉬던 개가 마취에서 깨어나자마자 먹이에 덤벼드는 강인함에 가슴이 뭉클했다. 뿐만 아니라 또다시 공격을 해온다면 맞서 싸우겠다는 집념과 주인에 대한 충성심, 그를 위해서는 먹어야 한다는 본능 등이 뒤얽힌 구마의 삶의 원천을 보았기에 새삼스럽게 감동한 것이다. 아무리 강인한 DNA를 가지고 있다고는 하지만 인간으로서는 도저히 따라갈 수 없는, 육체와 정신의 강인하고 꺾이지 않는 완벽한 조화였다.

좋아하는 음식을 깨끗하게 먹어치운 구마가 이번에는 문 쪽으로 걸어가더니 문틈에 코를 대고 밖의 상황을 살피기 시작했다. 그리고 끙끙거리며 낮은 소리를 내기 시작했다.

"녀석이 지금 밖에 나가고 싶은 거예요. 이 소리는 소변이나 대변를 보고 싶다는 생리현상을 호소하는 거쥬. 그래 알았어, 밖으로 나갔다 와라."

욧상이 문을 열어주자 구마는 천천히 밖으로 나갔다.

"이제 걱정할 거 없시유. 저 개는 언제나 회복이 빨라서 정말 큰 의지가 돼요."

"구마의 생명력은 정말 대단한데."

"누가 아니래요. 그래도 아직은 무리해서는 안 되니 한동안 쉬게 해줄 생각이에요. 멧돼지 사냥이 끝날 때까지는 아직 1개월 이상이나 남아 있는데 앞으로 2주일 정도는 산에 데리고 가지 않을 거구먼요. 그리구 마지막 열흘 정도 산에 데리고 들어가서 멧돼지를 몰게 할 거예요. 그렇게 해야만 가을 사냥철에 제대로 하거든요."

"그럼 요시안냐도 그 동안에는 멧돼지 사냥을 쉬어야겠네."

"아뇨, 저는 사냥을 갈 거예요. 구마를 밖에 두면 뛰쳐나가기도 해서 위험하니 제가 없는 동안에는 집 안에 두고 갈 거예요. 저는 아침에 일찍 나갔다가 저녁 이른 시간에 돌아와서 구마를 돌보면 돼요. 구마는 영리하니까 문제없어요. 그런데 멧돼지 사냥에 데리고 가지 않을 때는 구마의 먹이에 아주 신경을 써야 해요. 제가 사냥에서 돌아오면 대부분은 날마다 멧돼지고기를 먹이구요. 사냥에 성공한 날은 동료들과 함께 나눈 고기를 먹이고, 잡지 못한 날에는 도조 형님 댁에서 얼려둔 고기를 빌려다 구마에게 먹여요. 그러고 난 다음 운동을 시켜야 하죠. 밖에 데리고 나가서 걷게 해야만 해요."

그때 밖에서 소변과 대변을 보고 온 구마가 슬며시 안으로 들어왔다. 욧샹은 그런 구마의 온몸 구석구석을 날카로운 눈으로 살펴보았다. 꼬리가 올라가 있고 걸을 때도 별로 다리를 끌지 않는다.

"벌써 많이 회복한 거 같아요. 그렇지 구마, 괜찮지?"

욧샹이 말을 걸자 구마는 발걸음을 멈추더니 이쪽을 슬쩍 보고 꼬리를 흔들었다.

"엎드려!"

명령이 떨어지자마자 구마는 그 자리에서 몸을 낮추고 엎드린 자세를 취했다.

"그려, 착하구먼. 잠깐 그렇게 쉬고 있어. 조금 있다 맛있는 거 또 줄게."

욧샹은 술잔을 단번에 죽 들이켰다.

"그런데 올해는 몇 마리나 잡았지?"

"오늘 것까지 하면 23마리 잡았어요. 매해 이 정도는 잡아요."

"그럼 잡은 멧돼지는 어떻게 처리하나?"

"멧돼지를 직접 쏜 사냥꾼이나 몰이꾼이나 그 사냥에 참가한 사람은 똑같이 고기를 나눠요. 멧돼지가 쓰러진 자리에서 우선 피를 뽑고 냄새주머니를 떼어낸 다음 모두가 힘을 합쳐서 짊어지고 차가 들어와 있는 산길까지 옮겨요. 그러면 운전수가 그 근처에 있는 나카야(仲屋)로 가지고 가서 건네줘요."

"나카야?"

"아, 네. 멧돼지를 사주는 곳을 저희는 나카야라고 불러요. 말하자면 점포 없이 영업하는 일종의 이동 구매처이죠. 그 나카야는 소형 트럭을 몰고 다이고나 구로바네, 구로이소, 바토, 야마쓰리, 다나구라, 오노, 하나와, 유모토, 시라카와 부근을 뱅글뱅글 돌면서 저희가 무선으로 연락하면 약속한 곳까지 가지러 와요. 나카야가 그걸 고오리야마나 우쓰노미야나 미토에 있는 축산물가공센터로 가져가면 해체하구 검사를 해서 식육용 도장을 찍어줘요. 나카야의 일은 거기까지고 이후로는 도매업자가 그걸 주문한 여관이나 민박집, 고깃집에 가져가게 돼 있어요. 그렇게 해서 생긴 돈은 우리 사냥꾼이 5, 나카야가 3, 도매상이 2씩 나눠가져요. 멧돼지 고기는 집돼지보다 훨씬 비싸서 1킬로그램이 4천 엔 정도에 팔린대요. 그래서 나카야도 도매업자도 꽤 돈벌이가 돼요. 그런 데다 나카야와 도매업자는 저희뿐만 아니라 곳곳의 사냥꾼들하고 거래를 하기 때문에 물량도 아주 많지유."

"그렇군. 완벽한 공동판매 연합이 형성되어 있는 셈이로군."

"그래서 우리는 잡기만 할 뿐, 나머지는 전부 그 사람들한테 맡겨두고 있어요. 그리고 사냥철이 끝나면 나카야를 통해서 한꺼번에 돈이 들어오는데 그걸 도조 형님이 대표로 받아서 장부에 기록된 일한 날수에 따라 모두에게 나눠줘요."

"한 100킬로그램쯤 되는 멧돼지라면 한 사람 앞에 얼마쯤 돈이 들어오지?"

욧상은 한모금 목을 축인 뒤 말을 이었다.

"글쎄요… 100킬로그램쯤 되는 멧돼지는 고기가 한 60킬로그램쯤 되려나… 그 중 절반이 사냥꾼들 몫이니 30킬로그램이고, 1킬로그램에 4천 엔 정도 하니 30 곱하기 4천 엔은… 12만 엔이네요. 거기에 산에 들어간 사람이 5명이라고 하면 한 사람이 대략 2만 5천 엔 정도 받겠네요. 그런데 올해는 지금까지 23마리를 잡았으니 한 사람 앞에 대충 60만 엔 정도는 될 거 같네요. 사냥철은 이제 열흘도 남지 않았으니 25마리라고 하면 얼추 65만 엔 전후가 되겠네요. 사냥철은 11월 15일부터 2월 15일까지, 3개월 동안으로 정해져 있으니 월급으로 따지면 대략 22만 엔 정도예요."

"그래? 그렇게 중노동을 하고, 개를 부려야 하고, 총알과 화약도 사야 하는데 그 금액으로는 수지가 안 맞지 않나?"

"아녜요, 그거면 충분해요. 구마도 저도 이렇게 즐겁고 충실하게 지내고 있고, 또 이런 산속에서 사냥이 끝나고 나면 65만 엔이나 되는 돈이 1만 엔짜리 지폐로 덜컥 들어오니 그 기분은 최고예요. 또 가끔은 나카야한테 팔지 않고 우리끼리 1마리를 그대로 해체해서 그 고기를 나눠먹기도 하죠. 그런 즐거움도 있기 때문에 멧돼지를 쫓아 산과 계곡을 오르락내리락하는 건 피곤하지만, 잡았을 때를 생각하면 아주 즐거워요. 그리고 돈을 벌기 위해서 잡는다기보다는 강하고 두려움이 없는 멧돼지를 구마랑 같이 쓰러뜨리는 모험 같은 것이 제 마음을 설레게 해요. 멧돼지를 찾아내서 구마와 함께 추적할 때의 기분은 더할 나위 없이 짜릿해요. 아무 잡념도 없이 멧돼지를 뒤쫓는 생각에만 집중하죠. 산속에서 혼자 살아가고 있는 제게는 그때가 가장 행복한 시간이에요. 그렇기 때문에 그런 행복한 기분을 돈으로 산다는 생각을 한번도 해본 적이 없어요. 이건 진심인데 잡은 멧돼지고기를 판 돈이 얼마인지는 크게 신경 쓰지 않아요."

욧샹의 그런 행복을 이해하지 못하고 단순히 계산적으로만 생각했던 것에 머쓱해졌다. 그는 대자연 속에서 우리 같은 도시민이 누리지 못하는 자유로움과 행복을 맘껏 누리고 있는 것이다. 진심으로 부러웠다. 그가.

욧샹은 멧돼지 사냥꾼이었던 아버지에 대한 추억 한 가지를 들려주었다.

그가 어렸을 때, 몹시 추운 한겨울에 아버지가 '지금부터 멧돼지 사냥을 다녀올 텐께…'라는 말을 남긴 채 총을 메고 개를 데리고 산으로 들어간 적이 있었다. 그런데 어찌 된 일인지 며칠이 지나도 돌아오지 않았다. 어린 욧샹은 아무 데도 가지 않고 날마다 죽을 끓여 먹기도 하고 얼린 떡을 구워먹기도 하며 아버지를 기다렸다.

그렇게 닷새쯤 지난 어느 날, 아버지가 상처투성이 개를 업고 비틀비틀 돌아오셨다. 아버지는 집에 들어오자마자 굉장한 말씀을 하셨다. '멧돼지를 발견하고 넷이서 뒤쫓아갔는디, 이놈이 아사히 산을 넘고 아카이다케를 넘고 오다키네 산의 좁은 길을 지나 가와치로 빠져나가서 점점 북쪽으로 달아나는겨. 미야고시의 산속에서 간신히 잡기는 혔는디, 왕복 400리는 되는 거리여. 그런데 말이지, 갈 때는 먹을 게 있었지만 돌아올 때는 그게 떨어졌단 말이여. 우리도 그렇고 개도 그렇고 배가 고파서 견딜 수 없었기에 잡은 멧돼지를 도중에 해체해서 구워 먹으며 돌아왔다. 그렇게 해서 여기까지 왔더니 잡은 멧돼지를 거의 다 먹고 남은 게 없는겨. 우리뿐만 아니라 개들한테도 먹였응께. 그래서 결국 돈을 벌지는 못혔지만, 겁나게 재밌었구먼.'

옛날 사냥꾼들 얘기를 들으며 영화의 한 장면을 보는 듯한 가벼운 흥분을 느꼈다. 200리나 멧돼지 한 마리를 쫓아가서 잡고, 이번에는 그 멧돼지를 먹으며 200리나 걸어 돌아왔다니 정말 굉장한 얘기다.

"아부지는 언제나 멧돼지 사냥은 돈을 버는 게 목적이 아니라 사냥에 나가는 것만으로도 충분히 가치가 있는 거라고 말씀하셨어요. 열심히 땀 흘리며 멧돼지를 쫓아 목적을 달성하는 것만으로도 충분한 보람이 있는 거라고요."

그는 아버지에 대한 추억과 함께 아버지가 들려주던 사냥꾼의 마음가짐을 늘 마음속에 품고 있다고 했다.

어느새 1되들이 술병이 바닥을 드러냈다. 날이 밝으면 내가 산을 내려가야 한다는 사실 때문인지 내색하지는 않지만 그의 얼굴에는 얼핏얼핏 아쉬움이 스쳤다. 묵묵히 안쪽 방에서 토주 1병을 더 들고 나와 뚜껑을 따려던 그가 문득 멈추고 빈 술병을 들고 급히 밖으로 나갔다. 그리고 잠시 후 그 병에 노란 빛의 액체를 담아 가지고 돌아왔다.

"탁주예요. 야미조 정종. 제 솜씨를 한번 맛보세요."

누룩 냄새가 강한 술이었는데 신맛도 있어서 맛이 아주 묵직했다. 술맛을 칭찬하자 욧상은 어린 아이처럼 기뻐했다.

"선생님, 받으세요. 야미조 정종이 나가유~ 내일부터 또 한동안 만나지 못하니 오늘 밤은 잔뜩 마시기로 혀유."

내게 술을 따르고 자신의 잔에도 술을 가득 붓고 병을 내려놓았다. 그리고 허리에 걸고 있던 수건을 풀어 그 양쪽 끝을 손가락으로 누른 뒤 빙글빙글 돌리자 끈처럼 가느다랗게 되었다. 그것을 머리에 두르고 한쪽 끝을 안쪽으로 쏙 집어넣어 자신의 특기인 문어 '하치 군'의 모습으로 변신했다. 다시 술을 죽 들이켜더니 그가 벌떡 일어섰다.

"그럼 선생님께서 탈 없이 돌아가실 수 있도록 노래를 부를게요. 제목은 '이별주'입니다~."

그는 큰 소리로 곧 노래를 부르기 시작했다.

'그대 떠나시나요. 안타깝구나, 아쉬움 담은 술~'

아쉬운 마음을 가득 담아, 스스로도 도취할 정도로 목소리와 몸을 가느다랗게 떨며 노래를 불렀다. 그 '이별주'가 끝나자 기다렸다는 듯 구마가 갑자기 이상한 행동을 취했다. 상처 부위가 상당히 아팠을 텐데도 갑자기, 라기보다는 순간적인 반응이라고 하는 편이 옳을지 모르겠다.

구마는 자리에서 일어나 몸을 비틀거리면서도 움막의 문 앞까지 가더니 밖을 향해 '우우, 으르르'하며 목 안쪽에서부터 낮게 울부짖는 소리를 냈다. 몸을 낮춰 닫힌 문의 한 곳을 주시한 채 밖의 동정을 살피는 경계 태세를 취했다. 콧등에 몇 개의 주름을 깊게 만들었고 살짝 벌어진 입의 안쪽으로 누런 이빨이 드러났다.

욧상은 분위기를 파악하고 별일 아니라는 듯이 말했다.

"지금 밖에 멧돼지가 와 있어요. 밖이라고 해도 얼추 200미터쯤 떨어진 밭이지만요. 지금 밖에 와 있는 멧돼지는 이 근처 대장으로 아주 커다란 놈이에요."

"설마 구마를 밖으로 내보내는 건 아니겠지?"

"그럼요, 저렇게 다쳤는데 내보낼 수는 없쥬."

욧상은 조용히 안쪽으로 가더니 늘 사용하는 총을 가지고 나왔다.

"오늘 밤에는 총알 하나면 충분해요. 그 멧돼지를 쫓기만 하면 되니까요. 지금은 밤이잖아요. 멧돼지는 야행성이라서 어두운 밤의 산야를 뛰어다니며 먹이를 찾기도 하고 새끼들을 데리고 다니며 행동하기도 해요. 그래서 멧돼지 사냥꾼들은 밤에는 절대로 잡지 않고 멧돼지들을 지켜줘요."

그는 총에 총알을 한 발만 채워 구마가 나가지 않도록 조심하며 천천히 밖으로 나갔다. 나도 얼른 뒤따라 나갔다. 욧상은 멧돼지가 와 있다는 북서쪽 방향으로 약 30도쯤 총구를 들어 방아쇠를 당겼다.

"타당~."

총성이 밤의 정막을 단번에 깨뜨려놓았다. 총소리가 사방의 산에 도달하자 이번에는 가벼운 소리로 타아앙~ 타아앙~ 하며 여기저기서 메아리가 되어 돌아왔다.

메아리 소리는 한동안 교차하며 계속되다가 아스라이 소멸되었다.

"이젠 됐시유. 멧돼지는 아주 먼 산까지 도망갔을 거예요. 한동안은 오지 않을 거구먼요."

문득 궁금한 점이 있었다.

"멀리로 쫓는 거라면 공포탄으로도 충분할 텐데, 어째서 실탄을 쏜 거지?"

"멧돼지는 사냥감, 저는 사냥꾼이잖아요. 그러니 공포를 쏘는 건 운치가 없지유. 말하자면 멧돼지한테 경의를 표한 거죠. 저뿐만 아니라 소총을 전문으로 쏘는 사냥꾼들은 멧돼지를 쫓을 때면 대부분 이렇게 실탄을 써요."

그 말에서 사냥감을 대하는 사냥꾼들의 태도, 규율, 그리고 사냥꾼의 위엄이 느껴졌다.

안으로 돌아와 우리는 다시 술을 마시고 구운 토끼고기에 이틀이 지난 추어탕도 곁들여 먹었다.

"그런데 저랑 선생님이 처음 만난 곳이 시부야였잖아요. 그때 선생님께서 그 술집으로 훌쩍 들어오시지 않으셨다면 오늘 밤의 이 야미조의 밤도 토끼구이도 추어탕도 없었을 거구먼요."

그 말에 우리가 처음 만났던 때가 떠올랐다.

오래 전 어느 날 내가 시부야의 작은 술집에 훌쩍 들어가 보았더니 거칠게 생긴 사내 혼자 술을 마시고 있었다. 손님이 아니라 종업원이 마시고 있었기에, 이 가게는 대체 어떻게 돌아가는 건가 싶었다. 그때 요시안냐의 목소리가 얼마나 컸던지….

"요시안냐의 얘기는 전부 허풍뿐이었잖아. 그때는 정말 배꼽을 잡고 웃었어. 이제 와서 고백하는데 나는 그때 요시안냐에게 데보라 카(영국의 여배우. 일본어로 '다보라'는 허풍쟁이라는 뜻_옮긴이)라는 별명을 붙였어."

"그거 고마운 별명인데요? 그 다음부터는 가게에 선생님이 오시기를 늘 기다리고 있었어요. 다음에 오면 또 어떤 허풍을 떨까, 늘 생각하고 있었구먼요."

우리는 유쾌하게 웃었다. 욧샹과의 인연은 그후로도 계속되었다. 그것도 예상치도 못한 장소에서 아주 우연히.

교토의 거리에서 고승처럼 번쩍번쩍 빛나는 삭발 머리를 한 요시안냐를 만났을 때는 더 놀랐었다. 만나자마자 꼬치구이 집에 들어가 곱창구이를 먹지 않나, 간을 베어 물지 않나, 구운 마늘을 덥석덥석 먹질 않나, 게다가 소주까지 마셨다. 정말 육식과 술을 금지하는 산문에 들어간 거 맞나 싶었다.

"고승은커녕 그렇게 한심하고 냄새나는 땡중은 본 적이 없었다니까."

"핫핫핫. 저도 말이죠, 스님 아르바이트를 하면서 언제까지 이렇게 땡중 같은 생활을 해도 되는 건가 싶어서 회의가 들더라구요. 그래서 교토를 떠난 거예요."

그 뒤 욧상은 갑자기 방향을 바꿔 가발 판매회사의 모델이 되어 내 앞에 나타났다. 직업이 너무 빨리 바뀌어서 깜짝 놀랐다. 하지만 내가 진짜 놀란 건 그리스의 작은 항구도시에서 욧상이 내 눈앞에 불쑥 모습을 드러냈을 때였다. 그리고 인도의 케이프 코모린이라는 최남단의 항구도시에 참치를 사들이러 갔던 그와 간발의 차이로 스쳐 지난 것도 놀라운 일이었다.

"맞아요. 저도 설마 그런 곳에서 선생님과 같은 호텔에 묵었을 줄은 꿈에도 몰랐어요. 지구는 정말 좁아요."

"무슨 소리야? 지구가 좁은 게 아니라 요시안냐의 행동범위가 너무 넓은 거야."

"그런가유? 그런데 말이죠, 인도로 몇 번인가 참치를 사러 갔었는데 마지막으로 참치를 실은 배가 도착한 곳이 요코하마였어요. 그때 문득 생각했어요. 이제 한심한 짓은 그만두고 야미조로 돌아가자고. 요코하마로 가는 배 위에서 일주일 내내 곰곰이 생각했구먼요. 그리고 역시 아부지께 공양도 드려야 했구요."

"그렇게 해서 지금에 이르게 된 거군. 야미조에서 총을 제일 잘 쏘는 사냥꾼이 되어…."

"지금 생각해보니 역시 야미조로 돌아오기를 잘했어요. 모두가 저의 친구고 산도, 강도, 논도, 밭도, 새들도 멧돼지들도 전부 저를 도와주고 있어요. 그래서 저는 매일 야미조 산을 향해 말하고 있어요. 고맙다고, 앞으로도 계속 신세를 지겠다고 말이죠. 그러면 산에서 '그래 알았으니 걱정 말고 살아'라고 대답하는 소리가 들려와요. 인간계에서는 이렇지 않잖아요. 저는 그렇게 생각해도 상대방은 어떻게 생각하고 있는지 알 수가 없잖아요. 하지만 산과 강과 멧돼지들은 제 마음을 알아주고 있는 것 같다는 생각이 들어요. 하늘과 부처님께 맹세할 수 있는데요, 멧돼지의 목숨을 빼앗고 있기는 하지만요 총을 쏘는 순간에는 멧돼지나 새들에게 '미안하지만 너무 나쁘게는 생각하지 마. 극락에 가서 부처가 돼라'고 꼭 되뇌어요."

나는 그의 말에 깊이 고개를 끄덕였다.

"이치에 닿는 말이야."

"그런가요? 그리고 멧돼지나 새를 쏠 때는 고통을 느끼지 말라고 단 1발로 숨통을 끊어놓아요. 그렇게 하기 위해서 총 쏘는 연습을 아주 많이 했어요. 어쨌든 고통을 주지 않기 위해 노력을 해왔어요. 그래서 저는 즉사시킬 자신이 없으면 방아쇠를 당기지 않아요. 지금까지 제가 쓰러뜨린 멧돼지가 한 100마리쯤 된다면, 한 97마리 정도는 고통을 느끼지 않고 죽었을 거구먼요."

부처는 우리 마음속에 있다더니, 욧상을 보면서 얼핏 그런 생각이 들었다.

이튿날 아침, 어떤 자극에 의해 눈이 떠졌다. 이로리에서 탁! 탁! 장작 타는 소리였다. 어젯밤 과음한 탓에 침낭 속에서 고개만 내밀고 움막 안을 둘러보니 욧샹의 모습이 보이지 않았다. 평소처럼 벌써 뒷산에 올라가 장작이나 잡목 묶는 작업을 하고 있는 것이리라. 토방에 얌전히 엎드려 있던 구마가 벌떡 일어나더니 이쪽을 보며 꼬리를 흔든다.

"구마, 잘 잤어?"

침낭에서 빠져나와 구마를 쓰다듬어주고 있자니 마음이 안정되면서 숙취 때문에 묵직했던 머리도 맑아지기 시작했다. 오늘은 도쿄로 돌아가야 한다. 저녁까지 도착하려면 아침 일찍 출발해야 한다.

서둘러 돌아갈 준비를 시작했다. 올 때는 가스토리 소주와 술안주 등을 배낭에 가득 담아가지고 왔지만 돌아갈 때는 갈아입은 옷, 산에서 주운 진귀한 나무열매와 작은 돌 정도밖에 없어 짐을 꾸리는 데도 시간이 걸리지 않았다.

나의 행동을 가만히 지켜보던 구마가 끄응, 끄응 하며 가늘고 작은 소리로 울기 시작했다. 구마처럼 현명한 개쯤 되면 우리가 곧 헤어질 거라는 사실을 금방 알아차리는 모양이었다. 배낭 꾸리던 손길을 잠시 멈추고 구마를 가만히 바라보자, 구마도 나를 빤히 바라보았다. 구마의 얼굴은 눈꼬리가 살짝 내려가고 눈빛도 느슨해져서 어딘가 슬픈 듯한, 쓸쓸한 듯한 표정이었다. 희로애락의 표정이란 인간에게만 있는 것이 아니라 개에게도 있다고 평소 생각해왔다.

예를 들어 밖에서 즐겁게 뛰어다닐 때면 눈이 가느다랗게 되어 웃는 얼굴을 하는 개를 본 적이 있었으며, 화가 나서 짖을 때의 눈은 무시무시할 정도로 날카롭다.

구마도 작별을 아쉬워하고 있구나.

순간 내 머리와 심장 주위에서 뭔가 뜨거운 것이 소용돌이치고 왠지 침울한 기분에 휩싸였다. 나는 구마에게 다가가 와락 껴안았다. 마치 연인과의 이별을 아쉬워하는 사람처럼.

구마는 내가 하는 대로 몸을 맡긴 채, 꼬리를 가볍게 흔들었다. 그리고는 다시 끄응, 끄응 하는 조그만 울음소리를 냈다. 그 소리는 순수하고 때 묻지 않은 바이올린 소리 같았다. 한동안 그 소리를 듣고 있자니 나도 모르게 눈물이 흘렀다.

"구마야, 얼마 있으면 또 만날 수 있을 테니 그렇게 슬픈 얼굴 허지 말어. 난 말이지, 조금 있으면 여기로 다시 꼭 올겨. 그때까지 건강하게 기다리고 있어야 하는겨."

나는 욧샹의 목소리를 흉내내어 야미조 · 아부쿠마 짬뽕 사투리로 말했다.

가뿐한 배낭을 등에 메고 며칠 전 왔을 때와 똑같은 복장으로 나는 욧샹의 움막을 나왔다. 조그만 앞뜰을 가로질러 좁은 언덕길로 들어선 순간, 뒷산 꼭대기 부근에서 타당, 타당, 타당~ 3발의 총성이 울려 퍼졌다.

발걸음을 멈추고 뒤돌아서 그쪽으로 시선을 돌렸으나 욧샹의 모습은 보이지 않았다. 산 위 어딘가에서 내가 떠나는 모습을 보고 있으리라. 안전한 귀가를 빌며 1발, 한동안의 작별을 위해서 1발, 그리고 다시 오라는 의미에서 1발을 쏜 것이리라.

나는 산 정상을 향해 있는 힘껏 커다란 목소리로 외쳤다.

"요시안냐! 또 올게! 가스토리, 기다리고 있어! 구사야도 기대하고 있어!"

나는 움막을 뒤로 하고 빠른 걸음으로 산길을 내려왔다. 돌아보고 싶었지만 꾹 참았다.

항우처럼 일어나서 유방처럼 승리하라

네이버 '오늘의 책' 선정!

"내가 천하를 얻을 수 있었던 것은 한신, 장량, 소하 이 세 사람을 참모로 얻어 잘 쓸 수가 있었기 때문이다. 그러나 항우는 단 한 사람의 범증조차도 쓰지를 못했다. 이것이 내게 패한 이유이다."
- 유방이 항우를 물리치고 천하를 제패한 뒤 했던 말

유방은 항우에 비해 보잘 것 없는 사람이었다. 항우가 명문 귀족 출신인데 비해 유방은 빈농의 자식이었다. 가문도 별볼일없고 돈도 없고 학식과 지식도 부족했던 유방이 어떻게 천하를 통일하고 한(漢)제국의 황제에 오를 수 있었을까.
항우가 직선적이고 독단적인 반면 유방은 남의 말을 경청하는 열린 성품을 가졌다. 그런 유방에게는 인재들이 모여들었고 유방은 그들을 적재적소에 기용하여 재능을 발휘할 수 있게 해주었다. 수많은 전쟁에서 위기를 극복해가며 항우를 멸망시키는 데 결정적인 역할을 해준 장량, 한신, 소하가 바로 유방의 일급 참모들이었다.

이시야마 다카시 지음 | 이강희 옮김 | 값 13,000원